AF543873

Koemeda

Tanzen vor Freude, Zittern vor Wut

Margit Koemeda

Tanzen vor Freude, Zittern vor Wut

Sich von Gefühlen bewegen lassen

Ein Selbsthilfebuch mit körperpsychotherapeutischen Techniken

Mit Online-Material

Dr. Margit Koemeda
Eidgen. anerk. Psychotherapeutin,
Lehrtherapeutin, Supervisorin
und Ausbilderin SGBAT, IIBA
www.koemeda.ch
E-Mail: koemeda@bluewin.ch

Dieses Buch ist erhältlich als:
ISBN 978-3-621-28202-4 Print
ISBN 978-3-621-28737-1 ePub

1. Auflage 2019

Lektorat: Dagmar Kühnle Zerpa
Coverbild: getty images/martin-dm
Fotos: Dr. Ruben Gutzat, Stefanie Koemeda

Herstellung und Satz: Lelia Rehm
Gesamtherstellung: Beltz Bad Langensalza GmbH, Bad Langensalza
Printed in Germany

Weitere Informationen zu unseren Autor_innen und Titeln finden Sie unter: www.beltz.de

Inhalt

Einleitung

Anita mag ihren neuen Vorgesetzten nicht. Er grüßt grundsätzlich niemanden, wenn er zu Sitzungen kommt. Für geleistete Arbeiten bedankt er sich so gut wie nie. Er verteilt nur immer neue Aufgaben und stellt hohe Anforderungen. Als er kürzlich vor einer Bereichsleiterversammlung verkündete, dass das Softwaresystem, das Anita als »ihr Kind« bezeichnet, höchstens noch zwei Jahre laufen und dann durch ein anderes abgelöst werden würde, obwohl er das nie mit ihr persönlich besprochen hatte, bricht sie vor versammelter Runde in Tränen aus.

Ist es Ihnen schon passiert, dass Sie in einer Diskussionsrunde plötzlich einen roten Kopf bekommen? Und dass dies umso schlimmer wird, je peinlicher es Ihnen ist? Oder dass Ihre Hände feucht werden, wenn Sie die Praxis Ihres Hausarztes betreten, der Sie für eine Blutentnahme einbestellt hat?

Oder kommt es vor, dass Sie den Anruf bei Ihrem Zahnarzt Wochen lang vor sich herschieben, weil Sie Angst haben, dass er über den Zustand Ihrer Zähne entsetzt sein und Ihnen Vorwürfe machen wird, weil Sie nicht schon viel früher zu ihm gekommen sind?

Das Buch, das Sie in Ihren Händen halten, lädt Sie ein, Ihr Gefühlsleben näher kennenzulernen, dessen körperliche Begleiterscheinungen besser zu verstehen und Wege zu entdecken, die Ihren Emotionen innewohnende Energie zu nutzen und die damit verbundenen inneren und äußeren Bewegungen zu regulieren. Gewisse, auf den ersten Blick als störend erscheinende Symptome erweisen sich manchmal als sinnvoll, wenn man sich, statt sie zu unterdrücken, fragt, welchem Zweck sie dienen und sich dafür interessiert, in welcher Situation im eigenen Leben sie zum ersten Mal aufgetreten sind.

Ich möchte dazu ermutigen, sich auf das Abenteuer emotionaler Bewegung einzulassen und dadurch in intensiveren Kontakt mit sich selbst und mit anderen zu kommen. Emotionen berühren und bewegen uns. Oft drängen sie uns zu handeln. Sie sind ein wesentlicher Aspekt unserer persönlichen Lebendigkeit.

Teilen Sie die Erfahrung, dass man sich, wenn es bei einem seit Langem schwelenden Konflikt – mit dem eigenen Partner, mit den Nachbarn oder im Arbeitsteam – endlich zu einer offenen Auseinandersetzung kommt, anschließend erleichtert und befreit fühlt? Oder kennen Sie das gute Gefühl, wenn Sie sich einer Sie ängstigenden Situation ausgesetzt haben und feststellen, dass Sie »immer noch leben«?

Haben Sie auch schon darunter gelitten, dass ein Kollege oder eine Kollegin im Arbeitsteam schlechte Stimmung verbreitet, weil sie fast immer etwas zu kritisieren hat, weil sie die Arbeitsleistung anderer nicht würdigt und häufig übel gelaunt ist?

Wenn ich vor Aufregung zittere und dieses Zittern nicht zu unterdrücken versuche, sondern meinen Atem fließen lasse und wahrzunehmen versuche, was ist, spüre ich meine Lebendigkeit im Hier und Jetzt.

Emotionen kommen manchmal plötzlich auf – wie ein Wind. Es kann ein Sturm daraus werden. Wie der Skipper auf einem Segelschiff können wir diese Energie nützen und uns von ihr bewegen lassen. Unter Umständen stemmen wir uns aber auch dagegen und erleiden möglicherweise Schiffbruch.

E-Motion heißt: Bewegung aus sich heraus. Das eigene Gefühlsleben zu meistern, bedeutet, dieses mehr oder weniger starke Aus-sich-Herausgehen steuern zu können und Einfluss darauf zu nehmen, wie sehr wir uns mit unseren Gefühlen ausdehnen und bemerkbar machen oder wie stark wir uns zusammennehmen, um emotionale Bewegung zu vermeiden. Wie viel Raum beanspruchen wir für unsere Emotionen? Und wie viel halten wir mit Rücksicht auf andere bzw. die Folgen unseres Tuns zurück? Wie bewerten wir unsere Emotionen – finden wir sie berechtigt und erlauben wir uns, sie zu zeigen? Und finden wir umgekehrt auch die Art und Weise angemessen, in der unsere Mitmenschen ihre Emotionen zeigen?

Menschliches Leiden an eigenen und fremden Gefühlen ist vielfältig und oft erheblich. Wie inzwischen durch Forschung belegt, involvieren Gefühle den ganzen Körper. Das vorliegende Buch möchte Ihnen, falls Ihnen ein Zuviel oder ein Zuwenig, ein Leiden an oder eine Sehnsucht nach Emotionen ein Thema sind, Anregungen geben, in einen möglichst konstruktiven Dialog mit Ihren eigenen körperlich-emotionalen Signalen und denen ihrer Mitmenschen zu treten. Hierzu werden verschiedene sog. »diskrete« Emotionen wie Angst, Ärger und Wut oder Liebe in Ihrer Erscheinung und Funktion beschrieben. In Verbindung damit werden insbesondere körperbezogene Übungen angeboten, die die emotionale Selbst- und Fremdwahrnehmung fördern und die Regulierung von emotionalem Erleben sowie des Gefühlsausdrucks unterstützen. Das verleiht Energie und einen Zuwachs an Vitalität.

Der Umgang mit eigenen und fremden Gefühlen wird vom Säuglingsalter an in menschlichen Beziehungen erprobt und entwickelt. In solchen prägenden Beziehungen sind Fehlentwicklungen, aber auch heilsame und wachstumsfördernde Erfahrungen möglich. Im Folgenden wird von hilfreichen und abträglichen Faktoren in diesem Bereich menschlicher Kommunikation die Rede sein.

Um mit einer Bestandsaufnahme zu beginnen, schlage ich Ihnen vor, den nachstehenden Selbsttest durchzuführen. Setzen Sie einen Haken hinter jeden Punkt, den Sie bejahen können. Sie werden sehen, ob Sie sich mehr in der ersten oder in der zweiten Aufzählung wiederfinden.

Selbsttest

Wie geht es Ihnen mit Ihren Gefühlen und den damit einhergehenden körperlichen Reaktionen? Wie nehmen Sie diese wahr und wie kommen Sie damit zurecht?

Wenn Sie in den letzten Tagen mindestens einmal z. B.

- geweint und dabei nicht den Atem angehalten haben, um ein tieferes Schluchzen zu verhindern,

- Ihre Freude so stark werden ließen, dass Sie jemand anderen anstecken konnten, gar gesungen oder getanzt haben,
- Aug in Auge eine andere Person mit Ihrem Ärger konfrontiert haben, ohne auszurasten, aber auch ohne das volle Ausmaß Ihrer Wut zu verstecken,
- sich klar abgegrenzt haben gegenüber einer Zumutung oder eines Übergriffs,
- etwas zurückgewiesen haben, was Ihnen zuwider war,
- überrascht wurden und erlebten, dass Ihr Atem stockte,
- ein Schmetterlingsgefühl im Bauch spürten – in freudiger Erwartung oder weil Sie sich verliebt haben
- oder fühlten, wie Ihnen ein Schauer kalt über den Rücken hinunter lief vor Furcht oder die Knie schlotterten bzw. die Zähne klapperten vor Angst
- und sich ob all dieser Gefühle und der dazu gehörigen Ausdrucksformen nicht schämen mussten,
- scheinen Sie im Einklang mit Ihren Gefühlen zu leben, sich von diesen bewegen zu lassen und sie klar zu kommunizieren.

Wenn es Ihnen aber immer wieder bspw. passiert,

- dass Sie im Büro oder in der Familie ausrasten und nachher bereuen, was Sie gesagt haben, oder dass Sie laut und verletzend werden,
- dass Sie in Tränen ausbrechen, wo Sie stark sein möchten,
- einen hochroten Kopf bekommen, wenn Sie vor einer Gruppe von Menschen reden sollen und sich dafür schämen,
- dass bei Besprechungen mit Ihrem Vorgesetzten Ihre Hände feucht werden und dies Ihr Unwohlsein steigert,
- dass Sie Ihrem Gegenüber nicht in die Augen schauen können, wenn Sie wütend sind, sondern stattdessen besonders freundlich sein müssen. Oder
- wenn Sie weder Freude noch Trauer empfinden, sich leer und gleichgültig fühlen,
- wenn Sie nichts mehr aufregt, und Sie eigene Wünsche und Bedürfnisse kaum spüren,

dann sei Ihnen dieses Buch besonders empfohlen. Es möchte Ihnen Anregungen bieten, um etwas Neues auszuprobieren und zu lernen, wie Sie Ihren Emotionen sinnvolle Hinweise entnehmen und stimmig mit den damit verbundenen körperlichen Veränderungen handeln und sich bewegen können – wie Sie Energie und Vitalität aus Ihren Emotionen gewinnen.

Was lässt sich tun?

Was lässt sich nun mit dem Ergebnis aus dem obigen Selbsttest und ganz allgemein für einen gesunden Umgang mit unseren Emotionen tun? Wenn wir ein Problem erkannt haben, kann uns dies dazu motivieren, Geschicklichkeiten und Fertigkeiten für einen besseren Umgang damit entwickeln zu wollen. Dafür empfiehlt es sich, geeignete Übungen auszuwählen, die uns bei regelmäßiger Anwendung befähigen, das Problem zu bewältigen. In unserem Zusammenhang gilt es zunächst einmal, die eigene Gefühlswelt genau unter die Lupe zu nehmen und dadurch die Wahrnehmung eigener wie auch fremder Gefühle zu verbessern. Weil Gefühle und körperliche Regungen untrennbar verbunden sind, ist der Fokus dann auf den Körper zu richten. Zu diesem Zweck enthält das Buch zahlreiche Übungen mit Bezug auf die Themen der einzelnen Kapitel.

Zu einzelnen Übungen stehen Ihnen ergänzende Arbeitsblätter zur Verfügung. Sie finden sie im Anhang des Buches abgedruckt sowie als Arbeitsvorlage inkl. ausgefülltem Beispiel zum Download unter www.beltz.de (s.a. Hinweise zum Online-Material).

Eine kurze Vorbemerkung zu den Übungen: Ich erhebe kein Urheberrecht auf sie. Ich danke meinen Tanz-, Yoga- und köperpsychotherapeutischen Lehrern und Lehrerinnen, die freigiebig von ihrem Schatz an praktischen Übungen an ihre Schüler weitergegeben haben. Einige dieser ungezählten Anleitungen habe ich für dieses Buch ausgewählt und möchte Sie ermuntern, sie zu benützen und kreativ weiterzuentwickeln.

Solche Übungen können eine vielschichtige Wirkung entfalten, sie können ein Weg zu neuen Erfahrungen sein, die sich möglicherweise anfangs ungewohnt oder auch unangenehm anfühlen. Der Grund dafür ist folgender: Ähnlich wie jede neue Lebenserfahrung ein Risiko der Infrage-Stellung von Altvertrautem und Bewährtem und eine Destabilisierung von vorübergehend stabilen Gleichgewichten birgt, können auch diese Übungen Türen zu bisher verschlossenen Empfindungen und Wahrnehmungen aufstoßen, lange verdrängte Erinnerungen wecken, bislang nicht geahnte Möglichkeiten bahnen und überraschende, neue Räume öffnen. Es braucht daher evtl. ein wenig Mut, sich darauf einzulassen. Unter Umständen ist es hilfreich, sich an eine Vertrauensperson zu wenden und entweder die Übungen gemeinsam durchzuführen oder die Erfahrungen zu besprechen.

Sollten Beunruhigungen auftreten, die tatsächlich länger anhalten, kann es auch nötig werden, sich an eine therapeutisch ausgebildete Fachkraft zu wenden. In der Regel geht es dabei nicht um eine durch die betreffende Übung verursachte Wirkung, sondern die Übung hat dann Erfahrungen in der eigenen Lebensgeschichte wiederbelebt, die, bisher unverarbeitet, in einer sorgsam verschlossenen Kammer geruht hatten. Gewöhnlich warten solche verdrängten Erinnerungen aber auf ihre Wiederbelebung und Erlösung; denn die Lebensenergie, die für das Unter-Verschluss-Halten dieser Inhalte, Gefühle und Impulse aufgebracht werden muss, fehlt der betroffenen Person zu ihrer Weiterentwicklung und Entfaltung.

Ich möchte Sie daher ermutigen, neugierig und gespannt zu sein auf alles, was Ihnen begegnen wird. Auch schmerzhafte und auf den ersten Blick unangenehme Erfahrungen beinhalten in aller Regel wertvolle Hinweise für den weiteren Weg.

Die Wahrnehmung eigener und fremder Gefühle verbessern

Wenn sich Gefühlszustände dauerhaft in den Vordergrund drängen, z. B. eine Trauer, ein Ärger oder eine quälende Verliebtheit, können sie die Konzentration bei der Arbeit oder die Gelassenheit in den Beziehungen zu anderen stören. Dann kann es hilfreich sein, sich täglich zu einer bestimmten Zeit an einen geschützten Ort zurückzuziehen und sich ausschließlich diesem Gefühl zuzuwenden. Das heißt, die eigene Befindlichkeit möglichst genau wahrzunehmen, z. B.: Ich bin unruhig, vermisse ein Gefühl der Zugehörigkeit, fühle mich verloren, ich habe Nackenschmerzen usw. Legen Sie am besten Papier und einen Stift oder Ihr Notebook bereit, um sich Notizen zu machen. Wenn Sie Ihren Zustand weiter erforschen möchten, können Sie sich zusätzlich Fragen wie die folgenden stellen:

Welches Gefühl genau treibt mich um: eine Angst? Eine störende Eifersucht? Eine unangemessene Neugier?

Was würde ich am liebsten tun, wenn ich könnte? Davonlaufen? Etwas kaputtschlagen? Mich rächen?

Auf wen oder was bezieht sich mein Gefühl? Eine Angst – wovor? Eine Trauer – worüber? Eine Wut – auf wen?

Kenne ich dieses Gefüh?

In welchen anderen Situationen habe ich Ähnliches empfunden? Was ist dort genau passiert?

Was habe ich bisher ausprobiert, um mit dieser Emotion zurecht zu kommen?

Ist diese Emotion so stark oder beeinträchtigend, dass es unter Umständen ratsam wäre, fachliche Unterstützung in Anspruch zu nehmen?

Wahrnehmen, möglichst ohne zu bewerten

Wenn Sie mit einem Gefühl, das Sie plagt, bedrückt oder umtreibt, besser zurechtkommen möchten, lohnt es sich, insbesondere auch die körperlichen Aspekte Ihres momentanen Zustands genauer zu untersuchen:

Was ist los mit mir? Ich bin unruhig.

Mein Atem ist bedrückt. Wie genau? Als läge ein schwerer Stein auf meiner Brust. Ich fühle einen Klumpen im Bauch. Und eine milde Übelkeit, viel Speichel im Mund und einen leichten Würgereiz in der Kehle.

Stellen Sie diese Dinge fest, möglichst ohne sie gut oder schlecht zu finden, d. h. ohne sie zu bewerten. Auch Gedanken wie »Schon wieder!« oder »Ich bin komplett hilflos. Wird das denn nie besser?« führen an dieser Stelle nicht weiter. Versuchen Sie stattdessen, Interesse für eine weitere Erkundung des Problems aufzubringen und erst einmal eine genaue »Bestandsaufnahme« zu machen:

Womit könnten diese festgestellten Empfindungen zusammenhängen? Bei Anita aus dem Eingangsbeispiel war es so: »Meine Symptome – Kraftlosigkeit, Unlust und Ärger – treten häufig am Morgen beim Aufwachen auf. Gegen Ende der Woche weniger. Aber am Sonntagabend gehäuft. Mein Vorgesetzter. Die Art, wie er mir Aufträge zuteilt, widert mich an. Praktisch nie äußert er sich wertschätzend für bereits Geleistetes. Er nimmt die Ergebnisse meiner Arbeit entgegen, um sich selbst damit zu schmücken und vor anderen zu brüsten und fordert Neues – ohne Ende. Man hat nicht das Gefühl, dass er je einen Gedanken daran verschwendet, wie es mir geht. Ob ich in Arbeit ertrinke oder schon wieder belastbar bin, scheint ihm völlig egal zu sein.«

Sie schafft also Raum für die Erkundung ihres Gefühls und der begleitenden inneren und äußeren Umstände. Es sind zwei Gefühle. Sie benennt sie mit: »Ärger« und »Ekel«. Sie beschreibt möglichst genau und umfassend alle damit verbundenen Gedanken und Empfindungen – ohne sie zu bewerten, zunächst auch, ohne sie zu beeinflussen. Sie identifiziert die Person (oder das Problem), auf die ihre Gefühle bezogen sind (hier: ihr Vorgesetzter) und die Situationen, in denen sie auftreten (hier: am Arbeitsort, bei Kontakten mit ihrem Chef, insbesondere, wenn er ihr Aufträge erteilt). Sie fertigt ein mehr oder weniger detailliertes Protokoll an, wie häufig, wann und in welcher Intensität diese Gefühle auftreten.

Untersuchen auch Sie die für Sie problematischen Gefühle. Wichtig ist dabei, die Wahrnehmungen dieser Gefühle zunächst nur zu beschreiben, ohne zu bewerten oder verändern zu wollen. Zum Beispiel: Immer, wenn ich an G. denke, atme ich ganz flach. Interessant. Wozu könnte das gut sein? Tun Sie dies eine Woche lang mithilfe eines Tagesprotokolls zur Selbstwahrnehmung Ihrer Gefühle (Arbeitsblatt 1). Sie finden eine Vorlage zum Ausdrucken in den Online-Materialien zum Buch. Abbildung 1 zeigt einen Auszug aus einem Beispiel-Protokoll. Mit dem Arbeitsblatt 2 können Sie Ihre Wahrnehmung der Gefühle anderer schulen. Abbildung 2 zeigt einen Auszug aus einem solchen Beispiel-Protokoll (s. a. Übung 3).

Grundstimmung: freudig, entspannt, weil ich Urlaub habe (4), (+), Arbeitsdruck moderat (3), (-), traurig über ein Problem in meiner Familie (4), (-)	
Zahlen in Klammern: Gefühlsausprägung (Intensität) auf einer Skala von 1–10 (1 = geringfügig, kaum wahrnehmbar; 10 = maximal stark) und Wertigkeit (– – = sehr unangenehm; - = unangenehm; 0 = neutral; + = angenehm; ++ = sehr angenehm)	
06:00	
07:00	Ich erwache froh und gut gelaunt (3), (+) Vorfreude aufs Skifahren (4), (+), gleichzeitig etwas Angst und Sorge, ob ich hoffentlich mit heilen Knochen zurückkommen werde (3), (-)
08:00	Ärger und Aufregung im Gespräch beim Frühstück (7), (– –) Trauer über die Unmöglichkeit, die Meinungsverschiedenheit aufzulösen (4), (-), Beschluss, das Problem vorläufig auf sich beruhen zu lassen.
09:00	Freiheitsgefühle, Freude über den sonnigen Tag (7), (++)
10:00	Lust an der Bewegung (8), (++)
11:00	Lust an der Bewegung (8), (++) plötzliche Tränen über den Verlust einer nahen Freundin, von dem ich gedacht hatte, er sei bereits verarbeitet (5), (-)
12:00	Genuss eines Mittagessens auf der Terrasse eines Bergrestaurants (5), (+)
13:00	Ich freue mich weiter an meiner Freiheit und Bewegungslust (6), (+), werde aber allmählich müde (3), (-)
14:00	Anflug von Traurigkeit bei der Rückkehr ins Tal (3), (-) Die Sonne brennt nun zu heiß, Unlustgefühle (5), (-)

15:00	Müdigkeit, ich weiß eine Weile lang nicht, was ich tun soll (4), (-) Ich lege mich schlafen und genieße die Entspannung, das ungestörte Dahindösen und die scheinbare Auflösung aller Grenzen (8), (++)

Abbildung 1 Tagesprotokoll zur zur Selbstwahrnehmung von Gefühlen. Beispiel: Ein Tag im Ski-Urlaub

Grundstimmung: freudig, entspannt, weil ich Urlaub habe (4), (+), Arbeitsdruck moderat (3), (-), traurig über ein Problem in meiner Familie (4), (-)	
Zahlen in Klammern: Gefühlsausprägung (Intensität) auf einer Skala von 1–10 (1 = geringfügig, kaum wahrnehmbar; 10 = maximal stark) und Wertigkeit (– – = sehr unangenehm; - = unangenehm; 0 = neutral; + = angenehm; ++ = sehr angenehm)	
06:00	Im Traum steht unser Nachbar plötzlich ganz dicht vor mir; er ist hoch rot im Gesicht und sehr zornig (9), (– –). Er macht mir Vorwürfe, weil ich angeblich seinen Hund nicht richtig angebunden habe. Davon erwache ich.
07:00	
08:00	
09:00	
10:00	Schreiendes Baby (10), (– –); seine Eltern haben es in den Kinderwagen gesteckt, bevor sie alle zusammen in die Liftgondel steigen; das Kind wehrt sich aus Leibeskräften; die Eltern wirken gestresst (6), (–), bemühen sich aber, souverän zu erscheinen.
11:00	
12:00	In der Mittagspause sehe ich meinen Mann zufrieden und entspannt lächeln (3), (+) Auf der Terrasse des Bergrestaurants geht ein etwa dreijähriges Kind auf einen Dackel zu, der angebunden unter einem Tisch liegt. Der Hund (vermutlich erschrocken (7), (–)) springt auf und bellt. Das Kind läuft schreiend davon (8), (– –); der Hund scheint auf Angriff gestimmt zu sein (5), (-), wird aber von seiner Leine daran gehindert; das Kind ist zu seinen Eltern geflüchtet und wird getröstet (4), (+).

Abbildung 2 Tagesprotokoll zur Wahrnehmung von Gefühlen anderer. Beispiel: Ein Tag im Ski-Urlaub

Wenn Sie die in diesem Buch vorgeschlagenen Übungen zu einem persönlichen »Forschungsprojekt« oder einem »Trainingsmodul« für ihre emotionale Selbststeuerung machen wollen, ist es ratsam, ein Heft oder einen Ordner anzulegen, in dem Sie Notizen, ausgefüllte Arbeitsblätter und Übungsprotokolle sammeln, um Ihre persönliche Reise zu dokumentieren.

Nachdenken über Lösungsmöglichkeiten

Ein wesentlicher Auslöser für Anitas Gefühle ist also die Art und Weise, wie ihr Vorgesetzter mit ihr umgeht. Auf welche – vielleicht belastende – Situation lassen sich Ihre problematischen Gefühle zurückführen?

Setzen auch Sie Ihre »Forschungsreise« fort, indem Sie sich als nächstes fragen, was Sie bisher unternommen haben oder was Sie tun könnten, um die Situation, die Ihnen Probleme bereitet, zu verändern.

Anita würde vielleicht das Gespräch mit Ihrem Chef suchen und ihm sagen, was sie schwierig findet. Sie würde herauszufinden versuchen, ob er bereit ist, sein Verhalten ihr gegenüber zu ändern.

Eine weitergehende wichtige Frage für Anita ist, zu prüfen, ob sie in ihrer Biografie eventuell ein unerledigtes Problem mit einer Autoritätsperson hat, möglicherweise mit einer Elternfigur. Letzteres liegt nahe, weil sie auch schon in anderen Arbeitszusammenhängen Spannungen mit Vorgesetzten hatte bzw. regelmäßig in Konflikt mit diesen geriet. Anita entschied sich, eine Fachperson aufzusuchen.

Falls – um bei unserem Beispiel zu bleiben – das Gespräch mit Anitas Chef unerfreulich verläuft und keine hoffnungsvollen Perspektiven eröffnet, ergibt sich daraus eine Vielfalt an Möglichkeiten: Anita hält z. B. Ausschau nach einer anderen Stelle und kündigt. Oder: Sie bemüht sich darum, in ihrem Vorgesetzten ein herausforderndes Gegenüber zu sehen, das sie zu wichtigen Entwicklungsschritten anregt. Sie möchte z. B. lernen und üben, sich gegenüber Zumutungen deutlicher abzugrenzen. Sie fasst die kontinuierliche Auseinandersetzung mit ihrem Chef als willkommenes Training für mehr Durchsetzungskraft, Selbstbewusstsein und Selbstsicherheit auf.

Versuchen Sie es ähnlich mit Ihrem eigenen Problem. Nachdem Sie wichtige Aspekte wahrgenommen, über Gründe und mögliche Lösungsschritte nachgedacht und körperliche Begleiterscheinungen benannt haben, d. h. Ihren Kopf (kognitive Fähigkeiten) benutzt haben, empfiehlt es sich, den Körper zu bewegen. Damit vermitteln Sie Ihrem Gehirn zusätzliche Informationen und Impulse. Wir wenden uns zunächst dem Atem zu.

Arbeit mit dem Atem

Emotionale Regungen und Bewegungen gehen mit Veränderungen von Atem-Volumen und -Frequenz einher. Bei Angst atme ich schneller und weniger tief, bei Wut schneller und tiefer. Bei Freude oder Glück atme ich langsamer und tiefer, im Schock langsamer und flacher. Wenn ich regulierend auf meine Gefühlsbewegung einwirken will, bietet sich der Atem, der sich willkürlich beeinflussen lässt, als Steuerungsinstrument an.

Bei Angst z. B. kann ich versuchen – vorausgesetzt natürlich, mein Leben ist nicht unmittelbar bedroht –, meine Aufmerksamkeit ganz ins Hier und Jetzt zu holen, das Objekt meiner Furcht (wovor fürchte ich mich?) zu fokussieren und meinen Atem zu vertiefen und zu verlangsamen. Dabei wird das Ausatmen betont.

Wenn ich mich chronisch in einer Art benebelten und dissoziierten Trance bewege, versuche ich, mich für ein paar Minuten auf meinen Atem zu konzentrieren und so tief wie möglich aus- und einzuatmen. Dabei kann es sein, dass das Gefühl der Angst zunächst stärker wird, dass meine Zähne/Unter- und Oberkiefer leicht zu vibrieren, die Knie zu zittern beginnen. Wenn ich gut geerdet bin (s. hierzu Übung 2 oder 24), kann ich diesen Gefühlssturm in aller Regel tolerieren. Ich lasse zu, dass er sich steigert, stoße vielleicht einen (Hilfe-)Ruf aus, bleibe wach und präsent und werde Zeuge davon, dass das Gefühl nach einiger Zeit wieder abklingt. Die Arbeit mit dem Atem (z. B. Übung 1) lässt sich anhand verschiedener Übungen trainieren und für den Alltag nutzbar machen. Dazu später mehr (Übungen 5a, 25, 53). Im Folgenden werden nun erste Körperübungen vorgestellt.

Eine Körperübung durchführen

Bei emotionalen Problemen haben sich bestimmte Grundübungen als hilfreich erwiesen. Es wird empfohlen, sie regelmäßig durchzuführen, um sie zu verinnerlichen. Übt man über einen längeren Zeitraum hinweg, führt dies zu nachhaltiger und ganzheitlicher Entspannung als Grundbefindlichkeit. Zusätzlich stehen solche Übungen dann in Notsituationen als »Erste Hilfe«-Maßnahmen zur Verfügung – und hierfür ist eine gewisse Übungsroutine wichtig. Hier eine erste Atem- sowie zwei sogenannte Erdungsübungen:

Übung 1

Atemübung

Suchen Sie einen Raum auf, in dem Sie ungestört sind und stellen Sie sicher, dass Sie nicht gestört werden.

Passen Sie die Beleuchtung im Raum Ihren Bedürfnissen an. Stellen Sie sich an einen von Ihnen als stimmig empfundenen Ort im Raum und wählen Sie dabei eine Ihnen angenehme Distanz zu den Wänden, zum Fenster, zur Tür, zum Licht sowie zu den Sie umgebenden Möbeln. Positionieren Sie Ihre Füße parallel und etwa schulterbreit, sodass Sie möglichst entspannt stehen können. Führen Sie dann Ihre Arme hinter den Rücken. Umfassen Sie mit der einen Hand Zeige- und Mittelfinger der anderen und halten diese. Lenken Sie Ihre Aufmerksamkeit auf den Brustraum und atmen Sie ein, um diesen zu füllen. Atmen Sie drei Herzschläge lang ein. Halten Sie drei Schläge lang die Luft an. Und atmen Sie dann während sechs Schlägen aus. Falls es Ihnen zunächst zu langsam sein sollte, Ihr Zählen am Herzrhythmus zu orientieren, zählen sie schneller. Wichtig ist, dass Sie doppelt so lange aus- wie einatmen und dass Sie zwischen Ein- und Ausatmen die eingeatmete Luft entsprechend lang halten. Wiederholen Sie diese Übung fünfmal.

Lenken Sie anschließend Ihre Aufmerksamkeit auf den Bauchraum und wiederholen Sie die beschriebene Übung mit der einzigen Abwandlung, dass Sie nun mit dem Einatmen den Bauchraum »füllen«. Sie erlauben also Ihrer Einatembewegung, d.h. den sich erweiternden Lungenflügeln und dem sich senkenden Zwerchfell, Ihre Eingeweide nach unten zu drängen und damit eine Wölbung der Bauchdecke zu bewirken. Beim Ausatmen entspannt und wölbt sich das Zwerchfell wieder nach oben. Die Eingeweide ziehen sich in den weiter gewordenen Bauchraum zurück. Die Bauchdecke strafft sich. Wiederholen Sie auch diese Übung fünfmal.

Nun zu den Erdungsübungen. Heftige Emotionen bewegen Menschen dazu, außer sich zu geraten. Die Konzentration auf die körperliche Selbstwahrnehmung und die Durchführung einer Körperübung wirkt dem in aller Regel entgegen.

Sogenannte Erdungsübungen, die Ihre Körperwahrnehmungen in einen bewussten Bezug und Dialog zu dem Sie tragenden Boden setzen und Ihr Selbstempfinden im eigenen Körper verankern, können helfen, emotionalen Stürmen besser standzuhalten.

Falls Sie es also mit Gefühlen zu tun haben, die Sie selbst oder die andere als zu intensiv empfinden, machen Sie sich mit einer oder beiden der nun folgenden Erdungsübungen vertraut. Auch hier empfiehlt sich eine regelmäßige Übungspraxis.

Übung 2

Erdungsübungen

Variante (a). Suchen Sie einen Ort auf, an dem Sie etwa eine viertel Stunde lang ungestört sind. Stehen Sie mit schulterbreit geöffneten Beinen, die Füße parallel und mit leicht gebeugten Knien, möglichst entspannt da. Achten Sie darauf, dass Sie Ihren Atem nicht anhalten, sondern frei fließen lassen. Verlagern Sie Ihr Gewicht geringfügig in Richtung Fersen. Erkunden Sie die Grenze Ihres Gleichgewichts. An welchem Punkt der Gewichtsverlagerung müssen Sie einen Schritt nach rückwärts machen, um nicht zu fallen? Verlagern Sie anschließend Ihr Gewicht auf die Fußballen und versuchen Sie wiederum herauszufinden, wo Sie Ihr Gleichgewicht zu verlieren drohen. Verschieben Sie Ihr Gewicht mehrere Male zwischen Fersen und Fußballen hin und her. Verschieben Sie es dann auf die Innenkante Ihres rechten und die Außenkante Ihres linken Fußes. Suchen Sie die Grenze für Ihr Standvermögen. Verlagern Sie Ihr Körpergewicht auf die Innenkante Ihres linken und die Außenkante Ihres rechten Fußes. Schieben Sie es anschließend mehrere Male hin und her.

Probieren Sie dann einen Kreis zu beschreiben: Sie verlagern Ihr Gewicht langsam und kontinuierlich von den Fersen auf die Innenkante Ihres rechten und die Außenkante Ihres linken Fußes, von dort auf die Fußballen und anschließend auf die Innenkante Ihres linken und die Außenkante Ihres rechten Fußes. Von dort wieder zurück auf die Fersen. Fahren Sie mit dieser kreisenden Bewegung fort. Und kehren Sie nach wenigen Minuten die Richtung der kreisenden Bewegung um. Wenn Sie schließlich zur Ruhe und in die Mitte Ihrer Körperachse zurückkehren, lassen Sie sich eine Weile lang nachspüren, welche Empfindungen diese Übung in Ihnen ausgelöst hat. Schütteln Sie zum Abschluss Arme, Beine, Rumpf und Nacken, um sich zu lockern.
Wie fühlen Sie sich? Noch zornig? Zorniger als vorher? Traurig? Ängstlich?

Variante (b). Legen Sie sich mit dem Rücken auf eine Decke und nehmen Sie die Auflagepunkte Ihres Körpers auf dem Boden wahr. Übergeben Sie Ihr ganzes Körpergewicht der Schwerkraft. Spüren Sie, wie der Boden Sie trägt. Falls Sie Muskelspannungen wahrnehmen, die diesem Sich-Überlassen entgegenwirken, wenden Sie sich mit Ihrer Aufmerksamkeit diesen zu, verstärken Sie die Spannung bis zu einem Maximum und lösen Sie sie danach schrittweise wieder. Wiederholen Sie dieses An- und Entspannen einige Male. Vielleicht können Sie in beide »Richtungen« – An- und Entspannen – bei jedem Mal ein Stückchen weiter gehen. Drücken Sie im Ausatmen das Kreuzbein mit dem ganzen dazugehörigen Rückensegment flach und breit gegen den Boden. Atmen Sie aus und aus und aus, halten Sie den Druck gegen den Boden und den Zustand des Ausgeatmet-Habens bis es nicht mehr geht und Sie wieder einatmen müssen. Lösen Sie, während Sie einatmen, alle Anspannungen so weit wie möglich auf. Atmen Sie anschließend einige Male frei aus und ein.

Wiederholen Sie diese Übung dreimal und wandern Sie dann mit Ihrer Aufmerksamkeit nacheinander zu den Rücken-Segmenten der Lendenwirbel-, der Brustwirbel- und schließlich der Halswirbelsäule. Drücken Sie die genannten Wirbelsäulensegmente und dazugehörigen Rückenpartien jeweils im Ausatmen gegen den Boden (wie oben für das Kreuzbeinsegment beschrieben), atmen Sie so lange aus, bis es nicht mehr weiter geht und lösen Sie den Druck gegen den Boden, während Sie den Atem neu in sich einströmen lassen. Wiederholen Sie dieses verlängerte Ausatmen für jedes Segment je dreimal. Gönnen Sie sich zum Abschluss freie Räkel- und Schlängelbewegungen von Hals und Rücken, bis Sie von selbst zur Ruhe kommen. Lassen Sie sich möglichst frei atmen und spüren Sie am Ende nach, was diese Übung in Ihnen bewirkt und was sich verändert hat.

Diese Übung geht auf Stanley Keleman (Begründer der »Formativen Psychologie«) zurück und bezieht sich auf die Konstruktion und Dekonstruktion von muskulären Spannungsmustern. Gefühle, wie auch deren Unterdrückung, gehen in aller Regel mit bestimmten Muskelspannungen einher: Wir halten den Atem an, wir ziehen die Schultern hoch, wenn wir Angst haben, wir versetzen uns in Kampfbereitschaft, wenn wir wütend sind. Übungen zur gezielten An- und Entspannung von bestimmten Muskelgruppen dienen einerseits einer bewussteren Wahrnehmung sich quasi-automatisch vollziehender muskulärer Spannungen und andererseits dem Erwerb der Fähigkeit, diesen entgegen zu wirken. Das heißt, wir lernen, die muskulären Aspekte von emotionalen Vorgängen zu beeinflussen – und dabei helfen uns derartige Übungen.

Ein zusätzlicher positiver Effekt besteht darin, dass sich, während Sie sich mit der möglichst genauen Ausführung der Übung beschäftigen, der emotionale Aufruhr, dessentwegen Sie mit der Übung begonnen haben, wahrscheinlich gelegt haben wird.

Problembezogenes Arbeiten mit der Willkürmuskulatur

Emotionale Regungen und Bewegungen gehen mit zum Teil sehr spezifischen Spannungsänderungen in der Muskulatur einher. Da wir zumindest einen Teil unserer Muskeln, die sog. Willkürmuskulatur, willentlich beeinflussen können, bietet sich auch diese als Ansatzpunkt zur Gefühlsregulation an.

Ich fühle mich z. B. zunehmend gestresst, weil ich fürchten muss, mein geplantes Arbeitspensum nicht in der dafür vorgesehenen Zeit zu schaffen. Ich stelle fest, dass meine Schultern nach oben wandern und sich meine Nackenmuskulatur verspannt. Im Sinne einer Übung nehme ich diese Spannung bewusst wahr, verstärke sie bis zu einem gefühlten Maximum, um mir deutlich zu machen, was mein Körper da tut und eventuell auch, wozu diese Haltung nützlich sein kann. Dann löse ich das Spannungsmuster Schritt für Schritt und entspanne mich. Sobald die Angst wieder zunimmt, lasse ich die Anspannung zu, verstärke sie und löse sie wieder. Ich wiederhole dieses Hin- und Hergehen zwischen Spannung und Entspannung mehrere Male (auch dies in Anlehnung an S. Keleman).

Oder ein anderes Beispiel: Der Dialog mit meiner Partnerin versetzt mich in derartigen Zorn bzw. eine derartige Verzweiflung und Hilflosigkeit, dass ich das Gespräch unterbrechen und räumliche Distanz zwischen ihr und mir schaffen muss. Ich jogge eine Runde, versuche, mich emotional zu beruhigen und kehre erst dann wieder zum Gespräch zurück.

Bei Gefühlen von Wut und Zorn mobilisiert der Körper eine Menge Energie. Er bereitet sich auf Kampf und Auseinandersetzung vor. Wenn wir aber gute Gründe haben, diese Auseinandersetzung nicht körperlich zu führen, empfiehlt es sich, die vorhandene Aktivierung und Erregung auf anderen Wegen – im obigen Beispiel durch Bewegung – abzubauen.

Zusammengefasst: Wir sind unseren Gefühlen nicht hilflos ausgeliefert, wenn wir

- *die Wahrnehmung unserer Emotionen vertiefen:* dazugehörige Gedanken und Empfindungen möglichst genau beschreiben, Auslöser und Handlungsimpulse benennen und uns Gedanken zum biografischen Hintergrund des gegenwärtigen Erlebens machen,
- möglichst alle, insbesondere auch die körperlichen Aspekte des aktuellen Erlebens betrachten, *ohne sie zu bewerten*; zunächst auch, *ohne sie zu beeinflussen*,
- *Protokolle* anfertigen, ein *Gefühlstagebuch* führen, *Notizen* machen,
- *über Lösungsmöglichkeiten nachdenken* und *Veränderungen* eigener Reaktionen und im eigenen Verhalten *ausprobieren*: Wir sprechen die Person an, auf die sich unsere schwierigen Gefühle beziehen, und versuchen, ihr unser Erleben mitzuteilen. Wir verändern unsere innere Haltung ihr gegenüber, gehen ihr ggf. aus dem Weg oder überlegen, ob eine Beendigung der Beziehung sinnvoll und möglich ist.
- unsere Aufmerksamkeit auf den Atem lenken und diesen bewusst zu beeinflussen üben,
- ein möglichst regelmäßiges *Programm von Körperübungen aufnehmen*, um deren Wirksamkeit in emotionalen Notsituationen verfügbar zu haben,

- üben, *problembezogen bestimmte Muskelpartien willkürlich anzuspannen und zu entspannen*, eine Aufmerksamkeit für sich automatisch vollziehende Anspannungen entwickeln, üben, diese schrittweise zu verstärken und stufenweise wieder zu entspannen und dabei Veränderungen in unserem Erleben zu beobachten.
- Falls uns ein Problem nur allzu bekannt vorkommt und möglicherweise unlösbar und sehr belastend erscheint, erwägen wir die *Inanspruchnahme einer Fachperson*.

1 Grundlagen

Im Folgenden sollen Begriffe erläutert und einige Hintergrundinformationen zum Thema Emotionen gegeben werden.

Emotionen verleihen unserem Leben Dynamik und Farbe. Sie liefern Beweggründe für unser Handeln. Wenn wir Gefühle erleben, sind wir berührt, persönlich betroffen, körperlich und seelisch bewegt. Im Körperinneren kommt eine Reihe von biochemischen Prozessen in Gang. Diese stellen die Voraussetzungen für Bewegung und Handeln bereit. Emotionen informieren unsere Entscheidungen; sie gewichten Pro- und Contra-Argumente. Nicht selten werden größere Veränderungen durch eine emotionale Betroffenheit oder den Wechsel einer Grundstimmung eingeleitet.

Lange Zeit begegneten aufgeklärte, gebildete Menschen allem Gefühlshaften und Emotionsgeleiteten mit Misstrauen und Ablehnung. Emotionen wurden als »unsachlich« abgetan, in seriösen Diskussionen disqualifiziert und nicht selten als unerwünscht an das weibliche Geschlecht oder Kinder delegiert.

Erst in den 80er-Jahren des letzten Jahrhunderts begann man sich in der Wissenschaft, insbesondere der Psychologie, den Neurowissenschaften und der Philosophie, mit Emotionen zu befassen. Eine Flut von Fachartikeln und Büchern zum Thema wurde publiziert. Körperorientierte und humanistische Ansätze der Psychotherapie hatten jedoch das Veränderungspotenzial, das Emotionen innewohnt, schon länger erkannt und mehr oder weniger systematisch zu nutzen begonnen. Dies waren Wilhelm Reich, der den Einbezug des Körpers in die Psychoanalyse forderte, Fritz Perls, der Begründer der Gestalttherapie, Alexander Lowen, der Begründer der Bioenergetischen Analyse, und Arthur Janov, der Begründer der Urschreitherapie, um nur einige zu nennen. Heute finden Emotionen in nahezu allen psychotherapeutischen Ansätzen vermehrt Berücksichtigung, weil sie bei den meisten psychischen Störungen eine wesentliche Rolle spielen und weil andererseits ein kompetenter Umgang mit ihnen zu einer besseren Bewältigung des Alltags und damit zu einer Steigerung der Lebensqualität beitragen kann.

Das vorliegende Buch möchte ein aktuelles Konzept von Emotionen – ihre Erscheinungsformen, ihre Einordnung in den Kontext anderer menschlicher Fähigkeiten und ihre Verwurzelung im Körper – vermitteln und anhand einiger Beispiele von diskreten Emotionen mögliche Probleme und Wege, diese zu meistern, aufzeigen. Zu jedem der beschriebenen Gefühle werden mehrere Übungen vorgeschlagen, die die Selbstwirksamkeit im Umgang mit eigenen und fremden Emotionen erhöhen sollen.

Das bedeutet z. B.: Wenn man sich ärgert, folgt als Reaktion nicht (sofort), dass man ausrastet und laut wird, sondern dass man sein Gefühl zunächst in einem (imaginären) inneren Gefäß (aus-)halten kann. Man bemüht sich zu klären, wem der Ärger gilt, was man verändern möchte. Und man setzt die mit dem Gefühl verbundenen Handlungsimpulse erst dann um, wenn man sein Ziel kennt.

Wenn Sie eine Trauer über den Verlust eines geliebten Menschen dauerhaft gefangen hält, kann die Wahrnehmung der körperlichen Begleiterscheinungen dieser Emotion, z. B. eine ständige muskuläre Anspannung im Nackenbereich oder ein Druck auf der Brust, zur Frage nach deren Beeinflussbarkeit führen. Durch Übungen und daraus folgende Verhaltensänderungen kann sich das emotionale Erleben wandeln.

Es lohnt sich, sich mit dem Thema Emotionen zu beschäftigen, weil wir immer wieder erleben, wie sie uns – zum Guten oder zum Schlechten – bewegen: Jemand, der sich schon seit längerer Zeit über etwas ärgert, entschließt sich eines Tages, etwas dagegen zu unternehmen. Ein frisch Verliebter verändert plötzlich Dinge in seinem Leben, die vorher unverrückbar und zementiert erschienen waren. Verkrustete Beziehungen werden wieder lebendig, wenn einer oder beide Beteiligten anfangen, über ihre Gefühle zu reden. Sogar verfahrene Verhandlungen können wieder in Gang kommen, weil jemand der Beteiligten Auskunft über persönliche Empfindungen zu geben beginnt. Wenn ich selbst den Eindruck habe, in eine Sackgasse geraten zu sein, befrage ich mich nach meinen Bedürfnissen und Zielen. Ausgangspunkt ist häufig ein Gefühl, dass etwas unerträglich wird. Wenn ich mich dann weiter frage, was genau ich glaube, bald nicht länger ertragen zu können, was mir fehlt und was mir in dieser Situation guttun könnte, eröffnen sich in aller Regel neue und weiterführende Wege.

Was sind Emotionen?

Emotionen sind Reaktionen auf äußere und innere Reize, Situationen und Ereignisse. Sie beinhalten

- physiologische Veränderungen im Körper: z. B. eine Beschleunigung des Herzschlags, eine Verengung der Blutgefäße, die Ausschüttung von bestimmten Hormonen und Botenstoffen,
- kognitive Bewertungen: z. B. wichtig-unwichtig, angenehm-unangenehm,
- eine subjektive Betroffenheit: z. B. ich fühle mich verletzt; die Trauer um meinen verlorenen Freund liegt wie ein dunkles Tuch über allem, was ich zurzeit erlebe,
- einen interaktiv bedeutsamen Handlungsaspekt: Annäherung, Abwendung, Distanznahme, Kampf, Flucht, Erstarrung, Begehren.

Emotionale Vorgänge

- können von außen beobachtbar sein: z. B. folgt ein Verliebter seiner Geliebten auf Schritt und Tritt; ein sich ängstigender Mensch nimmt eine Schutzhaltung ein; und
- werden subjektiv erlebt: Die Welt ist schön, wenn ich liebe. Oder: Ich bin starr vor Angst.
- haben einen zeitlich veränderlichen Verlauf und
- sind Mittler zwischen Selbst und Welt: Gegenseitige Sympathiegefühle veranlassen Menschen dazu, sich näher kennenlernen zu wollen.

- heben aus dem Strom der Wahrnehmungen und Ereignisse solche hervor, die persönlich bedeutsam sind, die zur eigenen Grundstimmung passen und der aktuellen Bedürfnis- und Motivationslage entsprechen.
- tragen zur Strukturierung der Wahrnehmung bei und prägen die Architektur des Gedächtnisses.
- Wiederholte, persönlich bedeutsame Erfahrungen lösen, falls diese sich bewähren, immer wieder ähnliche Reaktionen aus und werden im zumeist unbewussten Erfahrungsgedächtnis als Denk- Fühl- und Verhaltensneigungen auf bestimmte Auslöser hin eingeprägt.

Die unter den beiden letzten Punkten genannten Strukturbildungen und Reaktionsbereitschaften können als Bausteine der Persönlichkeit angesehen werden.

Wer z. B. gestresst-aggressiv unterwegs ist, dem werden auch seine Mitmenschen entsprechend kritisch, gereizt und unfreundlich erscheinen, ihm vielleicht tatsächlich so begegnen, weil sie auf ihn reagieren. Wenn er seine Erinnerung befragt, wird sein Gedächtnis vorwiegend Einträge freigeben, die ihm bestätigen, dass die Welt hauptsächlich aus unfreundlichen und unangenehmen Menschen bestehe, mit denen man sich nur selten wohlfühlen könne. Eine vorherrschende Grundstimmung beeinflusst die Wahrnehmung und unsere Erinnerung so, dass dazu Passendes erlebt bzw. erinnert und der Grundstimmung Widersprechendes eher ausgeblendet wird.

Emotionen dienen der Feinabstimmung des Verhaltens und sozialer Beziehungen. Sie sind speziell den Menschen eigen, im Tierreich lassen sich evolutionsbiologisch erst bei den Säugetieren Anhaltspunkte für entsprechende Empfindungsqualitäten finden. Gefühle modulieren genetisch angelegte und im Laufe der individuellen Entwicklung geprägte Verhaltensprogramme. Beispielsweise sind die Verhaltensweisen der Mitarbeiter eines Unternehmens und ihre Beziehungen zueinander zu einem großen Teil durch Organisationsstrukturen, Arbeitsplatzbeschreibungen, Pflichtenhefte und Rechte definiert. Gleichzeitig entstehen Sympathien und Antipathien, Irritationen, Ärger, Zuneigung und Freude, Rivalitäten, Neugier und Eifersucht, also Gefühle. Diese regulieren zusätzlich die Interaktionen sowie Nähe- und Distanzbedürfnisse unter den Mitarbeitenden, fördern die Zusammenarbeit oder schaffen Konflikte, erleichtern oder erschweren die Kommunikation.

Anders bei Reptilien: Wenn zum Beispiel ein Tier, das dem Beuteschema einer Riesenechse entspricht, in deren Gesichtsfeld gerät, geht die Echse zum Angriff über – nur falls sie gerade satt ist, könnte die damit verbundene Trägheit die Attacke verhindern. Weitgehend programmierte Verhaltensmuster werden in Abhängigkeit von inneren physiologischen Zuständen durch äußere Reizkonfigurationen ausgelöst. Hingegen ist von einer Riesenechse nicht zu erwarten, dass sie aus Mitleid mit dem Opfer oder aus Liebe zu einem Mitgeschöpf auf ihr Jagdverhalten verzichten würde. Bei Menschen bewirken bzw. ermöglichen zwischengeschaltete Gefühle Verzögerungen, taktische Umwege bis hin zur vollständigen Unterdrückung eines naheliegenden Verhaltens.

Auf den ersten Blick mag es unsinnig erscheinen, den »vernünftigen« Verstand zu bemühen, sich des Phänomens der manchmal doch so »unvernünftig« erscheinenden Emotionen anzunehmen. Gefühl und Ratio sind zwei höchst verschiedene menschliche Fähigkeiten. Aber vielleicht ist es gerade, weil sie ein so ungleiches Paar sind, reizvoll, diese beiden miteinander in Beziehung treten zu lassen.

Menschen sind Geist/Seele *und* Materie. Und Emotionen erscheinen besonders geeignet, diese Doppelnatur zu verdeutlichen. Alle menschliche Erfahrung involviert den Körper. Und wesentliche Aspekte von emotionalen Vorgängen sind physiologische Veränderungen in den Organen sowie Veränderungen im Zusammenspiel von Dehnungen und Kontraktionen der Skelettmuskulatur. Dies zeigt sich insbesondere im mimischen Gesichtsausdruck, in Gesten, sowie in Hin- oder Wegbewegungen von involvierten Personen und Objekten. Eine Spannung im Nacken, feuchte oder zittrige Hände, ein Erröten des Gesichts, ein Kribbeln im Bauch sind typische körperliche Empfindungen, d. h. wahrnehmbare Begleiterscheinungen von subjektiv erlebten Gefühlen. Auf der organischen Ebene lässt sich eine veränderte Herzfrequenz, ein flacher Atem, eine Beschleunigung oder Verlangsamung von Darmbewegungen feststellen.

Beispiel

Nach einer Auffahrkollision steigt der Fahrer aus dem Auto und beginnt, am ganzen Leib zu zittern. Möglicherweise ist ihm bewusst geworden, an welch dünnem Faden sein und unser aller Leben hängt. Und im Nachhinein erfasst ihn eine Angst. Gleichzeitig dient dieses Zittern auch einer fortschreitenden Lösung der durch den Schock der Kollision bewirkten Bewegungsunfähigkeit. Hier hat ein äußeres Ereignis, das der involvierten Person leibseelisch nahe ging (Selbstbetroffenheit), eine körperliche (Erstarren, dann Zittern) und eine subjektiv gefühlsmäßige (Schock, Angst, dann Erleichterung) Reaktion ausgelöst.

Emotionen finden im Hier und Jetzt statt. Sie involvieren unseren Körper und sind ein wesentlicher Aspekt unserer Lebendigkeit. Deshalb ist es ein Anliegen des Buches, diese Verbindung von Emotionen und Körper näher zu beleuchten. Mittels körperlicher Übungen können die Wahrnehmung dieser Verbindung verstärkt und Möglichkeiten der Einflussnahme erforscht und eingeübt werden.

Definitionen

Im weiteren Text werden folgende Begriffsunterscheidungen vorgenommen:

Emotion. Unter Emotionen sind allgemein Vorgänge zu verstehen, die – messbar – in bestimmten (limbischen) Strukturen im Gehirn ihren Ausgang nehmen. Sie beeinflussen andere zentralnervöse Bereiche und bewirken Veränderungen an Organen, Muskeln und Gefäßen. Sie lösen beschreibbare mimische und gestische Ausdrucksmuster aus und bereiten ganz bestimmte Verhaltensweisen vor.

Gefühl. Unter Gefühlen ist das subjektive Erleben dieser Vorgänge zu verstehen.

Affekt. Affekte sind Sonderfälle von emotionalen Vorgängen, die durch einen plötzlichen Beginn sowie durch eine hohe Erregungsintensität gekennzeichnet sind.

Grundstimmung. Emotionale Bewegungen gehen immer von einer vorherrschenden Grundstimmung aus. Diese kann als angeborenes Temperament einzelne Menschen zeitüberdauernd prägen: ein fröhlicher, ein unfreundlicher, ein ängstlicher Mensch. Oder sie kann Menschen als Tagesstimmung erfassen: Draußen herrscht neblig-trübes Wetter, im Büro eine angespannte Stimmung, weil Kündigungen bevorstehen; Aktienanleger unter sich sind seit Stunden unruhig und gereizt, weil sich die Börse im freien Fall befindet. Es ist kein guter Tag. Die betroffenen Menschen fühlen sich vorübergehend, zumindest eine gewisse Zeit lang, gespannt und gereizt.

Zur Vielfalt der Gefühle – Basisemotionen

Unsere Sprache hält eine große Zahl von Wörtern für unterschiedliche Gefühlszustände bereit. Linguisten haben herausgefunden, dass verschiedene Sprachen in manchen Bereichen des Gefühlsspektrums genauer und in anderen Bereichen weniger differenzieren als andere Sprachen. Im Deutschen finden wir (ohne Anspruch auf Vollständigkeit) folgende Bezeichnungen:

A wie Angst, Anmaßung, Arroganz, **B** wie Bitterkeit, **C** wie cholerisch, cool, **D** wie Dankbarkeit, Demut, **E** wie Einsamkeit, Erschöpfung, Ekel, Eifersucht, **F** wie Freude, Frustration, **G** wie Groll, Gleichmut, Gelassenheit, **H** wie Heiterkeit, Hochmut, **I** wie Interesse, **J** wie Jähzorn, **K** wie kühl, kalt, Kummer, **L** wie Langeweile, Liebe, Lust, **M** wie Mut, **N** wie Neid, Neugier, **O** wie Ohnmacht, **P** wie Panik, **Q** wie Qual, **R** wie Rachsucht, **S** wie Stress, Scham, Stolz, Schock, Schuld, **T** wie Trauer, **U** wie Unmut, Unsicherheit, Überraschung, **V** wie Verachtung, Verliebt-Sein, Verlegenheit, **W** wie Wut, **X** wie xenophob (Angst vor Fremden), **Y** wie Yin und Yang-Gefühlsqualitäten, **Z** wie Zorn.

Es handelt sich dabei um kategoriale Emotionen. Hieraus haben Forscher jeweils fünf bis acht Grundkategorien, sogenannte Basisemotionen, hervorgehoben, die über Grenzen von Kulturen hinweg auf der ganzen Welt zu finden seien. In der menschlichen Entwicklung seien sie früh beobachtbar, und sie ließen sich relativ klar voneinander unterscheiden. Es sind dies – je nach Wissenschaftler variierend – eine Auswahl aus den folgenden: Angst/Furcht, Ärger/Wut, Ekel, Trauer, Freude, Überraschung, Verachtung, Liebe, Vertrauen, Neugier/Interesse.

Als Beispiel sei hier Robert Plutchik (2017a) genannt, der die von ihm ausgewählten Grundemotionen in seinem sog. »Rad der Emotionen« (s. Abb. 3) anordnet, wobei einander ähnliche Emotionen nebeneinander und gegensätzliche Emotionen einander gegenüberstehen. Als dritte Dimension fügt er die emotionale Intensität hinzu, die für jedes einzelne Gefühl variieren kann.

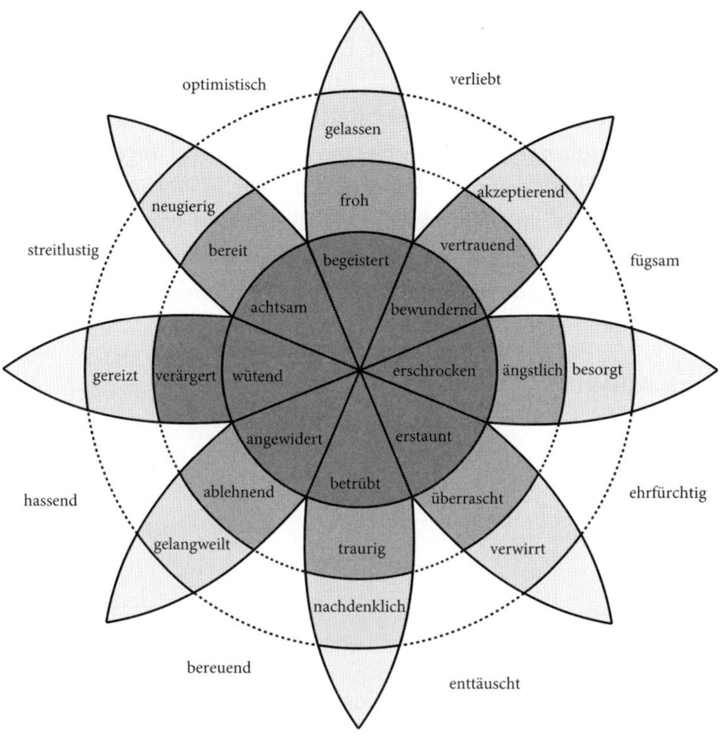

Abbildung 3 Rad der Emotionen nach Robert Plutchik (Gollwitzer & Schmitt, 2019)

Grunddimensionen: Aktivierung und Wertigkeit

Andere Emotionsforscher gehen weniger von diskreten Emotionen aus, sondern halten es für sinnvoller, emotionale Zustände und Vorgänge mithilfe von Grunddimensionen zu beschreiben: Unabhängig davon, ob jemand wütend oder ängstlich ist, wird bei diesem Ansatz festgestellt, wie stark erregt der Betreffende ist, und ob der Zustand als angenehm oder unangenehm erlebt wird, auf welches Objekt in der Umwelt er sich bezieht, welches Verhalten der Betreffende zeigt, und ob die emotionale Reaktion am Anschwellen oder Abklingen ist. Zur Beschreibung von emotionalen Vorgängen haben sich vor allem zwei Grunddimensionen als nützlich erwiesen – eine Dimension der Aktivierung/Erregung und eine der Wertigkeit. Auf den ersten Blick würde man Langeweile bei *wenig aktiviert* und *unangenehm*, Wut bei *hoch aktiviert* und *unangenehm*, Liebe bei *aktiviert* und *angenehm* und Gelassenheit bei *wenig aktiviert* und *angenehm* verorten (s. Abb. 4). Aber schon an diesen einfachen Beispielen wird ersichtlich, dass der Aktivierungsgrad je nach Person und Situation erheblich variieren wird, weil Emotionen sowie die Menschen, die sie erleben, höchst individuell sind.

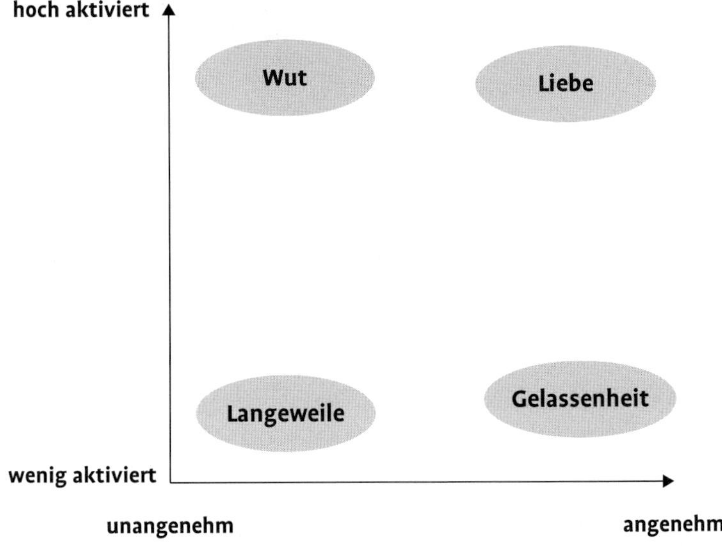

Abbildung 4 Aktivierungs- und Wertigkeitsdimension bei Emotionen

Man kann sich eine stille bis hin zu einer hoch leidenschaftlichen Liebe vorstellen, und dies wäre dann mit sehr unterschiedlichen Aktivierungsgraden verbunden. Auch können Liebesgefühle so heftig sein, dass sie als unangenehm und Leid bringend erlebt werden, insbesondere wenn die Liebe nicht erwidert wird. Wohingegen eine milde Wut als durchaus angenehm empfunden werden kann, vor allem wenn die betroffene Person weiß, wie sie ihr gelegentlich Luft verschaffen wird und sich gute Chancen ausrechnet, die Situation, die sie wütend macht, nach ihren Bedürfnissen ändern zu können. Innerhalb ein und derselben Gefühlskategorie kommen also unterschiedliche Ausprägungen von Aktivierung und wahrgenommener Wertigkeit vor. Daher ist die Feststellung von Koordinaten auf den genannten Dimensionen unter Umständen besser geeignet, um individuelle Befindlichkeiten zu beschreiben als die Zuschreibung von Gefühlskategorien.

Für beide der genannten Grunddimensionen gibt es extreme Ausprägungen, unter denen die Funktion anderer Fähigkeiten, wie Wahrnehmen, Denken, Sich-Erinnern, Empathie für andere, nahezu ausgeschaltet ist. Dies geschieht insbesondere bei traumatischen, die persönliche Verarbeitungskapazität überschreitenden, Erfahrungen. Dort handelt man, ohne bewusste Entscheidungen zu treffen, quasi automatisch.

Ist ein Organismus inaktiv und nahe am Schlaf und befindet sich in seinem Wahrnehmungshorizont nichts Interessantes, ihn Betreffendes, weder angenehm noch unangenehm, werden mit großer Wahrscheinlichkeit keine Bewegungs- oder Handlungsimpulse auftreten und keine Kommunikation stattfinden. Oder anders ausgedrückt: Menschen lernen, handeln, kommunizieren und bewegen sich, wenn sie sich auf einem mittleren Erregungsniveau, innerhalb eines individuell bestimmten Toleranzfensters der Aktivierung, befinden.

Objektbezug

Wir sehen, dass sich Gefühle selten im »luftleeren Raum« und stiller Einsamkeit ereignen, sondern dass sie in aller Regel einen Bezug zur Mitwelt haben. Um Emotionen zu beschreiben, hat sich deshalb zusätzlich eine räumliche Komponente als nützlich erwiesen. Diese beschreibt eine Tendenz, sich zum Objekt, zum involvierten Mitmenschen hin, oder von ihm weg zu bewegen oder in Erstarrung zu verharren. Einige Autoren sehen besonders diesen Teilaspekt von emotionalen Prozessen als in der Evolution verankert an. Sie beschreiben relativ klar konturierte Verhaltensprogramme, die schon bei Säugetieren und Reptilien zu beobachten sind: Kampf-, Fluchtverhalten und Erstarrung im Totstellreflex sind bei Menschen mit Wut, Angst und Panikgefühlen assoziiert.

Basisemotionen, für die sich in der Evolution affekt-motorische Programme entwickelt haben, laufen beim Menschen nicht starr, sondern lebensgeschichtlich geprägt und individuell nuanciert ab.

Emotionen im zeitlichen Verlauf

Emotionale Bewegungen haben einen beschreibbaren zeitlichen Verlauf. Ausgelöst durch äußere Ereignisse oder durch Signale aus dem eigenen Inneren bewirken sie eine Fokussierung der Aufmerksamkeit. Sie heben sich von einer vorherrschenden Grundstimmung ab, verändern diese und veranlassen eine Unterbrechung dessen, womit der Betreffende bis dahin beschäftigt war. Sie gehen mit einer Veränderung des Aktivierungsniveaus einher und lösen eine Bewertung der Bedeutsamkeit des aktuellen Geschehens für das eigene Selbst aus – hinsichtlich der eigenen Bedürfnisse, Motivationen und Absichten. Auch eine Bewertung, ob es sich angenehm oder unangenehm anfühlt, wird vorgenommen.

Parallel dazu und vorwiegend unbewusst findet eine Reihe von physiologischen und muskulären Reaktionen im Körper statt, die der Vorbereitung auf Angriff, Kampf, Flucht oder Erstarrung dient. Es folgen eine Bewegung hin oder weg vom involvierten Objekt, oder das Einfrieren sämtlicher Bewegung im Totstellreflex sowie (falls nicht erstarrt und bei hoher Aktivierung) eine entsprechende Handlung: Schlagen, Schreien, Berühren, Schimpfen, Festhalten, Umarmen, Anklammern, Eindringen, Küssen, Einverleiben, Auffressen, Ausspucken, Erbrechen usw. Danach finden ein Rückzug aus der Interaktion, eine Zurückbesinnung auf das eigene Selbst und eine Verarbeitung und Integration des Erlebten statt. Zuletzt folgt eine Ruhephase, die der Erholung dient.

Die beschriebenen Aspekte emotionaler Phänomene, insbesondere das Verständnis von Objektbezug und zeitlichem Verlauf, können Ihnen bei der Wahrnehmung und Erforschung eigener und fremder Gefühle helfen (siehe Übungen zur Selbst- und Fremdwahrnehmung am Ende dieses Kapitels).

In allen Subphasen können Störungen auftreten: Manche Menschen nehmen ihre eigenen emotionalen Empfindungen nicht wahr; sie übersehen auch bei anderen entsprechende Signale oder können diese nicht deuten. Andere versuchen, jegliche emotionale Beunruhigung zu vermeiden, unterdrücken Ärger und Freude, versuchen, immer »cool« zu bleiben, mögen auf keinen Fall außer Atem kommen oder schwitzen, finden es peinlich, wenn sie rot werden, laufen auf keinen Fall weg, wenn sie Angst haben. Wiederum andere ärgern und freuen sich zwar, tun aber alles, um ihre Gefühle vor anderen zu verbergen. Sie sind nicht in der Lage, ihre Liebe zu gestehen oder einem Nachbarn mitzuteilen, dass sie sich ärgern.

Außerdem kommt es vor, dass Menschen in einem bestimmten Gefühl gefangen bleiben, dass z. B. eine Trauer gar nicht mehr aufhört, sondern zum Grundgefühl wird. Derart Betroffene bekommen bei jeder Gelegenheit Tränen in die Augen und heulen los oder sie weinen, wenn sie eigentlich wütend sein sollten. Häufig ist bei diesen Menschen der Bezug zu dem Ereignis oder der Person, dem bzw. der diese Gefühle gelten, abhandengekommen. Und sie verstehen gar nicht mehr, warum sie so fühlen, wie sie fühlen. Schließlich gibt es Menschen, die sich in einer ständigen emotionalen Erregung befinden, die gar nie entspannen und ausruhen können. Häufig betrifft dies Menschen, die eine traumatische Erfahrung machen mussten, diese nicht verarbeiten konnten und in einem Zustand andauernder Überaktivierung gefangen bleiben.

Die folgenden Beispiele führen weiter aus, wie Emotionen zum Problem werden können.

Beispiel

Beispiele für emotionale Problemfelder

Angelika gerät in eine ihr selbst wenig verständliche Spannung, wenn sich Meinungsverschiedenheiten mit ihrem Bruder abzeichnen. Solche Gespräche schwächen sie, meint sie. Er auf der rechten Seite des politischen Spektrums, sie links. Es stellt sich heraus, dass dieser drei Jahre ältere, sehr belesene, rhetorisch geschulte Bruder ihr als Kind einmal vor den Augen ihrer gehemmten und wenig einfühlsamen Mutter einen Faustschlag in den Bauch versetzt habe, sodass ihr die Luft wegblieb. Vielleicht erlebte sie mehrere solcher Episoden. In diesem Moment erinnert sie vor allem diese eine. Sie habe schon damals eine altruistische, soziale Haltung vertreten, was ihren Bruder immer wieder stark aufgebracht habe. Er hatte sie einfach zum Schweigen bringen wollen. Ihre Mutter habe auf den Vorgang nicht reagiert und sie in keiner Weise in Schutz genommen. Die Angst vor der Unberechenbarkeit ihres Bruders steckt ihr noch heute in den Knochen; und diese Angst nimmt immer wieder zu, wenn ihr Bruder heftig wird. Auch als erwachsene Frau lässt sie sich von ihm einschüchtern.

Birgit ist schwanger und lebt mit einem Partner zusammen, dessen Herzkranzgefäße aufgrund erblicher Belastung krankhaft verengt sind. Obwohl erst Mitte 40, hatte er bereits mehrere Bypass-Operationen und lebt in ständiger Angst vor einem Herzinfarkt. Sie wirft ihm vor, dass er übermäßig von seinen gesundheitlichen Problemen absorbiert sei, dass er viel zu wenig Fürsorge für sie als werdende Mutter aufbringe, dass er ihre Bedürfnisse weder wahrnehme noch verstehe. Das macht sie zunehmend aggressiv ihm gegenüber. Denn sie habe gelernt, sagt sie, für die Erfüllung ihrer Wünsche zu kämpfen. Dies aber wirkt sich schlecht auf den kardiovaskulären Zustand ihres Partners aus. Er zieht sich mehr und mehr zurück, was sie umso wütender macht. In der Beziehung zwischen diesen beiden hat sich ein unseliger Teufelskreis eingespielt.

Thomas, ein Bankangestellter der mittleren Führungsebene, berichtet, dass es bei der letzten Besprechung mit seinem Mitarbeiter »gekracht« habe.

Dieser Mitarbeiter werde demnächst in eine andere Abteilung wechseln. Thomas habe ihn zu einem Gespräch in sein Büro gebeten. Der Mitarbeiter habe sich provokant desinteressiert und unkooperativ gezeigt, vor allem Arbeiten betreffend, die er noch erledigen sollte, bevor er die Abteilung verlasse. Thomas sei ärgerlich geworden und habe ihm gesagt, dass er eine Nicht-Erledigung nicht hinnehmen werde.

Thomas wirkt bedrückt. Ich sage ihm, dass ich seine Äußerungen und sein Verhalten nachvollziehen könne. In der Sache korrekt, fügt er hinzu, aber die Art war nicht in Ordnung. Was er denn mit »Art« meine, frage ich. Es entsteht eine längere Pause. Er scheint Probleme zu haben, sich zu erinnern.

Irgendwann einmal, sagt er nach einer Weile, habe er den Mitarbeiter gebeten, die Tür zum Büro zu schließen. Dann habe er mit der Faust so auf den Tisch geschlagen, dass der Aschenbecher hochgehüpft sei. Er habe die auf dem Tisch ausgebreiteten Unterlagen des Mitarbeiters zusammengerafft und hingeknallt, sodass diese überall hin auseinander geflattert seien. Ach ja, und regelrecht geschrien habe er auch. Okay, in der Sache sei er wohl im Recht gewesen, in der Form habe er aber über das Ziel hinausgeschossen, gibt er kleinlaut zu.

Dieser Mitarbeiter scheine nicht im Geringsten wertzuschätzen, wie sehr sich Thomas immer wieder für ihn eingesetzt habe, und jetzt wolle er ihn auf den unerledigten Aufgaben sitzen lassen. Übrigens kenne er dieses Gefühl von Ungerechtigkeit aus seiner Herkunftsfamilie. Sein jüngerer Bruder habe sich häufig ähnlich verhalten wie dieser Mitarbeiter, und die Eltern hätten einfach nur zugeschaut. Schon damals sei er immer wieder in Überforderungssituationen geraten und habe Panik bekommen. Im Lauf der Jahre habe er sich eine »ziemlich aggressive Art« zugelegt, um diese Panik möglichst nicht mehr erleben zu müssen.

Die drei geschilderten Beispiele zeigen Folgendes:

(1) Unverarbeitete frühere Erlebnisse beeinflussen gegenwärtiges Erleben und Verhalten wesentlich. Statt offen und selbstbewusst ihre eigene Meinung zu vertreten, bleibt Angelika auch als erwachsene Frau in der Angst vor der unberechenbaren Aggression ihres Bruders gefangen, obwohl dieser vielleicht längst sozialisiert ist und gelernt hat, nicht zuzuschlagen, wenn ihm etwas nicht passt.

(2) »Eingefleischte« emotionale Tendenzen (ein ängstlicher Selbstbezug beim Mann, ein aggressiv-forderndes Verhalten bei der Frau) können sich bezüglich der Bedürfnisse von beiden zu einem wenig zielführenden Beziehungsmuster kombinieren.

(3) Eine mangelnde Regulierungsfähigkeit für ein durchaus berechtigtes Gefühl führt bei Thomas zu einem Verhalten, womit er sich ins Unrecht setzt. Er kann seinen Ärger über einen wenig wertschätzenden und seine Pflicht nicht erfüllenden Mitarbeiter nicht kontrollieren, überschreitet Grenzen und bedroht seinen Mitarbeiter mit Gewalt.

Ich möchte nun zu einer vorbereitenden Übung einladen, und zwar zum Wahrnehmen, Benennen und Protokollieren von eigenen und fremden Emotionen. Dies ist eine intensive Übung, die ein gewisses Maß an Zeit und Geduld erfordert. Sie gewinnen dadurch jedoch einen Überblick über Ihr Gefühlsleben – über Ihre eigenen Gefühle und die Art, wie Sie Gefühle anderer wahrnehmen. Sie werden sich selbst dadurch besser kennenlernen und Ansatzpunkte finden, an welchen (möglicherweise problematischen) Gefühlen Sie weiterarbeiten möchten, um eine Lösung für zugrunde liegende Probleme zu suchen oder Ihr emotionales

Ausdrucksverhalten bzw. Ihr Gefühlserleben besser zu regulieren.

Übung 3

Wahrnehmen, Benennen, Protokollieren

Hierbei geht es um die Berufung eines »inneren Beobachters«. Dieser soll morgens, mittags und abends die aktuelle Grundstimmung feststellen:

- ihre Qualität benennen (Benennen der Gefühlskategorie), sowie
- ihre Intensität auf einer Skala von 1–10 einschätzen (1 = sehr gering; 10 = maximal intensiv)
- ihre Wertigkeit einschätzen (fünf Stufen: ++ = sehr angenehm, + = angenehm, 0 = neutral, - = unangenehm, -- = sehr unangenehm).

Des Weiteren soll er Protokoll führen über die verschiedenen, verteilt über den Tag auftretenden Gefühlsbewegungen (s. Abb. 1 ausgefülltes Beispielformular, eine Vorlage für die eigene Bearbeitung finden Sie in Arbeitsblatt 1).

Damit ein guter Eindruck von der tendenziellen Grundstimmung sowie den Gefühlsbewegungen entstehen kann, empfiehlt es sich, diese Übung für eine Woche lang täglich auszuführen. Legen Sie dann eine Pause von 1–2 Wochen ein und füllen Sie während einer zweiten, eventuell auch dritten Woche nochmals täglich ein Formular aus. Es ist auch möglich, über drei Monate hinweg jeweils an zwei festgelegten Wochentagen mit den Formularen zu arbeiten.

Nehmen Sie sich Zeit für die ausgefüllten Protokolle und schauen Sie, was Ihr »innerer Beobachter« alles zusammengetragen hat. Um Ihr Gefühlsleben gründlich kennenzulernen und zu verstehen, können folgende Fragen hilfreich sein:

- Eigene Gefühle
  - Welche Gefühle (kategorial) kommen besonders häufig vor?
  - Überwiegen negativ oder positiv empfundene Gefühle?
  - Neige ich zu hohen Gefühlsintensitäten oder bleibe ich über die Zeit hinweg eher emotional kühl?
  - Nehme ich viele Emotionen wahr? Oder praktisch keine?
- Gefühle bei anderen (s. Abb. 2, ausgefülltes Beispielformular, eine Vorlage für die eigene Bearbeitung finden Sie in Arbeitsblatt 2)
  - Wie nehme ich Gefühlsbewegungen bei anderen wahr? Erscheinen sie mir hoch intensiv? Oder lau?
  - Hängt es von der Person ab, wie ich deren Gefühle wahrnehme?
  - Mag ich es, wenn andere emotional werden? Oder stresst es mich eher?
  - Empfinde ich Emotionen bei anderen als angenehm, die diese eventuell als unangenehm erleben (z. B., ich fühle eine gewisse Freude, wenn andere sich ärgern) oder umgekehrt (ich leide darunter, wenn ich andere als glücklich erlebe)?
  - Kann ich mich in die Gefühlslagen anderer gut hineinversetzen? Möchte ich das überhaupt?
  - Sind mir die Gefühle anderer eher lästig? Oder interessieren sie mich?

Sollte Ihnen der Umfang dieser Übung als zu groß erscheinen, führen Sie sie zumindest einmal durch. Ein gutes Verständnis des eigenen Gefühlslebens ist wichtig für die weitere Arbeit mit und an den Gefühlen. Wenn Sie möchten oder wenn es für Sie hilfreich ist, besprechen Sie die Protokolle und die Fragen mit einer Ihnen vertrauten Person.

Übung 4

Emotionale Vorlieben und Problembereiche feststellen

Nehmen Sie sich das »Rad der Emotionen« von Plutchik (Vorlage zum Ausdrucken in den Online-Materialien) vor und markieren Sie mit einer ersten Farbe diejenigen Emotionen, die Ihnen vertraut sind und mit denen Sie sich wohlfühlen. Markieren Sie mit einer zweiten Farbe diejenigen, die Sie eher in Bedrängnis bringen können. Markieren Sie mit einer dritten Farbe solche, mit denen Sie wenig vertraut sind bzw. die in Ihrem Leben praktisch keine Rolle spielen.

Schreiben Sie auf, was Ihnen zu Ihrem »Befund« einfällt, z. B. »Ich verbiete mir in aller Regel, zu viel Freude aufkommen zu lassen, weil ich es schon als Kind äußerst schwer ertragen habe, wenn ich enttäuscht wurde.« Oder: »Ärger zeige ich fast nie, weil meine Mutter nicht gut damit umgehen konnte, wenn ich zornig wurde. Sie verstand nicht, was mich ärgerte. Jedenfalls behauptete sie, dass ich keinen Grund hätte, wütend zu sein.« Usw.

Dieses Kapitel vermittelte einige Grundlagen zum Thema der Emotionen. Anhand der ersten vier Übungen haben Sie Ihre Gefühle bereits ein wenig unter die Lupe genommen. Im nächsten Kapitel wird es um das Zusammenspiel von Emotionen und Körper gehen.

2 Emotionen und Körper

Wir Menschen nutzen unsere Sinne, um die Umwelt wahrzunehmen. Wir brauchen unsere Körper, um mit Mitmenschen und Objekten zu interagieren.

Aus unseren Erfahrungen machen wir uns Bilder von der Wirklichkeit, formen und speichern Erinnerungen. Erfahrungen prägen unsere Persönlichkeit. Niederschläge von Erfahrung als explizite Erinnerungen oder als implizite kognitive, emotionale und Verhaltenstendenzen beeinflussen nachfolgende Entscheidungen, unser Handeln und die Art, wie wir mit neuen Situationen umgehen. Sie prägen unsere Interaktionen mit der Umwelt in Form von Präferenzen, emotionalen Haltungen und Denkstilen und werden ihrerseits durch jede neue Erfahrung und Situation weiter modifiziert. Physiologische Reaktionsmuster im Körper, Denk- und Fühlgewohnheiten, wie auch Struktur und Verbindungen der Nervenzellen in unseren Gehirnen verändern sich ein Leben lang; es entstehen immer neue Muster und Strukturen, andere werden schwächer und lösen sich unter Umständen auf.

Für das Verständnis der Zusammenhänge zwischen Emotionen und Körper findet sich im Folgenden eine kurze Beschreibung der Informationsverarbeitung im Gehirn.

Körperlich-seelische Empfindung, emotionale Bewertung und Verortung in Raum und Zeit

Informationen aus unseren Sinnesorganen über die Umwelt und unser Körperinneres werden in elektrische Signale umgewandelt und gelangen über zuleitende Nervenfasern zum *Thalamus* (s. Abb. 5). Dieser besteht aus über 20 Kernen und leitet die eingehenden Informationen wie eine Relaisstation an verschiedene andere Verarbeitungszentren im Gehirn weiter – unter anderem an Strukturen des sog. *limbischen Systems*, die für die Emotionsverarbeitung zuständig sind (z. B. an die Amygdala, den Gyrus

Cinguli, den Hippocampus). In der *Amygdala* wird der emotionale Gehalt eingehender Informationen beurteilt (z. B. gefährlich/harmlos). Und es werden Signale zur Einleitung körperlicher Reaktionen ausgesendet (z. B. angreifen/flüchten/sich totstellen). Diese Struktur arbeitet ohne Beteiligung des Bewusstseins, sehr rasch, macht aber häufig Fehler. Im zingulären Kortex (Gyrus Cinguli) wird die eingehende Information mit persönlichen Vorerfahrungen verglichen und deren emotionale Bedeutung auf dieser Grundlage mit höherem Zeitaufwand nochmals beurteilt. Im vorderen zingulären Kortex werden emotionale Bewertungen mit Handlungsimpulsen verknüpft. Hier werden auch mögliche Konsequenzen von Handlungen geprüft, bevor entsprechende Signale für die Freigabe von Handlungsimpulsen ausgesendet sowie das Ergebnis der Bewertungen im *Hippocampus* mit Informationen zur räumlich-zeitlichen Einordnung versehen werden. Rasche Reaktionen werden direkt von der Amygdala aus initiiert, langsamere über Verarbeitungsschritte in der Großhirnrinde moduliert.

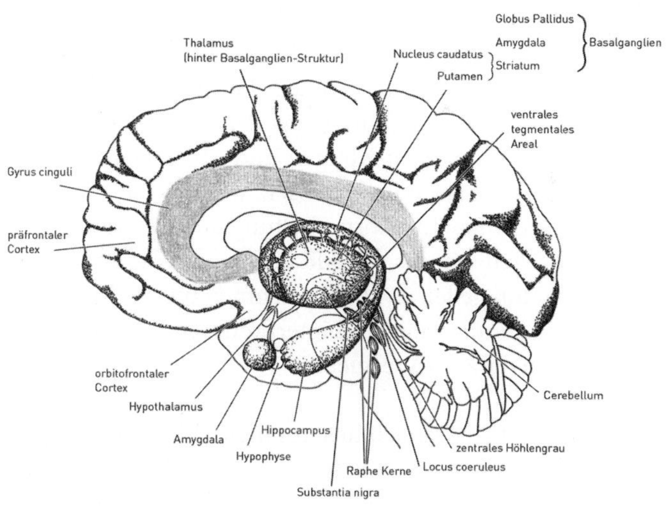

Abbildung 5 Sagittalschnitt des menschlichen Gehirns (Koemeda, 2009)

Reizantwort und Erinnerungsbildung

Der *Hypothalamus* ist ein Zentrum für die Steuerung diverser Antworten auf eingehende Informationen; er beeinflusst über verschiedene Regelsysteme das Autonome Nervensystem; er aktiviert hormonell und neuronal die Zielorgane von Stressreaktionen – das Herz-Kreislaufsystem, die Lunge und die Skelettmuskulatur.

In der *Amygdala* findet bereits eine grobe, sensorisch-emotionale, allerdings zusammenhanglose Erinnerungsbildung statt; im *Hippocampus* wird eine zeitliche und örtliche Kodierung vorgenommen; dies betrifft insbesondere für das Überleben wichtige Ereignisse. In der Hirnrinde (*Kortex*) und im Langzeitgedächtnis werden einzelne Komponenten der erlebten Ereignisse gespeichert, die bei dem aktiven Vorgang des Erinnerns neu zusammengesetzt werden müssen. Solche Rekonstruktionsvorgänge sind fehleranfällig; dies spielt im Zusammenhang mit dem Phänomen der sog. »falschen Erinnerungen« eine Rolle (z. B. für die Beurteilung von Zeugenaussagen bei Gerichtsprozessen).

Wenn wir mit anderen Menschen kommunizieren, gibt es neben der verbalen Sprache eine Reihe von anderen, zumeist körperbasierten »Kanälen«, über die wir Informationen senden und empfangen. Wir können uns auf die visuelle Wahrnehmung konzentrieren oder zu erspüren versuchen, was eine oder mehrere Personen in uns zum Klingen und Mitschwingen bringen, welche Reaktionen sie in uns auslösen, während sie uns etwas erzählen. Wir nehmen ihre Körperhaltung und Bewegungen wahr. Dadurch machen wir uns ein Bild davon, was die andere Person fühlt bzw. zu tun gedenkt. Ebenso nehmen unsere Mitmenschen diese Signale an uns wahr und interpretieren bzw. bewerten sie, um wiederum darauf zu reagieren.

Emotionen sind ein Bereich unseres menschlichen Erlebens und Verhaltens, der ganz wesentlich von körperlichen Aspekten mitbestimmt ist. Wütend zu werden, ohne dass der Blutdruck steigt, ohne dass sich bestimmte Muskelgruppen anspannen, z. B. zu

Immer mit der Ruhe –
ich sammle Kraft!
BELTZ

einer geballten Faust, ohne dass wir den Atem anhalten, oder Beine, Arme und Rumpf »mobilisieren«, um uns auf einen Angriff vorzubereiten, ist kaum vorstellbar.

Beinahe ohne Unterlass schätzen wir äußere und innere Wahrnehmungen, Situationen und Ereignisse als bedeutsam oder unwichtig für uns selbst ein, als angenehm oder unangenehm. Dies löst Reaktionen in diversen Zentren des Gehirns aus, wodurch sich unser allgemeines Erregungsniveau, die Funktionsweise der Organe und die Spannung in einzelnen Muskelgruppen entsprechend anpassen. Das hilft uns, die anschließend notwendigen Verhaltensreaktionen, eine Annäherung oder Abwendung, Kampf- oder Fluchtverhalten, ein Erstarren oder Begehren, vorzubereiten.

Nachdem wir nun eine annähernde Vorstellung von wichtigen Schaltzentralen im Gehirn und dem Zusammenspiel zwischen eingehenden Informationen und körperlichen, gedanklichen sowie gefühlsmäßigen Antworten gewonnen haben, soll in den nächsten beiden Kapiteln der Fokus auf einen besonderen Ausschnitt von Umweltreizen gelegt werden, nämlich solchen, die als besonders belastend erlebt werden (Stress) und die ein hohes Maß an Erregung sowie z.T. heftige Emotionen auslösen, im extremsten Fall zu einem Zusammenbruch der normalerweise zur Verfügung stehenden Antwortmöglichkeiten führen (Trauma). Jeweils am Ende der folgenden Kapitel werden Übungen beschrieben, die zur Beruhigung von emotionalem Aufruhr und einer Annäherung an den Gegenpol zu Stress (Entspannung und Gelassenheit) eingesetzt werden können.

Einerseits handelt es sich dabei um Übungen, die regelmäßig durchgeführt werden sollten, um die Fähigkeit zur Atemberuhigung, zur Muskelentspannung sowie eine gesteigerte Bewusstheit die eigenen Gedanken und Gefühle betreffend zu entwickeln und nachhaltig zu verankern. Zum anderen werden Übungen vorgestellt, die in akuten Situationen angewandt werden können, um Stressbelastungen besser gewachsen zu sein – Abstandnehmen, schnelles Gehen oder Joggen, die Belastungssituation analysieren, zwischen Ressource und Herausforderung pendeln sowie schließlich das Erkennen und Unterbrechen von dysfunktionalen Mustern.

Zusammenfassung
Um Erfahrungen zu machen, brauchen Menschen ihren Körper. Erfahrungen prägen die Persönlichkeit. Bei der Verarbeitung von Wahrnehmungen und der Gestaltung des eigenen Verhaltens spielt das Zentralnervensystem eine entscheidende Rolle. Emotionen sind ein Aspekt menschlichen Erlebens und Verhaltens. Sie werden nicht nur im Gehirn verarbeitet, sondern involvieren den ganzen Körper.

3 Stress und Erregung

Stress wird, in ganz allgemeinen Begriffen formuliert, in der Stressforschung (beginnend mit Selye, 1974) als körperlich-seelischer Zustand unter Belastung, als Anspannung und Widerstand gegen Belastungsfaktoren bzw. als unspezifische Antwort von Organismen auf besondere Anforderungen definiert. Stress wird auch als Ungleichgewicht zwischen den Anforderungen der Umwelt und den Ressourcen oder Ansprüchen des Individuums aufgefasst.

Man unterscheidet zwischen »positivem« und »negativem« Stress. Ersterer erhöht die Aufmerksamkeit und fördert die Leistungsfähigkeit, ohne dem Menschen zu schaden. Eine gelungene Bewältigung der Belastungssituation führt zu erhöhtem Selbstvertrauen und möglicherweise sogar zu Glücksempfinden. »Negativer« Stress wird als nicht bewältigbar und überfordernd erlebt und ist durch das Fehlen von zur Bewältigung notwendigen Fähigkeiten gekennzeichnet. Die entsprechende Situation löst Gefühle von Hilflosigkeit und Versagen aus und wirkt sich langfristig nachteilig auf das eigene Selbstvertrauen aus.

Entsprechend lassen sich positive und negative Auswirkungen auf die körperliche und psychische Gesundheit feststellen. Zu den krankmachenden Effekten gehört ein erhöhtes Risiko für Herz-Kreislauferkrankungen. Eine vermehrte Konzentration sog. Stresshormone (Adrenalin, Noradrenalin und Cortisol) im Blut führt zu Schäden an den Blutgefäßen. Häufig löst Stress eine erhöhte Muskelanspannung als Schutzreaktion aus. Dies kann auf Dauer verschiedene Schmerzleiden bewirken – am Rücken, im Nacken, im Kopf oder am Bewegungsapparat – sowie Zahnschäden, die durch nächtliches Zähneknirschen hervorgerufen werden. Auch können dauerhafte Belastungen zu einer Schwächung des Immunsystems und damit zu einer erhöhten Infektanfälligkeit oder zu Entzündungsreaktionen führen. Auch Übergewicht wird in vielen Fällen als durch Stress mitverursacht angesehen.

Zu den positiven Auswirkungen von Stress zählen eine erhöhte Konzentration und Leistungsfähigkeit. Im Tierversuch wurde auch ein langsameres Wachstum bzw. sogar ein Schrumpfen von Tumoren nachgewiesen, und zwar bei Tieren, die sich sozialen, geistigen und körperlichen Herausforderungen stellen mussten.

Diskrete Emotionen, wie z. B. Angst, Liebe, Trauer oder Wut (s. Kap. 5), lassen sich unter dem Gesichtspunkt ihrer erlebten und anhand bestimmter Kriterien auch messbaren Intensität (Atemfrequenz, Pulsschlag, Kortisolspiegel usw.) beschreiben. Steigt die Intensität über ein gewisses Maß an – diese Schwelle ist von Person zu Person verschieden – können auch Emotionen zur Überforderung werden und Stress verursachen – man nennt dies emotionalen Stress. Dies kann im Alltag auftreten, geschieht aber insbesondere bei traumatischen Erfahrungen (s. Kap. 4 Trauma).

Das folgende Beispiel soll zeigen, wie sich emotionaler Stress über mehrere ähnlich einwirkende Episoden steigern kann. Wenn die damit verbundenen Ärger- und Wutgefühle nicht in der Situation kommuniziert werden, in der sie entstehen, sondern sich anstauen, ist nach einer gewissen Zeit mit einem unangemessen erscheinenden Ausbruch zu rechnen.

Beispiel

Daniela mag es nicht, wenn die Tür zu ihrem Büro offensteht. Es lenkt sie von der Arbeit ab und lädt ihrem Gefühl nach Leute ein, einfach mal reinzuschauen, um zu plaudern. Eine ihrer Arbeitskolleginnen missachtet notorisch ihren diesbezüglichen Wunsch, nämlich die Tür wieder zu schließen, wenn sie ihr Zimmer verlässt. Daniela ärgert sich zunächst leise darüber. Da es aber trotz wiederholter Bitten immer wieder vorkommt und die dadurch ausgelöste Spannung durch zusätzliche Respektlosigkeiten dieser Kollegin und eine momentane Arbeitsüberlastung von Daniela verstärkt wird, wundert sie sich nicht, als ihr Zahnarzt sie bei ihrem nächsten Besuch fragt, ob sie nachts mit den Zähnen knirsche. Vorerst denkt Daniela noch nicht daran, wegen ihres Problems eine Kündigung in Betracht zu ziehen. Sie bekommt einen »empfindlichen Magen«. Mit der Zeit schwillt ihr Ärger zur Wut und schließlich zum Zorn an. Eines Tages hört sie jemanden an ihre Tür klopfen. Ihr Herz beginnt schneller zu schlagen. Sie »weiß«, dass es die Kollegin ist. Sie meint, sie schon an ihren Schritten auf den Gang erkannt zu haben. Ihr Atem beschleunigt sich. Sie bekommt einen heißen Kopf. Und beim ersten von der Kollegin geäußerten Wort, das Daniela in den falschen Hals kommt, springt sie von ihrem Bürosessel auf, macht am Schreibtisch vorbei zwei große Schritte auf die Kollegin zu, sodass diese erschrocken zurückweicht. Daniela lässt einen Schwall von Anschuldigungen und Vorwürfen, auch Beleidigungen, auf die Kollegin niederprasseln, bis diese zuletzt ganz verdattert und eingeschüchtert dasteht und offensichtlich die Welt nicht mehr versteht. Eine Fortsetzung des Gesprächs ist nun nicht mehr möglich. Die Kollegin dreht sich um und geht. Natürlich schließt sie auch dieses Mal die Tür nicht hinter sich. Aber da Daniela ohnehin schon steht, erledigt sie es selbst. Sie sinkt leicht ermattet auf ihren Schreibtischsessel und bleibt einerseits mit einem Gefühl der Genugtuung, der endlich einmal die Meinung gesagt zu haben, und andererseits mit Schuldgefühlen, die Kontrolle über sich verloren zu haben, zurück.

Sowohl (zurück-)gehaltener Ärger als auch kommunizierte Wut können unterschiedlich intensiv sein; ihr Verlauf erstreckt sich über einen längeren Zeitraum oder ist akut und eruptiv. Bezüglich der nach außen erzielten Wirkung scheint im Fall von Daniela und ihrer Kollegin die zweite Variante der ersten an Effektivität überlegen gewesen zu sein. Gleichwohl dürfte Daniela im zweiten Fall die »sozialen Folgekosten« nicht so richtig bedacht haben. Es ist zu befürchten, dass die Kollegin über den Vorfall Meldung beim Vorgesetzten macht oder eine Aussprache mit Vertretern der Personalabteilung verlangt. In der geschilderten Szene fand keine »abgesicherte« und vollständige Kommunikation zwischen den Gesprächspartnerinnen statt. Weitere Entgleisungen und eine Eskalation in Richtung körperlicher Gewalt waren durchaus zu befürchten.

Möglicherweise ist die Arbeitskollegin nur unter solchen Umständen bereit, ihr Verhalten zu ändern. Es besteht nachgewiesenermaßen eine erhöhte Lernbereitschaft, wenn das zu Lernende mit einem starken und prägnanten emotionalen Erleben gekoppelt wird. Aber war das Danielas einzige Möglichkeit, die Kollegin zu der von ihr gewünschten Verhaltensänderung zu bewegen? Und wie zuträglich ist es auf Dauer für Danielas Gesundheit, wenn sie sich wiederholt so aufregt? Wie wirken sich solche Verhaltensweisen auch auf das Miteinander mit anderen Kollegen aus?

Ungelöste Probleme, belastende Beziehungen, fordernde Lebensumstände führen zu emotionaler Dauerbelastung und zu einem chronisch erhöhten Stress- und Erregungsniveau. Bei solchen Ausgangslagen (sie liegen häufig bei Menschen mit traumatischen Vorerfahrungen vor) braucht es nicht selten nur noch kleine zusätzliche Stressreize, um intensive emotionale Reaktionen auszulösen.

Was wir landläufig als »Stress« bezeichnen, sind vielfältige innere und äußere Zustände bzw. Umstände, Einflüsse und Situationen, die uns als bedrohlich und mit eigenen Mitteln nicht bewältigbar erscheinen. Sie erfordern unsere besondere Aufmerksamkeit und unsere leibseelische Bereitschaft, uns damit auseinanderzusetzen.

Es kann sich dabei um ganz grundlegende Dinge wie Hunger oder Durst in einer Gegend handeln, in der Nahrung und Flüssigkeit nicht ohne weiteres zu beschaffen sind. Es kann nicht beeinflussbare Dinge wie Terrordrohungen in einer Großstadt, andauernden Lärm oder Menschendichte betreffen oder Aspekte im direkten persönlichen Umfeld, wie der Umgangston in der

Familie oder mit Kollegen, hohe Arbeitsbelastung oder sogar »hausgemachten« sog. Freizeitstress. Das Ausmaß der Belastung ist zum einen durch die auslösenden Reize und zum anderen durch konstitutionelle Faktoren, biografische Vorerfahrungen und erworbene Bewältigungskompetenzen der davon betroffenen Personen abhängig.

Stresssignale müssen die Bewusstseinsschwelle nicht unbedingt überschreiten, manchen Herausforderungen (z. B. einer dauerhaft hohen Arbeitsbelastung) begegnen Menschen unter Umständen mit Kompetenz und Resilienz quasi automatisch. Gleichwohl setzen die genannten Auslöser komplexe Stressverarbeitungsreaktionen in Gang, die eine Reihe von kognitiven, emotionalen und biochemischen Reaktionskaskaden zur Folge haben, um den individuellen Organismus optimal auf die Bewältigung der Herausforderung vorzubereiten.

Stressantworten haben sich im Verlauf der Evolution herausgebildet – es ging dabei darum, möglichst erfolgreich auf Bedrohungen zu reagieren und dadurch das Überleben zu sichern.

Menschen verfügen über genetisch festgelegte stereotype Reaktionsmuster, um Stresssituationen zu begegnen. Angst löst unter anderem über die Aktivierung des Autonomen Nervensystems eine Beschleunigung des Herzschlags, der Atemfrequenz und eine Verengung der Blutgefäße aus. Menschliche Stressreaktionen sind gleichzeitig durch Vorerfahrungen (bisherige Erfolge und Misserfolge), Werthaltungen (Fliehen ist besser als Kämpfen) und gedankliche Einstellungen (ich verabscheue die Anwendung von Gewalt) überformt. Sie sind bei jedem Einzelnen höchst unterschiedlich. Wir Menschen haben den Vorteil, uns mittels gedanklicher Einflussnahme (in der Fachsprache »kortikale Modulation« genannt) manchmal Wahlmöglichkeiten in unseren Antworten auf belastende Situationen zu verschaffen. Das heißt, wir werden nicht ausschließlich von Instinkten gesteuert, sondern können fallweise entscheiden, wie wir auf belastende Situationen oder Stressreize reagieren; wir können adaptive Antworten auf Belastungen finden.

Im Laufe eines Lebens ist es möglich, dass es zu Fehlentwicklungen kommt. Diese können die Stressregulation negativ beeinflussen und adaptive Antworten auf Herausforderungen behindern, z. B. wenn man sich angesichts einer schwierigen Aufgabe schon zu Beginn sagt: »Das schaffe ich nicht« oder wenn man sich die Schuld an einem traumatischen Ereignis selbst zuschreibt (z. B. »Es muss an mir liegen, dass ich von meinen Eltern nicht geliebt wurde.« Oder: »Wahrscheinlich bin ich selbst schuld daran, dass mich mein Musiklehrer immer und immer wieder sexuell bedrängt hat.«). Weil sich Opfer solcher Erfahrungen unter den gegebenen Umständen nicht wirkungsvoll zur Wehr setzen können, kommt es zu unvollständigen Stressreaktionen mit einer fortbestehenden Restaktivierung des Organismus. Auch werden Erinnerungen (z. B. an eine peinliche Situation) und Gedanken (»Ich bin nichts wert.«) manchmal selbst zu Auslösern für Stressreaktionen.

Restaktivierung bedeutet: Die für die Stressbewältigung mobilisierte Energie kann nicht wirkungsvoll zum Einsatz kommen und daher nicht deaktiviert werden. Sie bleibt als Resterregung im Körper. Dies geschieht auf verschiedenen Aktivierungsniveaus:

- Niveau der Alarm- bzw. Orientierungsreaktion: Dies betrifft Menschen, die ihre Antennen dauerhaft ausgefahren und auf Empfang gestellt haben; sie sind übermäßig wachsam (hypervigilant) und äußerst reizempfindlich.
- Niveau von Kampf- bzw. Fluchtverhalten: Solche Menschen reagieren bei den geringsten Anlässen aggressiv oder verletzt, wittern überall Angriff und Gefahr.
- Niveau von Dissoziation bzw. Immobilisierung: Diese Menschen sind häufig »nicht ganz da«, befinden sich chronisch in einer Art Trance, nehmen ihre Umwelt nur ungenau wahr, fühlen nicht viel und können oft nicht klar denken.

Bei einer chronischen Restaktivierung kann die vom Gehirn ausgehende Steuerung des Herz-Kreislaufsystems, der Atmung, des Magen-Darm-Trakts, der Sexualität, des Schlaf-Wach-Rhythmus, des Essverhaltens, der Wärmeregulation sowie des Schmerzempfindens beeinträchtigt sein.

Glücklicherweise werden die meisten alltäglichen Reize rasch, effizient und unterhalb unserer Bewusstseinsschwelle verarbeitet.

Stress ist ein unangenehmes Erleben von muskulärer und emotionaler Anspannung, eine Aktivierung des Autonomen Nervensystems, das komplexe Wechselwirkungen zwischen den beteiligten Komponenten umfasst. Im günstigen Fall gelingt es uns, bei der Bewältigung von Herausforderungen unsere Stressreaktionen zu regulieren, indem wir entweder

- die auslösenden Konflikte oder Probleme klären und lösen und/oder
- unsere kognitiven, emotionalen, muskulären und vegetativ-hormonellen Reaktionen so beeinflussen, dass sich die Belastung bzw. Stressreaktion innerhalb unseres Toleranzfensters bewegt.

Als Gegenpol zu Stress steht Gelassenheit. Sie bedeutet Ruhe und Sicherheit, geistige Präsenz und Klarheit sowie eine ausgewogene Spannung in Körpergeweben und Muskulatur.

Ruhezustand – Homöostase, Toleranzfenster

Am angenehmsten ist es, wenn wir freien Zugang zu einem Ruhezustand haben, in dem wir weitgehend entspannt, aber nicht träge und schlaff sind, in dem wir offen sind für Wahrnehmungen, Einfälle und Gedanken, auch gegenüber eigenen Bewegungs- und Verhaltensimpulsen, ohne diese unbedingt umsetzen zu müssen. Wir müssen nicht zwanghaft irgendwelchen Dingen nachgrübeln und sind nicht von sich ständig wiederholenden Gedanken besetzt. Kein bestimmtes Gefühl hat uns fest im Griff. Wir können, je nachdem, was uns einfällt oder begegnet, angemessen reagieren, mit Neugier und Interesse oder mit Abneigung, mit Lust, Unlust, Zu- oder Abwendung, fokussierter Aufmerksamkeit oder Gleichgültigkeit, Angst, Wut oder Traurigkeit.

Und sobald die erforderliche Interaktion mit den jeweiligen inneren oder äußeren »Objekten«, »Reizen« bzw. Auslösern vorbei ist, kehren wir wieder in unseren entspannten, ausgeglichenen Ruhezustand zurück.

Falls wir uns eine größere Aufgabe vorgenommen haben, zum Beispiel ein Eigenheim zu bauen, ein Forschungsprojekt umzusetzen, eine Skulptur oder ein Bild zu realisieren, dann ist auch hier eine geeignete Regulation unserer Stressreaktionen wünschenswert. Vermutlich wird die Arbeit an unserem Projekt zwar immer wieder von notwendigen Auseinandersetzungen mit unserem Inneren (Hunger, Schlafbedürfnis, Schmerzempfindungen) und unserer Umwelt (familiäre Verpflichtungen, Administratives, Broterwerb usw.) unterbrochen werden. Aber wenn es uns gelingt, uns gut zu regulieren, werden wir weitgehend unbehelligt von chronischen Spannungen und Abwehrhaltungen, von besitzergreifenden Gefühlen und Gedanken, immer wieder zu unserem Projekt zurückkehren, um mit voller Hingabe, Kreativität und Konzentration daran weiterzuarbeiten.

Wenn wir in einer schwierigen Lebenssituation stecken, hilft es, wenn wir die Erregung, in die uns die damit verbundenen Probleme versetzen, soweit herunter regulieren können, dass wir trotz allem klar zu denken, uns muskulär immer wieder zu entspannen, tief durch- und vor allem auszuatmen vermögen.

Chronische Belastung kann

- von einem anhaltenden Gefühl der Angst ausgehen, z. B. das gesetzte Ziel nicht zu erreichen, bestraft oder verletzt zu werden (z. B. in einem gewalttätigen Umfeld), einer lebensbedrohlichen Gefahr ausgesetzt zu sein (z. B. Diagnose einer unheilbaren Krankheit). Solche Belastungen halten uns »in Atem«, lassen den Blutdruck steigen und das Herz beschleunigt schlagen.
- von einem tiefen Groll, anhaltendem Ärger über einen Mitmenschen, über bestimmte Aspekte der aktuellen Lebensbedingungen, über Unrecht, das einem widerfahren ist, herrühren.

- von der unüberwindbaren Trauer über einen Verlust, den man einfach nicht hinnehmen möchte bzw. kann, ausgehen.
- durch eine unerwiderte Liebe entstehen, die man unter keinen Umständen aufgeben bzw. loslassen möchte. Lieber würde man innerlich »verbluten« als die geliebte Person aus dem eigenen Begehren und Sehnen zu entlassen.

Im Folgenden werden einige Übungen für einen in diesem Sinne positiven Umgang mit Stress beschrieben.

Selbstwahrnehmung: Atem, Muskelspannungen, Gedanken, Grundstimmung, Gefühle

Beispiel

Bettina hat seit etwa zwei Monaten Schlafprobleme. Sie geht abends ungern zu Bett, hat je länger desto größere Ängste vor den Nächten, weil sie sich lange herumwälzt, bevor sie endlich einschlafen kann, weil sie nachts mehrmals erwacht, manchmal Stunden lang wachliegt und morgens häufig schon um 4:00 oder 5:00 Uhr bereits wieder schlaflos ist. Auch durch intensives Nachdenken findet sie keinen Grund für diese Störung. Leichte Schlafmittel, die ihr der Hausarzt verschrieben hat, lösen das Problem nicht. Sie entscheidet sich dafür, die Übungen 5a und b über einen längeren Zeitraum (zunächst drei, dann nochmals drei Wochen) regelmäßig durchzuführen. Sie notiert ihre Beobachtungen. In begleitenden therapeutischen Gesprächen kommen, ausgehend von den mit den Übungen gemachten Erfahrungen, Themen an die Oberfläche, deren Bearbeitung nach einigen Monaten die Schlafstörung zum Verschwinden bringt. Bettina hat sich zusätzlich zum regelmäßigen Besuch einer Tai Chi-Übungsgruppe entschlossen.

Wer sich Zeit seines Lebens gesund fühlen durfte, vital war und eine Reihe von Lebenszielen erreicht hat, wer mit 40, vielleicht auch erst Anfang 50 erstmalig körperlich (z. B. Bluthochdruck, Diabetes) oder seelisch (z. B. Burn-out, Depression, Schlafstörungen) erkrankt, stellt sich vielleicht Fragen wie »Warum ich?« oder »Warum jetzt?« Betroffene stellen möglicherweise fest, dass sie, weil ihnen bisher alles leichtgefallen ist, regelmäßig ihre Körpersignale übergangen haben, sich selbst wenig spüren und trotzdem – oder vielleicht sogar gerade deshalb – große Hürden nehmen und Schwierigkeiten meistern konnten. Es ist ganz allgemein für unsere Gesundheit wichtig, auf Körpersignale zu hören. Sie geben uns zuverlässige Rückmeldungen, wann wir bspw. zu viel Stress erleben und diesen reduzieren sollten. Oft müssen wir aber auch erst lernen, diese Signale wahrzunehmen und zu deuten.

Der Reduktion von Stresserleben dienen ganz allgemein verschiedene meditative Praktiken. Im psychosozialen Bereich wurden in den letzten Jahren verschiedene Formen von Achtsamkeitsschulen (Kurtz, 2002; Kabat-Zinn, 2015) entwickelt. Einige von ihnen beziehen sich explizit auf die buddhistischen Grundlagen ihrer Lehre. Kurz zusammengefasst geht es bei Achtsamkeit um urteilsfreies Wahrnehmen und vorstellungsfreies Erleben des gegenwärtigen Moments sowie um eine achtsame Bewusstheit und Präsenz im Hier und Jetzt. Achtsamkeit kann Stresserleben nachweislich verringern. Sie sollte jedoch, um tatsächlich wirksam zu sein, regelmäßig geübt und praktiziert werden.

Die nun folgenden drei Übungen empfehlen sich für ein regelmäßiges Training zur allgemeinen Verbesserung der Selbstwahrnehmung – und nicht erst zur Anwendung im »Notfall«. Sie sollten sich dafür an bestimmten Wochentagen etwa 15 Minuten Zeit nehmen und einen Ort aufsuchen, an dem Sie möglichst ungestört sind. Legen Sie auch ein Blatt Papier und einen Stift bereit. Lesen Sie die Übungsanleitungen erst in Ruhe durch und gehen Sie dann an die Ausführung.

Übung 5

Atem, Muskeln, Gedanken und Grundstimmung

(a) den Atem beobachten. Wählen Sie einen Stuhl, der eine geeignete Höhe hat, damit Ihre Beine im 90°-Winkel auf dem Boden ruhen können, die Füße parallel und hüftbreit voneinander entfernt. Lösen Sie Ihren Rücken von der Lehne und sitzen Sie möglichst aufrecht da. Ihre Hände ruhen auf den Oberschenkeln. Schultern und Arme sind entspannt. Lassen Sie Ihren Kopf mit so wenig Anstrengung wie möglich auf Atlas und Halswirbelsäule ruhen. Bewegen Sie ihn dafür zunächst leicht nach hinten, dann nach vorne, neigen Sie ihn eine Spur zur linken, dann zur rechten Schulter bis er sich in einer angenehmen Position eingependelt hat. Schließen Sie die Augen. Beobachten Sie, wie das nächste, unmittelbar folgende Einatmen beginnt. Welche erste Bewegung stellen Sie fest? Wie setzt sich diese im Lauf des weiteren Einatmens fort? Was geschieht am Umkehrpunkt, kurz bevor Sie wieder auszuatmen beginnen? Bemerken Sie Muskelbewegungen und/oder Stimmungsveränderungen? Falls ja, welche sind das? Beachten Sie den Übergang vom Aus- zum nächsten Einatmen. Welches Bedürfnis ist stärker: aus- oder einzuatmen? Welcher der beiden Zustände – gefüllt mit Atemluft oder entleert – ist Ihnen vertrauter, welcher angenehmer? Beobachten Sie so etwa zehn Atemzüge und notieren Sie anschließend, was Sie beobachtet und welche Antworten Sie zu den genannten Fragen gefunden haben.

(b) Muskelspannungen wahrnehmen. Wir sind immer in einem – zumeist unbewussten – Dialog mit der Schwerkraft. Um stehen oder sitzen zu können, und selbst, wenn wir im Bett liegen und uns bewegen möchten, muss unsere Skelettmuskulatur aktiv werden. Sie können sich fragen, ob Sie in diesem Augenblick Muskelanspannungen wahrnehmen, die für Ihr momentanes Dasitzen vielleicht nicht nötig sind. Stehen Ihre Fußsohlen entspannt auf dem Boden oder halten

Sie sich mit den Zehen fest? Sitzen Sie entspannt auf Ihrem Stuhl oder sind Sie eher »auf dem Sprung«? Ziehen Sie Knie und Oberschenkel mehr an Ihren Oberkörper als nötig? Bemerken Sie eine Spannung in den Hüftgelenken? Und Ihr Rücken? Könnte der im Lenden-, im Brust- oder im Halswirbelbereich gelassener sein und Sie trotzdem aufrecht sitzen lassen? Ziehen Sie Ihre Schultern nach oben, nach hinten, nach vorne, ohne dass dies momentan nötig wäre? Sind Ihre Hände entspannt? Beißen Sie die Zähne zusammen? Oder können Sie den Kiefer locker fallen lassen? Sind Ihre Augen zusammengekniffen oder fühlt sich Ihre Stirn wie in einen Schraubstock gespannt an? Was immer Sie beobachten, versuchen Sie schrittweise, die jeweilige Anspannung ein wenig zu verstärken und zu beobachten, was sich sonst dadurch verändert und gehen Sie wieder zu Ihrem Normalzustand zurück.

Falls es Ihnen leichtfällt, die betreffende Muskelgruppe zu entspannen, probieren Sie es. Was verändert sich? Wofür war die Anspannung gut?

Es geht in dieser Übung nicht darum, irgendeinen Idealzustand von Entspannung zu erreichen, sondern vielmehr darum, sich bewusst zu werden, was da ist. Auch wenn und vielleicht gerade, weil Sie möglicherweise nicht wissen, warum die Dinge in Ihrem Körper so sind, wie Sie sie momentan antreffen, versuchen Sie sie zu akzeptieren. In aller Regel haben Menschen in ihren Körpern sehr gute – wenn auch zumeist unbewusste – Gründe, sich zu verhalten und zu halten, wie sie es gelernt haben und in jedem Augenblick tun.

Wie bereits in der Einleitung vorgeschlagen, ist auch hier zu empfehlen, wahrgenommene Spannungen, Impulse und Bewegungen nur zu registrieren, nicht zu bewerten.

▶ *Führen Sie jetzt diese Übungen der Atembeobachtung und körperlichen Selbstwahrnehmung durch.*

(c) Gedanken beobachten, die aktuelle Grundstimmung und davon abweichende Gefühle wahrnehmen. Um einen Schritt weiterzugehen, stellen Sie fest, in welcher Grundstimmung Sie sich gerade befinden. Das kann ein Gefühl der Zuversicht sein, aber auch der Besorgnis, einer Ängstlichkeit, eine melancholische Stimmung, ein Zustand der Verletzung oder der Erschöpfung. Oder es kann ein ärgerlicher Grundton, eine Ungeduld, eine Unzufriedenheit mit den Mitmenschen sein, mit den sich bietenden Umständen, der Tagespolitik, dem Leben ganz allgemein.

▶ *Benennen und notieren Sie Ihre ganz persönliche momentane Grundstimmung.*

Wenden Sie Ihre Aufmerksamkeit dann Ihren Gedanken zu. Beobachten Sie, wie diese kommen und gehen. Was sind das für Gedanken? Gibt es einzelne, die eine besondere Anziehungskraft auf Sie ausüben, die Sie beinahe dazu zwingen, ihnen zu folgen? Führen diese in die Vergangenheit oder in die Zukunft? Haben sie mit bestimmten Menschen zu tun oder eher mit Aufgaben und Pflichten? Vielleicht mit Ereignissen, die nicht nach Ihren Wünschen verlaufen sind? Was immer die Gedanken beinhalten, denen Sie in den gerade zurückliegenden Minuten Ihre Aufmerksamkeit geschenkt haben – lösen sie Gefühle aus, die von Ihrer vorher festgestellten Grundstimmung abweichen? Ein plötzliches Erschrecken vielleicht, eine Neugier? Eine Abneigung? Ärger? Freude?

▶ *Notieren Sie, welche Gefühle während Ihrer Gedankenbeobachtung abweichend von Ihrer Grundstimmung aufgetaucht sind. Und notieren Sie, welche Gedanken Sie in Ihrer Grundstimmung bestärkt haben. Gibt es Gedankengänge, die wiederholt auftraten? Welche sind das?*

Schon bei einmaliger Durchführung bewirken die Übungen 5 a–c in aller Regel ein spürbares Ruhigerwerden, indem Sie vom Getriebensein in eine Zuschauerposition wechseln. Die Beobachtung von Atem und Gedanken führt unmittelbar zu Verlangsamung und Entspannung. Durch regelmäßiges Üben wird sich Ihre Grundspannung senken und Ihr Ausgangstempo entschleunigen. Zusatzbelastungen werden Sie weniger leicht »auf 100« bringen. Fügen Sie Ihre Notizen in das Heft ein, mit dem Sie Ihre »Forschungsreise« dokumentieren.

Die beiden folgenden Übungen können sowohl in einer akuten Belastungssituation angewendet als auch wiederholt geübt werden, falls Sie sich in einem chronischen Belastungszustand befinden.

Übung 6

Sich eine Auszeit von der belastenden Situation nehmen

Falls Sie feststellen, dass die eigenen Handlungen zunehmend unkoordiniert werden und Sie mit Ihren Aufgaben auf keinen grünen Zweig mehr kommen, wenn Sie keinen klaren Gedanken fassen können und sich Ihre Überlegungen und Pläne nur mehr im Kreis drehen, unterbrechen Sie, was Sie gerade tun und ziehen Sie sich an einen Ort zurück, wo Sie für ein paar Minuten ungestört sind. Im »schlimmsten Fall« ist es das WC an Ihrem Arbeitsort, ein Treppenabsatz oder das hinterste Ende eines wenig frequentierten Gangs, wo es vielleicht ein Fenster zum Hinausschauen gibt. Dies ist ein erster Schritt, um von der herausfordernden Situation Abstand zu nehmen.

Versuchen Sie wahrzunehmen, wie Sie atmen: schnell, flach, fast gar nicht? Beobachten Sie noch ein bisschen genauer: Wie und wo halten Sie Ihren Atem fest? Probieren Sie, ein bisschen loszulassen, dann wieder anzuhalten und versuchen Sie herauszufinden, welchen Unterschied es macht.

Legen Sie den Daumen Ihrer rechten Hand auf die Innenseite Ihres linken Handgelenks und versuchen Sie, Ihren Puls zu spüren. Zählen Sie die Schläge pro Minute. Damit lenken Sie Ihre Aufmerksamkeit von der emotionalen Erregung auf eine (überschaubare) kognitive Aufgabe und schwächen erstere voraussichtlich ab.

Legen Sie anschließend Ihre rechte Handfläche auf die linke Brust und versuchen Sie, Ihren Herzschlag zu spüren. Ist er schneller als für Sie normal? Wissen Sie gar nicht, wie schnell Ihr Herz normalerweise schlägt? Ist er langsamer? Stolpert Ihr Herz?

Fragen Sie sich, ob Sie in diesen Augenblicken ganz da oder in Gedanken anderswo sind. Wohin sind Sie gegebenenfalls abgewandert, geflüchtet? Versuchen Sie, sich wenigstens für kurze Zeit vollständig ins Hier und Jetzt zu holen. Falls Ihnen dies nicht gelingen sollte, beobachten Sie, wie und wohin Ihre Aufmerksamkeit und Ihr Bewusstsein entschlüpfen.

Probieren Sie zuletzt, etwa fünf Atemzüge lang, den Ausatem zu betonen und bei jedem Atemzug das ganze Gewicht Ihrer Anspannung und Belastung ein bisschen mehr an den Boden, auf dem Sie stehen, oder an den Sessel, auf dem Sie sitzen, abzugeben. Damit sollten sich Ihre Muskeln entspannen und Ihr Atem beruhigen.

Übung 7

Schnelles Gehen, Walken oder Joggen

Es ist erwiesen, dass bereits wenige Minuten Bewegung im Freien positive Auswirkungen auf das eigene Selbstwertgefühl haben und Stress lindern können.

Gehen Sie ins Freie, gehen Sie rasch, vorzugsweise zunächst bergauf, bis sich das Tempo von selbst verlangsamt und die Wahrnehmung der Außenwelt allmählich wieder möglich ist, bis Sie den Eindruck haben, dass Ihre Gedanken mehr und mehr zur Ruhe kommen und Sie zu einer inneren Klarheit finden.

Wenn Sie genügend Zeit haben, dehnen Sie Ihr schnelles Gehen im Freien auf 20 Minuten aus. Ziehen Sie sich anschließend in einen geschützten Raum zurück und führen Sie die oben beschriebenen Übungen (5 a–c) während je etwa 5 Minuten durch. Breiten Sie (alternativ) eine Decke auf dem Boden aus und legen Sie sich mit dem Rücken darauf. Winkeln Sie die Knie an und stellen Sie Ihre Füße in ca. 30 cm Abstand parallel zueinander flach auf den Boden. Lassen Sie sich ruhig ein- und ausatmen (urteilsfreies Wahrnehmen, vorstellungsfreies Erleben) und beobachten Sie die Empfindungen in Ihrem Körper: An welchen Stellen fühlt es sich eng an, wo empfinden Sie Weite? Gibt es, wenn Sie Ihre Augen schließen, Regionen in Ihrem Körper, die Ihnen hell erscheinen? Gibt es andere, die Sie als dunkel empfinden? Vielleicht nehmen Sie ein leises Zittern an Stellen wahr, an denen Sie Ihre Muskeln angestrengt hatten und die Sie inzwischen loslassen konnten. Konzentrieren Sie sich auf die Beobachtung Ihres Atems, möglichst, ohne ihn zu beeinflussen.

Erst wenn Sie eine gewisse Beruhigung oder Entspannung erreicht haben – sei dies in einer akuten Situation oder nach regelmäßigem Üben über einen längeren Zeitraum hinweg –, d. h. wenn Sie sich bezüglich Erregung und emotionaler Bewegung wieder innerhalb Ihres Toleranzfensters befinden, ist es sinnvoll, mit einer gedanklichen Analyse des Problems bzw. der belastenden Situation zu beginnen. Sie können hierzu das Arbeitsblatt 3 aus den Online-Materialien verwenden. Ein ausgefülltes Beispiel (Auszug) zeigt Abbildung 6.

Die Herausforderung/das Problem/die Angst	Es fällt mir sehr schwer zu telefonieren. Ich bekomme einen trockenen Mund, Herzklopfen, feuchte Hände, wenn ich das Telefon in die Hand nehme; ohne dass ich es verhindern kann, male ich mir aus, dass der Mensch am anderen Ende der Leitung mich beschimpfen könnte, dass ich keine Zeit haben werde, mein Anliegen zu formulieren. Ich überlege mir ausführlich, welche Worte ich wählen soll, nehme mögliche Gesprächsverläufe vorweg – in einer Reihe von Variationen; das kostet viel Zeit. Ich verschiebe schließlich den Anruf auf einen späteren Zeitpunkt.
Auf welche Personen/Objekte/Situationen bezieht sich meine Angst?	Ich habe Angst vor einer telefonischen Kontaktaufnahme mit anderen Menschen, je weniger vertraut mir diese sind, umso schlimmer, z. B. Behörden, Ämter, eine Bank. Bei mir nahestehenden Menschen ist es mir unangenehm, wenn ich eine persönliche Bitte an sie richten möchte, wenn ich etwas von ihnen brauche.
Wie kann ich die Situation bewältigen? (Ressourcen, Fähigkeiten, Stärken) Was schwächt mich?	Meine sprachlichen Fähigkeiten sind an und für sich gut. Und ich halte mich für normal intelligent. Ich bin zu feinfühlig gegenüber anderen. Eine leise Genervtheit, geringste Anzeichen von Unmut lassen mich einen Schritt zurück machen oder lähmen mich.
Meine Ziele	Ich möchte gerne so viel Aggression, Selbstbehauptung, Durchsetzungsfähigkeit, Egoismus, bis hin zu Bosheit entwickeln, dass ich z. B. denken könnte: Du hast es dir ausgesucht, dass du dein Geld an dieser Beratungsstelle verdienst. Es ist dein Job, mir zuzuhören, bis ich mein Problem – egal wie ungeschickt oder weitschweifig – erzählt habe. Und dann lass dir etwas einfallen, und zwar etwas möglichst Schlaues, wie du mir helfen kannst. Dafür wirst du bezahlt.
Was fehlt zur Zielerreichung?	Mir fehlt es an Aggression und Durchsetzungskraft, an Gleichgültigkeit und Gefühlsblindheit meinen Mitmenschen gegenüber. Ich müsste fühlen können: Jetzt geht es um mich! Jetzt bin ich dran. Deine Befindlichkeit und deine Probleme interessieren mich im Augenblick nicht.

Abbildung 6 Analyse der Belastungssituation. Beispiel: Angst vor Telefonaten

Übung 8

Analyse der Belastungssituation

Bei dieser Übung geht es um eine möglichst präzise Einschätzung und Bewertung

- der aktuellen Herausforderung,
- der involvierten Personen,
- der eigenen Ressourcen für die Situationsbewältigung sowie um
- eine Definition von angestrebten Zielen.

Was belastet Sie? Das Gefühl, nicht fertig zu werden? Eine Angst, keine Lösung für Ihr Problem zu finden? Ein unerfülltes Bedürfnis nach Anerkennung und Wertschätzung durch Ihre Vorgesetzte? Die Sorge, nicht zu genügen, ein Ziel nicht zu erreichen?

Versuchen Sie, die Sie belastende Situation möglichst genau zu benennen, die Personen zu bezeichnen, mit denen Sie in diesem Zusammenhang zu tun haben, Ihre Zielvorstellungen in Worte zu fassen. Zählen Sie auf und beschreiben Sie, was Ihnen helfen könnte, Ihr Ziel zu erreichen (eigene Ressourcen, Fähigkeiten, Kompetenzen), die gestellte Aufgabe zu lösen, das Problem, unter dem Sie leiden, zu bewältigen. Was fehlt Ihnen? Was behindert Sie? Und wen könnten Sie allenfalls um Hilfe bitten, falls Sie spüren, dass Sie es alleine nicht schaffen? Falls ein äußeres Problem oder ein Konflikt die Belastung darstellt, sollte nach einer Lösung gesucht werden (problembezogene Bewältigungsstrategie). Alternativ kann man sich auch um Strategien, die auf die persönliche Stressreaktion zielen, bemühen: z. B. auf eine Dämpfung von Stressreaktionen durch Autogenes Training, Yoga, Neurofeedback o.Ä. Man kann versuchen, sich um soziale Unterstützung zu bemühen oder durch körperliche Betätigung die muskulären Verspannungen und biochemischen Reaktionen im eigenen Körper zu beeinflussen. Schließlich ist es oft auch sinnvoll, die Erwartung, die man an sich selbst hat, bzw. das Ideal, an dem man sich im Umgang mit der belastenden Situation misst, zu hinterfragen. Manchmal ist es hilfreich oder gar erforderlich, die eigenen Ziele neu zu definieren.

Übung 9

Pendeln zwischen Ressource und Herausforderung

Um an einer Lösung des erkannten Problems arbeiten zu können, ist es wichtig, von einer gut geerdeten Position (z. B. mithilfe von Übung 2) aus und unter Heranziehung von Unterstützung und Hilfsmitteln zu handeln. Deshalb wird in der nächsten Übung die Frage nach einer unterstützenden Person oder einem »Kraftort« gestellt und dieser zur Exploration und zum Aufsuchen in der Vorstellung empfohlen.

Gibt es einen Ort oder eine Person, die Sie als sicher, Sie unterstützend und beruhigend empfinden? Stellen Sie sich diesen Ort bzw. diese Person möglichst in allen Erlebensdimensionen vor, nehmen Sie ihn oder sie in möglichst vielen Einzelheiten wahr: Wie riecht es dort? Was hören Sie? Ist es warm oder kalt? Was sehen Sie? Ist es hell oder dunkel? Sind Sie allein oder mit jemandem? Wird gesprochen? Was wird gesprochen? Was fühlen Sie? Wie ist der Boden auf dem Sie stehen? Ist er hart, weich, feucht, fest oder matschig, sandig? Sitzen, stehen oder liegen Sie? Wie fühlen Sie sich jetzt? Beengt oder frei? Bedrückt oder zuversichtlich? Entlastet? Entsetzt? Wie atmen Sie? Spüren Sie Spannungen in Ihrem Körper? Wenn ja, wo genau? Was tun diese Spannungen für Sie? Woran hindern sie Sie?

Wenn Sie eine genügend lebendige Wahrnehmung von dem Ort bzw. der Person oder einem entsprechenden Gegenstand (es kann ein Buch, ein Musikinstrument, ein Schmuckstück sein, das Ihnen geschenkt wurde) haben, wenden Sie sich Ihrem Problem bzw. der aktuellen Herausforderung zu.

Was verändert dieser neue Aufmerksamkeitsfokus in Ihrem Befinden? An Ihrem Atem, Ihrem Herzschlag, an Muskelanspannungen, in Ihrer Stimmung? Pendeln Sie dann ein paarmal hin und her zwischen Ressource und Herausforderung. Verweilen Sie jedes Mal so lange beim einen und beim anderen, bis Sie eine möglichst präzise Wahrnehmung von dem einen und dann wieder dem anderen Ihrer mit dem jeweiligen Pol verbundenen Zustände haben. Stellen Sie die Unterschiede fest. Und beobachten Sie, welches innere Gefühl Ihnen das freie Pendeln zwischen beiden Polen vermittelt.

Wenn Sie Zeit haben, tragen Sie wiederum ein paar Notizen in Ihr Dokumentationsheft ein.

Bettina aus dem obigen Beispiel konnte zwischen ihrem nächtlichen Wachliegen sowie der damit einhergehenden wachsenden Unruhe und der Erinnerung an ihre Großmutter, die ihr, auf einem weichen Sofa sitzend, als Kind aus Büchern vorlas, hin und her pendeln. Immer wieder konnte sie dann, wie dies auch als Kind geschah (und nun in der Vorstellung) angekuschelt an ihre körperlich füllige und Geborgenheit vermittelnde Großmutter einschlafen.

Häufig finden wir uns in Situationen, die uns auf eine gewisse Art aus der Bahn werfen. Das belastet uns und verursacht Stress. Wir finden aber einfach keinen Weg, anders mit der Situation umzugehen. Unser Verhalten bzw. unsere Reaktionsweise folgt einem automatisierten Muster. Hier ist es wichtig, das Verhaltensmuster und vor allem die Situationen, die es auslösen, zu erkennen und zu lernen, die automatisierten Abläufe zu verlangsamen und schließlich zu unterbrechen.

Übung 10

Die Stopptaste drücken (Erkennen und Unterbrechen eines dysfunktionalen Musters)

Nehmen wir an, Ihnen wird bewusst, dass Sie Ihren Chef nur anzuschauen brauchen, um Ärger und Wut in sich aufsteigen zu spüren und dann Dinge in einem Ton zu äußern, die Sie anschließend bereuen, weil sie gewisse berufliche Anstandsregeln verletzt haben. Sie müssen aber einmal wöchentlich eine Sitzung mit ihm absolvieren.

Um den stereotypen Ablauf zu unterbrechen, könnten Sie sich vornehmen, sich bei der nächsten Sitzung so zu setzen, dass er nicht in Ihrem Blickfeld ist. Beobachten Sie, ob Sie sich während der Sitzung anders fühlen und sich u.U. auch anders verhalten – keine gereizten Redebeiträge mehr abliefern, Ihren Chef nicht mehr verbal attackieren. Sie gehen ihm im Rahmen der Sitzung konsequent aus dem Weg.

Wenn er Sie direkt anspricht, aber er spricht Sie gar nie direkt an, sondern steht plötzlich in Ihrem Büro, begrüßt Sie nicht, fängt einfach zu reden an, fragen Sie nach, ob er mit Ihnen sprechen möchte (Entschleunigung). Wenn Sie nicht gleich verstehen, was er sagen will, weil er beziehungslos darauf losquatscht, sagen Sie, dass Sie ihn nicht verstanden haben und bitten Sie ihn, zu wiederholen, was genau er von Ihnen möchte usw. Das heißt, verlangsamen Sie Ihr Handeln, lassen Sie sein Verhalten auf sich wirken, konfrontieren Sie ihn mit den Problemen, die durch sein Verhalten entstehen, anstatt unausgesprochen seine Kommunikationsdefizite zu kompensieren, d.h. die Situation zu »retten«, wie Sie es auch schon in Ihrer Herkunftsfamilie mussten (die Defizite einer alkoholkranken Mutter ausgleichen) und wütend zu werden, weil Ihnen so eine Last aufgebürdet wird. Versuchen Sie, sich die Last der kompensatorischen Bemühungen gar nicht erst aufbürden zu lassen. Sie nehmen sie nicht mehr ungefragt auf Ihre Schultern.

Bezogen auf Ihr persönliches Problem:

- Welche Situationen empfinde ich als schwierig? Worum geht es? Welche Personen sind beteiligt? An welchem Ort findet es statt?
- Was könnte ich am üblichen Ablauf dieser Situationen verändern? Den Platz, den ich einnehme? Etwas, was ich bisher immer getan, gesagt habe, nicht mehr tun, nicht mehr sagen? Etwas Neues versuchen? Was genau?
- An welcher Stelle beginnt mein eigenes problematisches Verhalten? Was brauche ich, was kann ich tun, damit ich es *nicht* an den Tag lege?

Zusammenfassung

Eine besondere Kategorie von Erfahrungen sind Begegnungen mit (lebens-) bedrohlichen und belastenden Situationen; sie verursachen Stress und bringen Menschen u. U. nachhaltig aus dem Gleichgewicht. Sie können, wenn sie besonders intensiv sind oder lang andauern, krank machen.

Grundlegende Stressverarbeitungsreaktionen, wie zum Beispiel die Möglichkeit anzugreifen oder zu flüchten, haben sich in einem langen evolutionären Prozess herausgebildet und stehen für die Bewältigung von Herausforderungen zur Verfügung. Die Bevorzugung bestimmter Reaktionen und ihre konkrete Gestaltung sind lebensgeschichtlich geprägt und individuell verschieden. Dabei kann es zu Fehlentwicklungen kommen. Menschen suchen immer wieder die Rückkehr zu einem mittleren Erregungsniveau innerhalb eines persönlichen Toleranzfensters, in dem klares Denken, Kreativität und das Erlernen von Neuem die besten Voraussetzungen finden.

4 Trauma

Beispiel

Gabriele spricht wie ein Wasserfall. Nur ganz selten sieht sie ihr Gegenüber direkt an. Meistens wandern ihre Augen unruhig umher. Von Zeit zu Zeit schließt sie sie. Gabriele wirkt erregt, so, als müsse sie wegrennen vor etwas, dauerlaufen. Mit ihren Mitteilungen kommt sie auf keinen Punkt. Wenn jemand eine Bemerkung macht oder ihr eine Frage stellt, entsteht der Eindruck, man störe. Sie gibt keine Antworten und nimmt kaum Bezug auf das zu ihr Gesagte.

Was ihr passiert ist, lässt sich nicht herausbekommen. Aber sie vermittelt ihren Gesprächspartnern, dass irgendwo etwas sehr Gefährliches lauert, das man besser nicht berührt, weil es sonst zu einer Explosion kommen würde. Gabriele steht unter Spannung. Sie klagt über chronische Schulter- und Nackenschmerzen, über häufige Migräneanfälle und Konzentrationsstörungen bei der Arbeit, über Schlafprobleme und eine unangenehme Müdigkeit tagsüber. Sie fühle sich erschöpft.

In längeren therapeutischen Gesprächen stellt sich heraus: Gabriele war ein nicht erwünschtes Kind. Ihr Vater verließ die Mutter kurz nach Gabrieles Geburt. Sie wuchs bei den Großeltern auf, die selbst vier Kinder gehabt hatten. Mit den Großeltern wuchs sie in relativer Armut auf, auf dem Land. Das Enkelkind lief mit – neben der Landwirtschaft, einem Gastbetrieb mit diversen Angestellten. Niemandem schien sie wirklich wichtig zu sein.

Gabriele leidet an den Folgen eines Entwicklungstraumas. Die Bedingungen, die sie bei ihrer Geburt und in den folgenden Jahren vorfand, waren schlecht geeignet und nicht ausreichend für ihr Wachstum und ihre frühkindliche Entwicklung. Diese frühen Lebensjahre waren von Mangel, fehlender Geborgenheit und fehlender Liebe geprägt.

Obwohl das nun folgende Kapitel ein Störungsbild beschreibt, das sich, wenn einmal ausgebildet, in den seltensten Fällen *nur* mit Selbsthilfe behandeln lässt, findet es sich an dieser Stelle, weil es thematisch eng mit dem vorhergehenden Kapitel (»Stress«) zusammenhängt. Trauma-Erfahrungen stellen Extremausprägungen von Stresserleben dar.

Wer anhand der folgenden Beschreibungen den Eindruck erhält, von nicht bewältigten traumatischen Erfahrungen betroffen zu sein, dem sei empfohlen, sich an entsprechende Behandlungseinrichtungen bzw. Fachpersonen zu wenden. Adressen und Links finden Sie in den Online-Materialien.

Gleichwohl kann es sehr sinnvoll sein, die in der zweiten Hälfte des Kapitels beschriebenen Übungen vorbereitend oder ergänzend zu einer Trauma-Behandlung durchzuführen, da in nahezu allen Fällen von Traumafolgestörungen körperliche Aspekte eine wesentliche Rolle spielen.

Zur Entstehung von Traumafolgestörungen – Beschreibung von Symptomen

Von einer traumatischen Erfahrung spricht man, wenn ein bedrohliches Ereignis zu schnell, zu stark oder zu lang anhaltend ist. Trauma ereignet sich in einem relationalen Geschehen zwischen Organismus und Umwelt oder durch ein lebensbedrohliches (Krankheits-)Geschehen im Inneren des Organismus. Die damit einhergehende Stressbelastung überfordert die Verarbeitungsmöglichkeiten des betroffenen Menschen.

Etwa zwei Drittel der Betroffenen erholen sich nach einer gewissen Zeit ohne größere Hilfestellungen und ohne Traumafolgestörungen. Etwa ein Drittel der von traumatischen Erlebnissen betroffenen Menschen entwickelt eine posttraumatische Belastungsstörung. Im Folgenden wird kurz beschrieben, was nach dem heutigen Stand des Wissens bei Trauma-Erfahrungen geschieht.

Lebende Organismen befinden sich in ständiger Veränderung. Sie bilden einerseits gemäß ihren genetischen Anlagen und andererseits in Abhängigkeit von Lebenserfahrungen körperliche Strukturen aus und passen funktionelle Regelkreise immer wieder neu an. Sie sind fortwährend in Bewegung und kommunizieren auf verschiedenen Ebenen nach innen und nach außen. Sie gleichen Gegensätze, z. B. Druckunterschiede an Zellmembranen aus, suchen fortwährend nach neuen Gleichgewichten, wie z. B. bei der Atmung eine Regulierung des Kohlendioxid- und Sauerstoffgehalts im Blut. Sie sind Wachstums- und Auflösungsprozessen unterworfen; Zellen werden neu gebildet und bestehende sterben ab.

In der Regel gehen entsprechende Lern- und Anpassungsprozesse langsam und kontinuierlich vonstatten. Die meisten geschehen ohne Beteiligung unseres Bewusstseins.

Wenn wir uns gewohnheitsmäßig auf etwa 400 Metern über Meereshöhe bewegen, ausnahmsweise auf 2.000 bis 3.000 Meter über Meereshöhe kommen und dann eine Reise machen, die auf 5.000 Meter führt, empfiehlt es sich, einige Tage zur Akklimatisierung auf 2.000 Höhenmetern einzuplanen, um allmählich weitere Anstiege vorzunehmen. Man bewegt sich insgesamt langsamer als normal. Der Körper wird zu einer Vermehrung der roten Blutkörperchen angeregt, um so trotz der »dünneren« Luft eine ausreichende Sauerstoffsättigung im Blut zu gewährleisten. Diese wird auch durch langsamere Bewegungen und eine entsprechende Anpassung von Atemvolumen und Atemfrequenz reguliert.

Anders als bei solchen allmählichen Anpassungsreaktionen kommt es vor, dass uns ein Ereignis unvorbereitet und schockartig trifft (Akuttrauma): der plötzliche Tod eines nahestehenden Menschen, ein schwerer Autounfall, die Verwicklung in einen Terroranschlag, eine Naturkatastrophe, Kriegseinwirkungen, Foltererfahrungen, Opfer – oder auch »nur« Zeuge – eines Gewaltverbrechens zu werden. Allgemein geht es hier um die Bedrohung der körperlichen und seelischen Unversehrtheit. Trauma heißt wörtlich übersetzt Verletzung.

Man spricht auch dann von traumatischen Erfahrungen (Konsekutivtrauma), wenn Menschen über längere Zeit Belastungen ausgesetzt sind, die über ihre Kräfte und Verarbeitungskapazitäten gehen und die ihre Widerstandskraft (Resilienz) übersteigen. Dabei kann es sich um Hungerperioden, Dauerbedrohungen in Kriegsgebieten, Geiselhaft, Verlassenheit oder das Ausgeliefertsein an einen gewalttätigen Mitmenschen handeln. Von Entwicklungstraumata spricht man, wenn in der Kindheit eine schwere Vernachlässigung vorliegt (wie im Beispiel von Gabriele) oder Missbrauch und Misshandlungen über einen längeren Zeitraum hinweg geschehen.

Wenn uns ein Ereignis trifft, dem gegenüber wir hilf- und machtlos sind, dem wir weder entkommen, d. h. flüchten, noch durch Kampf begegnen können, dann reagieren wir muskulär mit tonischer Immobilität, d. h. wir erstarren. Kognitiv geschieht eine Abspaltung von Bewusstsein (Dissoziation). Wir verfallen in Trance. Es setzt ein zeitlicher und örtlicher Orientierungsverlust ein. Unsere Gefühle schalten sich ab.

Es bleiben fragmentarische Teile des unverarbeiteten Traumas oder von Reaktionen darauf zurück und präsentieren sich als Symptome. Dies geschieht in Form von Gedächtnisausfällen (Amnesien), Erinnerungsverlust und Fragmentierung. Jedes Erleben, das mit einer Zunahme von Stress verbunden ist, kann als Auslöser für ein Wiedererleben (sog. »Replays«) der traumatischen Erfahrung wirksam werden und erneut traumatisieren. Trauma lässt sich als Stressverarbeitungsstörung verstehen.

Die menschliche Psyche und der menschliche Körper verfügen über eine Reihe von »natürlichen« Schutzmechanismen, die dazu dienen, sich gegen das Überwältigtwerden von Bedrohung, Ausgeliefertsein, Verletzung und Schmerz zu wehren. Dazu gehören die Verleugnung dessen, was gerade geschieht (»Das ist gar nicht passiert.«), das Ausblenden (»Ich habe nichts gesehen.«), das Abschalten von Emotionen (»Das berührt/betrifft mich nicht, macht mir nichts aus. Ich kann das wegstecken«).

In akuten Notfällen reagiert der Organismus zunächst mit Erregung; dann mobilisiert er sich körperlich und seelisch für Kampf oder Flucht, sendet Hilferufe aus; er erstarrt schließlich, unterwirft sich, stellt sich tot. Und dies wird von zunehmender Abspaltung (Dissoziation) begleitet.

Wenn eine Bedrohung auf uns zukommt, reagieren wir mit einer Unterbrechung dessen, was wir gerade taten (attentive Immobilität/Orientierungsreaktion). Durch das Autonome Nervensystem gesteuert, bekommen wir Herzklopfen, der Mund wird trocken, wir erregen uns emotional; die Muskelanspannung nimmt zu; die Blutgefäße verengen sich, der Blutdruck steigt; die Darmtätigkeit verringert sich.

Wir bekommen Angst. Unser Bindungssystem wird aktiviert, wir suchen oder rufen nach Hilfe. Wir suchen nach Fluchtmöglichkeiten oder bereiten uns auf eine kämpferische Auseinandersetzung vor.

Wenn die Situation ausweglos ist und keine Hilfe verfügbar, erleben wir blankes Entsetzen und verfallen u. U. in tonische Immobilität (Muskuläre Agonisten und Antagonisten sind gleichzeitig maximal angespannt; das führt zur Schockstarre).

Nach einiger Zeit flaut die Reaktion ab. Wir erlahmen, erschlaffen. Wiederum durch das Autonome Nervensystem gesteuert, geht die Erregung zurück, die Herzfrequenz verringert sich, der Blutdruck sinkt, der Muskeltonus nimmt ab. Die Gefäße erweitern sich. Emotionale Bewertungen werden ausgesetzt. Es treten kognitive Störungen auf (eine Art Trance); die Verbindung zu den Sprachzentren wird unterbrochen, sensorische Eindrücke werden nicht mehr kontextualisiert und im Langzeitgedächtnis gespeichert. Es tritt eine Art Erschöpfung und Ohnmacht ein. Die Immobilität setzt langsam ein und hält über längere Zeit an.

Einmalige traumatische Erfahrungen hinterlassen fragmentierte und in keinen Kontext eingebettete sensorische Erinnerungen, z. B. einen bestimmten Geruch von »verbrannter Haut«, »Benzin«, ein bestimmtes Geräusch oder »zunehmend lauter werdender Motorenlärm«, die als immer wiederkehrende, auslösende Reize (sog. Trigger) für Trauma-Erinnerungen und damit verbundene körperliche und Verhaltensreaktionen wirksam werden.

Wiederholt nacheinander auftretende Traumata produzieren eine fragmentierte Persönlichkeitsstruktur, d. h. Ich-Zustände, die plötzlich auftreten, im aktuellen Kontext unangemessen erscheinen und nicht mit der übrigen Persönlichkeitsstruktur verbunden sind – bis hin zu den autonom handelnden Persönlichkeitsanteilen der multiplen Persönlichkeit.

Solche Persönlichkeitsmuster und Fragmente können sich im kognitiven, emotionalen oder körperlich-sensorischen Verhaltens- oder Beziehungsbereich befinden und entsprechend aktiviert werden.

Traumabehandlung, Traumaheilung

Grundvoraussetzung für jede Traumabehandlung ist eine Sicherung und Stabilisierung der Lebenssituation des Betroffenen; erst wenn diese Basis geschaffen ist, können Fertigkeiten zur Stressregulation trainiert werden (Levine, 2011, 2016; Reddemann, 2004, 2017).

Das traumatische Geschehen muss behutsam in der Erinnerung kontaktiert und zugänglich gemacht werden. Mit der Zeit lassen sich einzelne Erinnerungsfragmente im Rahmen einer Traumasynthese zusammenfügen. Die Erfahrung wird zu einer zeitlich, räumlich und kontextuell verorteten Erinnerung zusammengefügt und in die eigene Biografie integriert.

Für die Trauma-Verarbeitung ist eine Vervollständigung der Geschichte (was genau ist passiert, wann wo, mit wem?) notwendig. Das bedeutet, Erinnerungsfragmente sind in einen zeitlichen und räumlichen Kontext einzubetten und der Hergang des Geschehenen in möglichst vielen Aspekten zu einem verbalisierbaren Gesamtbild zusammenzufügen. Das beinhaltet auch eine Integration von körperlichen Erinnerungen und von Repräsentationen körperlicher Traumareaktionen.

Es bedarf der Kommunikation, Kontextualisierung und Neubewertung von Sinneseindrücken aus der traumatischen Erfahrung, eines Zu-Ende-Ausführens von Impulsen sowie des Ausdrucks der zum Ereignis gehörenden Emotionen, und bei Dissoziation eines unermüdlichen Zurückholens in ein gegenwartsbezogenes Sein.

Außerdem sind die mit dem Ereignis verbundenen körperlichen Hochspannungszustände mit kontinuierlichen Spannungs- und Entspannungsübungen nach und nach zu deaktivieren. Dies lässt sich an einem Beispiel verdeutlichen: Ein Eisbär wird von Wissenschaftlern für Untersuchungszwecke gejagt und betäubt. Dies ist natürlich eine Bedrohung für den Bären, eine traumatische Erfahrung. Der Bär in dem u.g. Video durchläuft danach einen natürlichen Regenerationsprozess: Es findet eine Entladung seiner extremen Muskelanspannung nach einer nicht zur Vollendung gekommenen Fluchtreaktion statt. Dies geschieht durch neurogenes Zittern, welches eine nachhaltige Herabregulierung der sympathikotonen Aktivierung bewirkt. Sie können sich bei Interesse dieses Video (in englischer Sprache) auf YouTube ansehen: https://www.youtube.com/watch?v=eT4060GeodI.

Es ist das Verdienst von David Berceli (2007), aufbauend auf bioenergetischen Interventionstechniken nach Alexander Lowen (Lowen & Lowen, 1977) und auf der Arbeit von Peter Levine (2011, 2016), die Bedeutung unwillkürlicher Bewegungen (muskuläre Vibrationen, »neurogenes Zittern«) für die Lösung tief sitzender Verspannungen nach traumatischen Erfahrungen hervorgehoben und Übungen zusammengestellt zu haben, die diese provozieren. Zittern und Vibrieren wird häufig als Zeichen der Schwäche interpretiert. Im Zusammenhang mit Trauma-Behandlung ist dieses Zittern aber ein gangbarer Weg, um muskuläre Daueranspannungen zu »entladen« und abzubauen. Für eine nachhaltige Bearbeitung von Traumafolgestörungen ist es oftmals notwendig, sich soziale Unterstützung zu organisieren (z. B. gute Freunde, die die betroffene Person als Zeugen und ggfs. unterstützend begleiten) oder fachliche Hilfe aufzusuchen.

Im Folgenden werden einige Übungen beschrieben, die man selbst durchführen kann und die insbesondere die in der Skelettmuskulatur gebundene Dauerspannung zu lösen helfen.

Übung 11

Im Reitersitz auf Zehenspitzen stehen

Stehen Sie im »Reitersitz«, die Fersen in schulterbreitem Abstand und die Zehen etwa 45 Grad nach außen gedreht. Beugen Sie Ihre Knie, die Kniescheiben sollten sich dabei über den Zehen befinden, und stützen Sie sich mit Ihren Handflächen, Finger nach vorne, auf die Oberschenkel. Beugen Sie Kopf und Oberkörper leicht nach vorne. Halten Sie dabei Rücken und Kopf möglichst in einer Linie. Achten Sie auf einen stabilen Stand und lassen Sie sich einige Male aus- und einatmen, ohne irgendetwas zu wollen oder zu forcieren. Probieren Sie verschiedene Beckenpositionen aus. Lassen Sie Ihr Becken leicht vor und zurückschaukeln sowie anschließend nach links und nach rechts kippen. Suchen Sie eine möglichst entspannte Beckenstellung. Heben Sie dann langsam Ihre Fersen vom Boden, um auf den Zehenspitzen zu stehen. Dabei ist in der Regel ein Zug an der Innenseite der Oberschenkel zu spüren. Halten Sie diese Position einige Atemzüge lang,

senken Sie dann Ihre Fersen langsam wieder zu Boden und atmen Sie einige Male aus und ein. Spüren Sie nach. Wiederholen Sie diese Übung etwa sieben Mal.

Übung 12

Rumpfbeugen im Reitersitz

Stehen Sie breitbeinig im Reitersitz mit gebeugten Knien und nach außen gekehrten Zehen wie oben. Probieren Sie verschiedene Beckenpositionen aus. Lassen Sie Ihr Becken minimal vor und zurückschwingen, und verschieben Sie es leicht zur rechten und zur linken Seite. Achten Sie darauf, dass es schließlich möglichst zentriert zwischen Ihren Beinen »hängt«. Diesmal legen Sie nur die rechte Hand auf Ihren Oberschenkel, die Handfläche ist nach oben geöffnet, die Fingerspitzen zeigen in Richtung Knie. Heben Sie den linken Arm über Ihren Kopf. Die Hand zeigt nach rechts. Und beugen Sie – mit den Fingerspitzen voraus – Ihren Rumpf langsam zur rechten Seite. Sie beugen nur Ihren Rumpf über die Wirbelsäule seitlich nach rechts und dehnen dabei die linke Seite, deren Arm die Bewegung anführt. Atmen Sie in die Dehnung hinein tief ein und aus. Richten Sie sich wieder auf, nehmen Sie Ihren linken Arm herunter, legen Sie ihn seitlich auf den Oberschenkel mit nach oben geöffneter Handfläche, strecken Sie Ihren rechten Arm über den Kopf, die Hand zeigt nach links, und beugen Sie Ihren

Rumpf nach links, geführt von den gestreckten Fingerspitzen Ihrer rechten Hand. Atmen Sie in die Dehnung Ihrer rechten Flanke hinein tief ein und aus. Führen Sie diese Übung nach beiden Seiten hin etwa je fünfmal aus.

Übung 13

Yoga-Übung – Mayurasana (Pfau)

Breiten Sie eine Decke oder eine Yogamatte aus. Nehmen Sie den »Vierfüßler-Stand« ein. Senken Sie Ihren Kopf mit dem Scheitel zum Boden.

Stützen Sie Ihre Ellbogen in die Bauchdecke und drehen Sie die Handflächen so, dass Ihre Finger in Richtung Zehen zeigen. Strecken Sie dann Ihre Beine gerade aus und stehen Sie auf Ihren Zehenspitzen. Versuchen Sie, den Kopf zu heben, so dass Ihre Körper-Rückseite eine möglichst gerade Linie parallel zum Boden bildet. Wenn Ihnen das halbwegs leichtfällt, versuchen Sie, Ihr rechtes Bein vom Boden zu heben und so weit wie möglich in Richtung Decke zu strecken. Wechseln Sie dann, stellen Sie Ihren rechten Fuß mit den Zehenspitzen zurück auf den Boden und heben Sie Ihr linkes Bein in die Höhe. Geübte heben beide Beine gleichzeitig vom Boden, die Füße so hoch wie möglich in

Richtung Decke. Versuchen Sie, den Atem trotz der körperlichen Anstrengung fließen zu lassen. Danach kommen Sie zurück auf Ihre Knie. Sie senken den Kopf wieder auf den Boden und entspannen sich in der »Baby-Pose«. Atmen Sie einige Male tief ein und aus. Wiederholen Sie diese Übung dreimal.

Übung 14

Nachklang

Legen Sie sich anschließend mit dem Rücken auf Ihre Decke, die Knie angewinkelt, die Füße mit etwa 30 cm Abstand parallel auf dem Boden, und lassen Sie sich nachspüren, was die Übungen in Ihrem Körper ausgelöst haben. Wenn Sie irgendwo – oder im ganzen Körper – feine oder stärkere Vibrationen, ein Zucken oder Zittern spüren, versuchen Sie, diese autonomen Muskelbewegungen nicht zu bremsen oder zu verhindern, sondern lassen Sie diese geschehen und beobachten Sie aufmerksam, was passiert.

Wenn Sie den Verdacht oder Anhaltspunkte dafür haben, dass unverarbeitete traumatische Erfahrungen eine störende Rolle in Ihrem Leben spielen, sollten Sie sich für eine gewisse Zeit professionelle Hilfe suchen.

Womit Sie aber selbst anfangen können, ist das Aufschreiben und Benennen von Erinnerungsfragmenten, die Sie nicht einordnen können, von Körperempfindungen, die für Sie unverständliche Reaktionen oder Zustände nach sich ziehen, von emotionalen Verhaltensweisen, die Sie nicht verstehen. Beschreiben Sie diese möglichst genau in einem eigens dafür angelegten Heft. Das könnte z. B. so beginnen: Immer wieder höre ich eine aggressiv erregte, schimpfende Stimme. Diese Stimme erinnert mich an … meine Mutter, meine Deutschlehrerin. Was (sagt sie)? Wie? Wer? Nehmen Sie wahr, was Ihnen merkwürdig erscheint. Folgen Sie Bewegungsimpulsen. Notieren Sie, was Ihnen in den Sinn kommt und was Sie spüren. Achten Sie darauf, in welchen Situationen Ihr Atem stockt. Erlauben Sie sich, weiter zu atmen. Beobachten und schreiben Sie auf, was passiert.

Zusammenfassung

Trauma stellt eine extreme Form von Stress dar. Wörtlich übersetzt bedeutet Trauma »Verletzung«. Traumatische Erfahrungen sind bedrohliche Ereignisse, die zu schnell, zu heftig bzw. zu stark oder zu lang anhaltend sind und deren damit einhergehende Stressbelastung die Verarbeitungsmöglichkeiten des Betroffenen überfordern. Teilweise können Traumafolgestörungen bzw. eine Posttraumatische Belastungsstörung entstehen, für die es verschiedene Behandlungsmöglichkeiten gibt. Selbsthilfe allein reicht bei Traumafolgestörungen in aller Regel nicht aus (s.a. Adressen und Links im Anhang). Die beschriebenen Übungen sind geeignet, ergänzend zu einer professionellen Behandlung ein Bewusstwerden, eine Klärung und eine Integration in die eigene Biografie, sowie eine Herabregulierung seelisch-körperlicher Daueraktivierung zu fördern.

5 Diskrete Emotionen

5.1 Angst

Beispiel

(1) Zu meinen persönlichen prägnanten Angst-Erinnerungen zählt die an einen Tag in unserem Schulschwimmbad. Ich war Viertklässlerin und bereitete mich auf das sog. Fahrtenschwimmerabzeichen vor. Ausdauernd zu schwimmen, zu tauchen, »Ertrinkende« zu retten, war alles kein Problem, aber der Sprung vom Drei-Meter-Brett machte mir Angst. Ich erinnere mich noch ganz genau daran, wie ich die Stufen zum Brett hinaufstieg und in Richtung Absprungkante lief. Plötzlich muss ich unwillkürlich einen etwas heftigeren Schritt gemacht haben, wodurch das Brett zu federn begann. Statt sofort zu springen, blieb ich stehen, starrte auf das Wasser und in meinem Kopf fing es an zu denken: was, wenn … damit war mir schlagartig sämtlicher Schwung und Mut aus dem Leib gewichen. Ich stand wie angewurzelt am vorderen Rand des Brettes, krallte meine Zehen in den Sisalteppich, wagte keine weitere Bewegung und hatte vermutlich auch meinen Atem so weit wie möglich gedrosselt. Es war ein bewölkter Tag, die Luft unfreundlich kühl. Ich starrte auf das dunkelgraue Wasser, sah es unter mir hin und her schwappen und war überzeugt, dass ich, wenn ich da hineinspränge, von den Fluten verschlungen und nie wieder auftauchen würde. Ich kehrte um und musste das Training an diesem Tag abbrechen. Die Lehrerin hatte mir noch irgendetwas Ärgerliches zugerufen. Aber das hörte ich schon nicht mehr. Ich ging in die Umkleidekabine, zog mich um und ging beschämt nach Hause.

Mein Fahrtenschwimmerabzeichen habe ich in jenem Jahr trotzdem noch machen können. Ich erinnere mich auch an spätere Sommerurlaube mit meiner Familie am Meer, wo wir zusammen mit einheimischen Jugendlichen lustvoll von einem Felsen ins Wasser köpfelten, wann immer uns vom Sonnen zu heiß geworden war. Kein Problem. Dort machten wir es einfach den Einheimischen nach, die uns ihrerseits vor Haifischen warnten, wenn meine Schwester und ich zu weit hinausschwimmen wollten.

(2) Viele Jahre später hatte ich ein zweites einschneidendes Angsterlebnis. Es war im Skiurlaub. Mein Mann hatte die Kinderbetreuung übernommen, und damit war ich an diesem Nachmittag frei, mich zu bewegen, wohin mich meine Neugier trieb. Ich wollte das Skigebiet, in dem wir Urlaub machten, möglichst weiträumig erkunden und war in eine Gondel gestiegen, die, das merkte ich erst, als sie bereits aus der Talstation schwebte, ziemlich überfüllt war. Ich konnte mich nirgends festhalten, sämtliche Stangen und Griffe waren entweder nicht in meiner Reichweite oder von anderen besetzt. Ich steckte mit meinen Stöcken und Skiern zwischen den Menschen, sah aber, dass sich die Gondel mehr und mehr ins Freie, über ein breites, tiefes Tal hinausbewegte. Die nächste Stütze schien unendlich weit entfernt zu sein, auf dem gegenüberliegenden Berg. In diesem Moment wurde mir flau im Magen, und mein Kopf füllte sich mit Nebel. Da ich zu diesem Zeitpunkt gelernt hatte, anders mit meiner Angst umzugehen als im Volksschulalter, gestand ich mir zum einen ein, dass ich in diesen Augenblicken eine heftige Angst erlebte. Ich ging leicht in die Knie, atmete tief aus und ein, schloss die Augen, versuchte, mich auf meine Füße in den harten Skischuhen und meinen festen Stand darin zu konzentrieren und spürte, wie die Menschen mich und die Kabinenwände uns alle umschlossen hielten. Meine Knie

und Oberschenkel begannen leicht zu zittern. Ich atmete weiter so tief wie möglich und dachte: Es ist nicht sehr wahrscheinlich, dass ein Unglück passiert; denn diese Gondel fährt dieselbe Strecke viele Male während der Saison tagein, tagaus. Sollten wir doch in den nächsten Minuten hier abstürzen, und bei diesem Gedanken wurde ich erstaunlicherweise ruhiger, dann wird es so sein. Zwar kenne ich keinen einzigen von diesen Menschen, die um mich herumstehen, aber ich bin wenigstens nicht allein. Mein Mann ist bei den Kindern. Begonnene Arbeiten werden andere weiterführen. Ich versuchte, mit meiner Aufmerksamkeit hier und in der Gegenwart zu bleiben und genau auf alles zu achten, was passierte. Ich bemühte mich, meinen Atem nicht zu drosseln, sondern möglichst gleichmäßig weiter fließen zu lassen.
Und damit trat eine weitere Beruhigung ein, ein Gefühl, dass mir, solange ich bei mir war, nichts wirklich Schlimmes passieren konnte. Das Zittern in meinen Beinen bis ins Becken und den Bauch hinein hielt noch eine Weile lang an und ebbte dann allmählich ab. Da näherte sich die Gondel auch schon der nächsten Stütze, das Seil glitt über die Rollen, die Gondel und wir Menschen in ihr schwankten, bevor wir weiter auf die am anderen Berg gelegene Station zuschwebten.

Was hier gelungen ist: Ich konnte mein Gefühl annehmen, durchleben und anschließend wieder in einen ausgeglichenen Zustand zurückkehren. Ein Ablauf, der mir Jahre später in dem sehr lesenswerten Buch von Penelope Young Andrade (2011) klar formuliert entgegenkam: »Weine, wenn du traurig bist, hör auf, wenn es vorbei ist. Und fühle dich rasch wieder wohl!« (Übers. d. Verf.)

Was ist Angst? – Verschiedene Erscheinungsformen

Angst als Lern- und Entwicklungsanreiz. Angst entsteht, wenn wir uns mit Situationen konfrontiert sehen, denen wir uns nicht gewachsen fühlen, für deren Bewältigung unsere Fähig- und Fertigkeiten (noch) nicht ausreichen. Gemäß Hüther (2012) gehört

Angst zu den in der Evolution ältesten Gefühlen. Bereits Darwin, schreibt er, habe die Bedeutung von Stress-Reaktionen als Richtungsgeber für Entwicklungen erkannt. Aus Angst, und wenn es uns gelingt, die herausfordernde Situation zu meistern, lernen wir.

Angst als Warnung. Angstempfindungen warnen uns vor Risiken und Gefahren: Wenn ich zu hoch hinaufklettere, kann ich abstürzen und mich verletzen oder gar mein Leben verlieren. Wenn ich meine Mitmenschen beleidige und missachte, werden sie es mir unter Umständen heimzahlen; das täte weh. Wenn ich trotz schlechten Wetters eine geplante Bergtour starte, bringe ich mich in Lebensgefahr. Wenn ich mich für diese Stelle entscheide, könnte ich es bereuen. Wenn ich alles auf eine Karte setze, riskiere ich, alles zu verlieren.

In manchen seelischen Zuständen, wie z. B. in submanischen oder manischen Zuständen (s.u., Abschn. 5.4 Trauer) ist das Angstempfinden herabgesetzt. Auch nach Hirnverletzungen können die einschlägigen Zentren außer Funktion sein und den betreffenden Menschen in große Schwierigkeiten bringen. Für Entscheidungen genügt es nämlich nicht, alle Vor- und Nachteile vernünftig abzuwägen, bzw. es würde viel zu viel Zeit in Anspruch nehmen. Wir sind unbedingt auch auf unser »Bauchgefühl«, d. h. emotionale »Stellungnahmen« zu den verschiedenen Möglichkeiten, angewiesen – und da gehört die Angst dazu.

Schutz oder Hindernis? Angst mobilisiert Wachsamkeit und körperliche Energien, damit wir fliehen können, wenn eine tödliche Gefahr droht oder ausweichen und eine direkte Auseinandersetzung vermeiden, wenn uns ein Gegner übermächtig erscheint; sie unterstützt uns darin, die Finger von Dingen zu lassen, die uns in ernste Schwierigkeiten bringen würden.

Angst beschützt uns aber nicht nur, sie kann uns auch zu stark hemmen und unsere Lebensbewegungen so stark einengen oder gar ganz verhindern, dass wir allen Mut verlieren, geringste Herausforderungen vermeiden und uns »zu Tode schützen« (Kast, 2015).

Ob wir unsere Angst in einem für uns gesunden Maß meistern oder ob sie uns am Leben hindert, ist eine individuell immer wieder neu zu prüfende Frage.

Angst als Ratgeber. Alle Menschen haben Angst – vor ganz unterschiedlichen Dingen, vor Großem, existenziell Bedeutendem oder vor Kleinigkeiten. Ob diese Angst unser Denken und Handeln allerdings beherrscht oder ob sie nur einer unter mehreren »inneren Ratgebern« ist, muss jeder Einzelne für sich klären. Den Sorgen und Bedenken stehen Wünsche, Neugier, Ziele, Pläne und Lebenslust gegenüber.

Extrembergsteiger z. B. setzen ihr Leben aufs Spiel. Aber die subjektive Befriedigung, die sie aus der Bezwingung eines Gipfels ziehen, mag ein Ziel sein, das sie bestimmte Risiken eingehen lässt. Trotzdem prüfen auch sie, ob die Wetterverhältnisse günstig sind, bemühen sich um die bestmögliche technische Ausrüstung, testen, ob ihre Teamkollegen vertrauenswürdig sind, ob ihre gesundheitliche Verfassung und Kondition einen Besteigungsversuch zulassen. Die Angst vor den möglichen Gefahren ist hier also ein »guter Ratgeber«.

Eine Mutter von vier kleinen Kindern wird nicht einmal erwägen, etwas Derartiges zu unternehmen, selbst wenn sie außergewöhnlich sportlich ist und in jungen Jahren Hochgebirgstouren mitgemacht hat. Bis ihre Kinder halbwegs erwachsen sind, wird sie mit großer Wahrscheinlichkeit auf Projekte dieser Art verzichten.

Kontrollierbarer und unkontrollierbarer Stress – Abläufe im Gehirn. Angstauslösende Situationen, Personen oder Gegenstände verursachen Stress, sie sind Stressoren. Was passiert nun, wenn wir darauf reagieren? Jede Reaktion auf einen Stressor beginnt mit einer unspezifischen Aktivierung kortikaler und limbischer Hirnstrukturen (s. Abb. 5), die das zentrale und das periphere noradrenerge Sytem aktivieren. Es entsteht eine Erregung, die den ganzen Organismus erfasst. Wird eine Lösung gefunden, kommt es zum Abklingen der Erregung. Nervenzellverbindungen, die zur Lösung geführt haben, werden stabilisiert und für ein nächstes Mal leichter gangbar gemacht (Bahnung). Wenn keine Lösung gefunden wird, wird die Stressreaktion als unkontrollierbar erlebt. Sie nimmt an Intensität zu und/oder dauert länger an als für den betroffenen Menschen zuträglich ist. Stressreaktionen beginnen im Gehirn, wirken sich aber auch auf dieses aus. Sie führen zu Nervenzellwachstum, zur Herstellung von Verbindungen oder zum Absterben von Zellen und Vernetzungen (Re- und Degeneration). Auf Dauer führt die wiederholte Konfrontation mit unkontrollierbaren Stressoren zu einer Verhaltenshemmung bzw. einem Zustand von Hilflosigkeit (s. a. Kap. 4 Trauma).

Stressreaktionen sind in aller Regel mit Angstempfindungen verbunden, die sich auf ein Scheitern, persönliches Versagen, Spott und Hohn, auf ein Vernichtet-Werden, ein Nicht-Erreichen von Anerkennung, Ausgeschlossen- und Verlassenwerden beziehen können. Um der Angst zu begegnen, sind sowohl der Erwerb von Fähigkeiten und Fertigkeiten zur Bewältigung von Problemen wie auch ein Aufsuchen von sozialer Unterstützung, Geborgenheit und Nähe geeignete Strategien. Das Nicht-Wahrnehmenwollen von real existierenden Gefahren und Bedrohungen ist hingegen ein eher ungeeigneter Weg zur Angstbewältigung.

Bei Stress werden das zentrale und das periphere (Sympathikus) noradrenerge System aktiviert, um den Organismus zu erhöhter Aufmerksamkeit zu bewegen und auf Flucht oder Angriff vorzubereiten. Katecholaminerge Kerne des Hirnstamms werden aktiviert, was eine Steigerung der zerebralen Durchblutung, eine vermehrte Glukoseaufnahme, einen erhöhten Energiestoffwechsel sowie eine globale Erhöhung der Wachsamkeit bewirkt; synaptische Bahnungsprozesse und Nervenzellwachstum werden gefördert. Bei kontrollierten Stressreaktionen geschehen zentralnervöse Anpassungsprozesse – auch im dopaminergen und serotonergen System (Hüther, 2012).

Wir lernen etwas Neues schnell und nachhaltig, wenn das noradrenerge System in unserem Gehirn aktiviert ist. All diejenigen Verschaltungen, die zur Lösung des Problems beigetragen haben, werden ausgebaut und effektiver gemacht. Wir werden selbstbewusster. Das Gehirn belohnt uns für erfolgreiches Verhalten. In der Sozialisation entscheiden vor allem nahe Bezugspersonen darüber, ob ein Verhalten als erfolgreich einzuschätzen ist oder nicht.

Unkontrollierbarer Stress

Wie in Kapitel 2 und 3 bereits erwähnt, antworten wir auf emotional belastende Situationen unter anderem mit einer vermehrten Ausschüttung von Stresshormonen (z. B. Adrenalin, Noradrenalin und Cortisol). Hormone sind Botenstoffe, die von Drüsen produziert und im Blutkreislauf zu Zielorganen transportiert werden, um deren Physiologie und Verhalten zu beeinflussen. Eine ständige Anflutung von Stresshormonen trägt dazu bei, dass bereits ausgebildete Strukturen und Verschaltungen nach und nach wieder aufgelöst werden. Langfristig erhöhte Glukokortikoidspiegel führen zur Degeneration von Nervenzellen und zur Löschung von zur Lösung ungeeigneten Verhaltensweisen. Es findet eine Destabilisierung und Auflösung bisher stabiler Verbindungen statt. Dadurch werden einerseits die Entwicklung neuer Bewältigungsstrategien, sowie grundlegende Veränderungen im Denken, Fühlen und Handeln überhaupt erst möglich. Das kann jedoch andererseits auch zu einer Gefahr für unsere geistige, emotionale und körperliche Integrität werden. Grundsätzlich wird eine Destabilisierung des Systems als notwendige Voraussetzung für eine Neuorganisation seiner inneren Ordnung angesehen. Herausforderungen stimulieren die Spezialisierung und verbessern die Effizienz bereits bestehender Verschaltungen. Als Triebfeder für jede Art von Lernen ist in den meisten Fällen auch eine Angstkomponente enthalten.

Angststörungen

Bisher ging es um weitgehend normale Angst- und Stress-Reaktionen. Das im Prinzip überlebensnotwendige Erleben von Angst kann jedoch auch problematische bzw. krankhafte Formen annehmen und in eine Angststörung münden. Von einer Angststörung spricht man, wenn Angsterleben übermäßig lang anhält, wenn Grübeln und Sorgen die Gedanken dominieren oder wenn Angst zu Vermeidungsverhalten führt und die Lebensführung des Betroffenen sicht- und spürbar einschränkt.

Erhöhte Ängstlichkeit. Manche Menschen tendieren zu einer erhöhten Ängstlichkeit. Diese, insbesondere eine gesteigerte Wahrnehmung für körperliche Symptome, ist zu einem gewissen Teil genetisch veranlagt. Man spricht von einem ängstlichen Temperament. Zu einem anderen Teil kann Ängstlichkeit erlernt sein, d.h. sie basiert auf entsprechenden Vorerfahrungen (z. B. wenn man als Kind geschlagen oder häufig allein gelassen wurde). Es gibt andererseits Menschen (Männer häufiger als Frauen), die Angst auslösende Situationen gezielt aufsuchen, um den damit verbundenen Angstkitzel lustvoll zu erleben.

Angststörungen lassen sich grob in Panikstörungen, Phobien und generalisierte Angststörungen unterteilen.

Panikstörungen. Sie treten plötzlich und unvorhergesehen auf; sie bauen sich über mehrere Minuten auf und versetzen den Körper in Höchstleistungsbereitschaft; große Mengen von Stresshormonen werden freigesetzt; es handelt sich um eine sympatikotone Reaktion. Panikanfälle sind häufig mit Todesangst verbunden.

Phobien. Phobien gehen oft auf prägende Erlebnisse zurück und sind Ängste vor bestimmten Situationen oder Objekten. Sie führen zu Vermeidungsverhalten (z.B. Angst vor Spinnen, soziale Ängste).

Generalisierte Angststörung. Hierunter versteht man eine unspezifische Ängstlichkeit, die mit einem großen Sicherheitsbedürfnis und einer deutlichen Einschränkung des Lebensradius verbunden ist.

Eine Reihe von Angststörungen wird am Modell erlernt, d.h. von Kindern entwickelt, deren Eltern bereits eine erhöhte Angstbereitschaft haben.

Krankhafte Ängstlichkeit – Was kann man dagegen tun?

Beispiel

Ein junger Mann nimmt zusammen mit Berufskollegen an einem Wochenendausflug teil. Bei einer Wanderung bemerkt er schon beim ersten Anstieg im Wald hinter dem Hotel, dass sein Herz schneller schlägt als gewöhnlich. Und er gerät in Angst. Er beginnt, schnell zu atmen und bekommt einen trockenen Mund. Mittlerweile rast sein Herz, und kurz, bevor er »erschöpft zusammenbricht«, erlebt dieser Mann die angstvolle Qual einer felsenfesten Überzeugung, dass er jetzt an einem Herzinfarkt sterben wird.
Hätte sich ein Vorfall wie der beschriebene bereits mehrmals ereignet und zu einer Angststörung entwickelt, würde der Betreffende dazu neigen, keine Ausflüge mehr mit Kollegen zu vereinbaren, körperliche Anstrengungen, insbesondere die Überwindung von Höhenunterschieden, Treppen- und Bergsteigen zu vermeiden.

Grundsätzlich gilt bei Problemen mit Angst: In bedrohlichen Situationen entscheiden wir – unserem Temperament bzw. unserer Persönlichkeit entsprechend – quasi »automatisch«, ob wir flüchten oder kämpfen. Sobald wir Abstand von der Gefahrenquelle oder diese unter Kontrolle gebracht haben, setzt wieder unser bewusstes Denken ein. Dann ist es ratsam, sich auf das Erleben im Hier und Jetzt zu konzentrieren und sich zu fragen, ob etwas korrigiert werden sollte. Sollten wir uns zum Beispiel nach der anfänglichen Flucht und dem Rückzug doch mit dem »Gegner« auseinandersetzen? Können wir jemanden um Hilfe bitten? Wäre es ratsam gewesen, der Erfahrung nicht auszuweichen und das uns Begegnende nicht zu vermeiden?

In einer Reihe von Fällen ist es angezeigt, das, was ängstigt, genau anzuschauen und unter Umständen direkt darauf zuzugehen – ein Nachbar z. B., der durch lautes Schimpfen einschüchtert.

Man kann üben standzuhalten, ihn ausschimpfen zu lassen und dann eine Gegenmeinung zu formulieren.

Die Behandlung von Angststörungen ist eine Domäne, die von der Verhaltenstherapie seit langem als Spezialgebiet beansprucht wird. Dort wurden einschlägige Techniken zur Behandlung von Ängsten entwickelt (z. B. Schmidt-Traub, 2008, 2014), deren Wirksamkeit gut belegt ist.

Tatsächlich wurden entsprechende Vorgehensweisen auch im Rahmen anderer Psychotherapiemethoden entwickelt und angewandt. Menschen, die an Angststörungen leiden, profitieren davon, sich gezielt mit den für sie Angst auslösenden Situationen zu konfrontieren. Das kann zu Beginn überflutend wirken, führt mit der Zeit aber zur Gewöhnung und einem Schwächerwerden von Angstempfindungen.

Betroffene erleben, dass sich Angst auf- und auch wieder abbaut und vergeht. Man kann mit der Vorstellung von Angstsituationen arbeiten oder entsprechende Situationen direkt aufsuchen. Wichtig ist dabei, nicht aufzugeben und nicht abzubrechen. Eine Information ist für Betroffene grundlegend: Im Angsterleben passiert nichts wirklich Schlimmes.

Es geht nicht darum, Angstgefühle aus dem eigenen Leben zu verbannen; das wäre durchaus gefährlich. Vielmehr gilt es, den Umgang mit der Angst zu üben, um sich nicht von ihr beherrschen zu lassen, sondern sie zu meistern.

Maßnahmen zur Bewältigung von Angstproblemen

- Eine geeignete Form finden, um sich mit dem Angst auslösenden Objekt zu konfrontieren,
- Kompetenzen für die Auseinandersetzung erwerben bzw. verbessern,
- sich auf das Hier und Jetzt, d. h. den ersten nächsten Schritt fokussieren und Schritt für Schritt weitergehen,
- den Atem vertiefen,
- den zeitlichen Verlauf von Angstgefühlen kennen (lernen) und eine erhöhte Toleranz für die damit verbundenen Emp-

findungen entwickeln, d. h. sich dem Angsterleben stellen anstatt es zu vermeiden.

Im Folgenden werden nun einige herkömmliche Übungen beschrieben, die der Bewältigung von unangemessenen Ängsten dienen.

Übung 15

Pessimistische Grundüberzeugungen überprüfen

Angstpatienten äußern oftmals die Sorge, ohnmächtig zu werden. Ohnmacht geht mit einem flachen Atem und einer starken Gefäßerweiterung einher. Es handelt sich dabei um eine parasympathische Reaktion. Angst hingegen ist eine sympathische, also antagonistische Reaktion. Es ist deshalb nahezu ausgeschlossen, dass man während eines Angstanfalls ohnmächtig wird. Es gilt zu fragen, mit welcher Wahrscheinlichkeit ein befürchtetes Ereignis (z. B. die Ohnmacht) eintreten kann und ob dies realistischerweise überhaupt möglich ist. Die Erkenntnis, dass z. B. eine Ohnmacht während eines Angstanfalls eigentlich gar nicht möglich ist, kann die Angst davor deutlich reduzieren. Das heißt, in vielen Fällen ist ein Gespräch mit einem vertrauten Menschen oder einer Fachkraft hilfreich, bei dem man die mit dem befürchteten Ereignis verbundene Faktenlage prüft.

Übung 16

Den Teufel an die Wand malen

Manchmal hilft es, sich das Schlimmste vorzustellen und durchzudenken: Was wäre (zu tun), wenn das Schlimmste einträte? Oft ist dieses Schlimmste der eigene Tod. Auch hier wirkt das Aussprechen und Erörtern des Befürchteten in aller Regel beruhigend und Angst mindernd, vorausgesetzt, die Gesprächspartnerin hat selbst ein hinreichend gelassenes Verhältnis zu den befürchteten Katastrophen. Da Ängste häufig »vorausschauend« sind, d. h. sich auf zukünftige Ereignisse beziehen, ist auch eine Einladung in den gegenwärtigen Moment (nach Erörterung des Befürchteten) nützlich. Wie fühle ich mich jetzt? Was sehe, höre ich? Was ist? Notieren Sie ein paar Ihrer Einfälle, Gedanken und Erkenntnisse.

Übung 17

Ermutigende Sätze formulieren

Überlegen Sie sich ermutigende Sätze, wie z. B. »Ich werde es schaffen.« »Ich kann standhalten.« usw. Schreiben Sie sie ggf. auf und tragen Sie sie bei sich oder bringen Sie sie in Ihrer Wohnung an gut sichtbaren Stellen an, um sie bei Bedarf gegenwärtig zu haben.

Übung 18

Sich vom Problem distanzieren

Während sich die Angstreaktion aufbaut, kann es hilfreich sein, die Aufmerksamkeit auf etwas anderes zu richten: Fäuste ballen und lösen; Bauchatmung üben; ein Gedicht aufsagen; von 100 rückwärts zählen etc. Eine derartige Ablenkung hilft dabei, eine gewisse Distanz zwischen sich und das (angstauslösende) Problem zu bringen und dadurch die akute Angst zu reduzieren.

Übung 19

Angst bewusst erleben (Exposition)

Indem Sie eine bestimmte Angstsituation bewusst erleben, können Sie erfahren, dass die gefürchteten Konsequenzen nicht eintreten. Bereits kleine Fortschritte stärken die Motivation, das Bewältigungstraining fortzusetzen (vgl. Beispiel 2 am Anfang dieses Kapitels und verwenden Sie das Arbeitsblatt 5 zur Unterstützung).

Übung 20

Trainieren von Kompetenzen; proaktives Zugehen auf das Problem

Ängste entstehen, wenn sich jemand bestimmten Herausforderungen nicht gewachsen fühlt (s. a. Kap. 3 »Stress und Erregung« sowie das Arbeitsblatt 3 zu Übung 8 »Analyse der Belastungssituation« und Arbeitsblatt 4). Solche Quellen ängstlicher Beunruhigung gilt es zu »entkräften«.

- Beschreiben Sie die Herausforderung, mit der Sie konfrontiert sind, möglichst genau.
- Welches Ziel möchten Sie erreichen?
- Welche Fähigkeiten und Ressourcen stehen Ihnen dafür zur Verfügung?
- Beginnen Sie mit der Umsetzung erster Lösungsschritte.
- Überprüfen Sie in regelmäßigen Abständen, wie weit Sie sich Ihrem Ziel genähert haben.

Grundsätzlich empfiehlt es sich natürlich, auf die eigene Gesundheit zu achten: Alkohol, Nikotin und Zucker werden oft vermeintlich als Beruhigungs- und Entspannungsmittel eingesetzt. Tatsächlich sind sie Stress- und damit häufig auch Angstauslöser. Sie sollten, wenn überhaupt, nur in geringen Mengen konsumiert werden. Diese Substanzen greifen über verschiedene Mechanismen (Andocken an Nervenzellen im Gehirn, Anregung von Hormonausschüttungen; Einwirkungen auf den Glucosestoffwechsel) in die normale Funktion biochemischer Vorgänge im Körper ein und bewirken auch psychische Veränderungen (z. B. bei hohem Zuckerkonsum besteht ein erhöhtes Depressionsrisiko). In milder Form dient Sport dem Abbau von Energien, die bei Angstanfällen umsonst bereitgestellt wurden (Vorbereitung auf Kampf oder Flucht). Eine übermäßige Angstneigung lässt sich auch mit regelmäßiger körperlicher Bewegung beeinflussen. Denn nicht zuletzt gilt: Wer Vertrauen zu seiner körperlichen Verfassung hat, fühlt sich (nicht nur körperlichen) Auseinandersetzungen besser gewachsen.

Phobien. Bei Phobien empfiehlt sich eine Konfrontation mit dem gefürchteten Objekt oder mit der gefürchteten Person – zunächst nur in der Vorstellung, später tatsächlich; hierzu können Angsthierarchien erstellt und abgearbeitet werden (s. a. die Übungen 17 und 18).

Generalisierte Angststörungen. Bei generalisierten Angststörungen ist darauf hinzuarbeiten, die innere Anspannung bewusst wahrzunehmen und zu beeinflussen, z. B. durch Entspannungsverfahren, wie die Progressive Muskelentspannung (Hofmann, 2012), Yoga (Iyengar, 2014), Tai Chi oder Chi Gong (Wu et al., 2008) u. a. (s. Übungen 5b, 11 und 12).

Sorgen und Grübeleien. Bei anhaltenden Sorgen und Grübeleien empfehlen sich wiederholte Wirklichkeitsüberprüfungen; die Sorgen können geordnet und mutig zu Ende gedacht werden; man stellt sich vor, die Angst zu erleben, die dann eintritt, und damit umzugehen. Wenn ein Student z. B. Angst hat, das begonnene Studium nicht zu schaffen, sollte er die Prüfungsergebnisse des letzten Semesters mit denen seiner Mitstudenten vergleichen, um festzustellen, dass sich seine Leistungen im oberen Drittel des Spektrums bewegen. Oder er könnte andere fragen, wie sie ihn und seine Chancen einschätzen.

Gespräche – Kognitive Auseinandersetzung mit der Angst

Gespräche mit einem Freund/einer Freundin oder einer Fachperson, auch ein sorgfältiges und bewusstes Zwiegespräch mit sich selbst (evtl. unter Zuhilfenahme eines Arbeitsblattes, hier Arbeitsblatt 3 und 4 in den Online-Materialien), können für die Klärung von unangemessen groß erscheinender Angst hilfreich sein. Generell empfiehlt es sich auch hier, Ihr Notizbuch zu nutzen, in das Sie auftauchende Fragen, Einfälle, Vermutungen, Erinnerungen und Antworten notieren.

Oftmals speisen sich Ängste aus unverarbeiteten früheren Erlebnissen, z. B. als man selbst Kind war, sich hilflos fühlte, Todesangst hatte und sich ganz verlassen fühlte. Wenn solche Erfahrungen bearbeitet und ins eigene Leben integriert werden, verlieren die Ängste in der Gegenwart in aller Regel an Macht.

Im Folgenden möchte ich die bisher beschriebenen klassischen kognitiv-behavioralen Techniken noch um einige körperbezogene Übungen erweitern.

Übung 21

Körperempfindungen erkunden

Bei *Panikstörungen* empfiehlt sich außerhalb von Panikattacken eine Annäherung an gefürchtete körperliche »Symptome«, wie bspw. Schwindelgefühle. Davor fürchten sich nämlich die meisten der Betroffenen. Nehmen Sie sich Zeit, um sich klar zu werden, vor welchen Symptomen Sie sich fürchten; notieren Sie sie gegebenenfalls. Machen Sie sich nach und nach mit verschiedenen Körperempfindungen vertraut.

Atmung. Lenken Sie zum Einstieg Ihre Aufmerksamkeit auf den Atem. Was spüren Sie? Ist er gleichmäßig, unregelmäßig, tief oder flach? Wie fühlt es sich an, so zu atmen? Kommen dabei bestimmte Gedanken auf? Verändern Sie nun Ihre Atmung, indem Sie einige Atemzüge lang z. B. sehr tief und langsam oder schnell und flach atmen. Probieren Sie verschiedene Arten zu atmen aus und nehmen Sie bewusst wahr, was Sie dabei spüren. Welche Gedanken und Bilder kommen dabei auf? Notieren Sie Ihre wichtigsten Beobachtungen.

Herzschlag. Bei Angst beschleunigt sich unser Herzschlag. Versuchen Sie nun, Ihren Herzschlag z. B. durch Joggen oder Treppensteigen absichtlich zu beschleunigen. Beobachten Sie dabei, wie sich Ihr Empfinden verändert. Führen Sie diese Betätigung an mehreren Tagen hintereinander aus. Zählen Sie die Herzschläge pro Minute, bevor Sie beginnen und zählen Sie wieder, sobald Sie aufhören, bevor Sie wieder zur Ruhe kommen. Notieren Sie, wie lange Sie Treppen steigen oder joggen, bis Ihnen das Herzklopfen und Außer-Atem-Kommen unangenehm wird. Nimmt Ihre Ausdauer über den Beobachtungszeitraum hinweg zu? Ändert sich die Herzfrequenz. Wie? Zu Beginn der körperlichen Betätigung? Beim Aufhören? Notieren Sie die Werte über mehrere Tage hinweg.

Schwindel. Setzen Sie sich breitbeinig auf einen Stuhl. Stützen Sie Ihre Hände auf die Oberschenkel und lassen Sie Ihren Kopf mit einem kräftigen Ausatemstoß zwischen Ihren Knien in Richtung Boden »fallen«. Richten Sie sich langsam wieder auf. Wiederholen Sie diese Übung drei bis fünf Mal.

Begeben Sie sich anschließend in einen Raum, dessen Boden mit einem Teppich ausgelegt ist. Es sollte nach Möglichkeit ein bequemer Sessel, ein Sofa oder ein Bett in diesem Zimmer stehen. Beginnen Sie, sich zunächst langsam um sich selbst zu drehen. Werden Sie immer schneller, bis Sie an Ihre Grenze des Erträglichen kommen. Halten Sie an. Wenn Sie stehen können, bleiben Sie stehen und versuchen Sie nachzuspüren, was diese Bewegung in Ihnen ausgelöst hat. Was fällt Ihnen auf? Welche Gedanken, eventuell Bilder tauchen auf? Falls Sie sich zu schwindlig fühlen, setzen oder legen Sie sich hin, um nachzuempfinden.

Machen Sie sich Notizen über besondere Beobachtungen in Ihr Heft.

Wiederholen Sie die Übung nach der anderen Seite hin.

Auch hier empfiehlt es sich, die Übung mehrere Tage lang hintereinander durchzuführen und festzuhalten, ob Sie die

Anzahl Ihrer Drehungen oder das Tempo steigern können, bevor Ihr Unbehagen einsetzt und Sie anhalten müssen. Hierzu können Sie das Arbeitsblatt 6 aus den Online Materialien verwenden.

Chronische Spannungsmuster explorieren

Wer als Kind häufig Ohrfeigen einstecken musste, wird gewohnheitsmäßig bei der geringsten Schreckreaktion die Schultern hochziehen, um seinen Kopf zu schützen. Wem regelmäßig der Hintern versohlt wurde, kneift, um den Schmerz befürchteter Schläge weniger spüren zu müssen, gewohnheitsmäßig die Pobacken zusammen. Wer dafür bestraft wurde, wenn er oder sie Gefühlen von Wut, Zorn oder Begehren Ausdruck verleihen wollte (»Das macht man nicht in unserer Familie!«), wird sich als erwachsene Person hüten, in den Bauch zu atmen, wird das Zwerchfell angespannt halten und sich höchstens mit »gebremstem Schaum« zum Ausdruck bringen.

Solche muskulären Abwehrhaltungen, die der Vermeidung von weiteren Schmerzerfahrungen dienen, werden in aller Regel nicht bewusst wahrgenommen. Sie wurden in früher Kindheit »eingefleischt« und »springen« in bedrohlichen Situationen quasi automatisch als Schutzreaktionen »an«. Oder sie haben sich als gewohnheitsmäßige Dauerhaltungen fixiert und können, selbst wenn sie bemerkt und als nicht mehr funktional erkannt werden, willentlich häufig nicht aufgegeben werden.

Um solchen muskulären Mustern auf die Spur zu kommen, bedarf es entweder gezielter Körperübungen, die diese jeweils speziellen Haltungen ansprechen, oder ausdauernder und geduldiger Selbstbeobachtungen im Alltag. Im ersten Fall versucht man, diese muskulären Haltungsmuster zu erkennen und bewusst zu machen, diese dann zu verstärken, zu ermüden, zu lösen, oder leicht abzuwandeln. Im zweiten Fall stellt man sich Fragen etwa der Art: Was verändert sich wie in meinem Körper, wenn ich in Stresssituationen komme? Das kann sein, weil die Zeit für die Ausführung einer schwierigen Aufgabe zu knapp ist.

Oder weil ich einen Konflikt mit meiner Vorgesetzten habe. Oder meine Kinder unkonzentriert, unruhig sind und ich die Geduld verliere, weil sie zur Schule müssen. Es kann auch sein, dass ich meine Zähne zusammenbeiße, wenn ich durchhalten will und merke, dass meine Kräfte erlahmen. Ich ziehe die Schultern nach vorne, wenn mein Chef wieder einmal aggressiv wird usw.

Verselbstständigen sich solche Reaktionen, können sie zu chronischen Körperhaltungen werden und mit der Zeit Schmerzen verursachen. Verständlicherweise möchte man diese »loswerden«. Der Griff zum Schmerzmittel ist verführerisch. Ein langsamerer, aber m.E. nachhaltigerer Weg führt über die Erkundung der Entstehungsgeschichte und Funktion von Fehlhaltungen, indem man sich z. B. fragt: Wofür könnte diese Verspannung gut sein? Was (welche Körperhaltung, welche wiederholte Bewegung oder Bewegungsvermeidung) führt zu einem bestimmten Schmerz?

Übung 22

Mit der Willkürmuskulatur arbeiten

Emotionale Regungen bzw. Bewegungen gehen mit (Tonus-) Veränderungen in der Muskulatur einher. Da wir zumindest einen Teil unserer Muskeln, die sog. Willkürmuskulatur, willentlich beeinflussen können, bietet sich diese als Ansatzpunkt zur Gefühlsregulation an.

Sie fühlen sich z. B. zunehmend gestresst, weil Sie fürchten müssen, Ihr geplantes Arbeitspensum nicht in der dafür vorgesehenen Zeit zu schaffen. Sie stellen fest, dass Ihre Schultern nach oben wandern und sich Ihre Nackenmuskulatur verspannt. Verstärken Sie dieses Spannungsmuster bis zu einem gefühlten Maximum, um sich deutlich zu machen, was Ihr Körper da tut, eventuell auch, um zu klären, wozu diese Haltung nützlich sein könnte. Lösen Sie dann das Spannungsmuster Schritt für Schritt und entspannen Sie sich. Sobald die Angst wieder zunimmt, lassen Sie die Anspannung zu, verstärken Sie sie und lösen sie wieder.

Übung 23

Liegestütze oder Sitzstütze bei Angstüberflutung

Wenn Sie in einer Situation das Gefühl haben, dass Ihre Angst eine Intensität erreicht, die Sie überfluten wird, ergreifen Sie die Armlehnen Ihres Sessels und stemmen Sie sich etwa 20 cm über die Sitzfläche, d. h. allein Ihre ausgestreckten Arme müssen Sie tragen. Halten Sie diese Position etwa 10 Sekunden lang (falls Sie gut trainiert sind, bis 20 Sekunden). Wenn Sie keinen Sessel mit Armlehne zur Verfügung haben, legen Sie sich mit dem Bauch auf den Boden und machen Sie so lange Liegestütze, bis Ihr Angstgefühl wieder auf ein erträgliches Maß zurückgegangen ist.

Danach, sobald Sie sich wieder einigermaßen beruhigt haben, fragen Sie sich, was diese Angst ausgelöst hat. Und was der schlimmstmögliche Ausgang der gegenwärtigen Situation wäre.

Falls Sie noch Zeit haben, führen Sie anschließend die Übungen 13 und/oder 14 durch.

Menschen, die hauptsächlich mit ihrem Denken identifiziert sind, die körperliche Empfindungen nur schwach wahrnehmen, wenig Selbstbewusstsein und Standfestigkeit entwickeln konnten und sich schlecht verbunden mit ihrer Mitwelt fühlen, die sich fremd vorkommen, sind angstanfälliger als Menschen, die »mit beiden Beinen auf dem Boden stehen«. In der Bioenergetischen Analyse bezeichnet man letztere als in sich und ihrer Mitwelt verwurzelt und gut geerdet. Im Folgenden nun eine solche Erdungs-Übung, die Ihnen dabei helfen soll, sich deutlicher zu spüren und ein gestärktes Selbstbewusstsein zu entwickeln.

Übung 24

Zur Selbststärkung und Entspannung: Bioenergetische Erdungsübungen (Lowen & Lowen, 1977; Liebau, 2017; Schroeter & Thompson, 2018) in 3 Varianten:

Diese Übung lässt sich in drei Varianten durchführen – im Stehen, im Sitzen und im Liegen. Entscheiden Sie, was Sie bevorzugen, um sich zu erden.

Im Stehen. Stellen Sie sich mit parallelen und flachen Füßen, in etwa hüftbreitem Abstand hin. Die Knie sind leicht gebeugt. Wenn Sie mögen, schließen Sie Ihre Augen. Richten Sie Ihren Körper gegen die Schwerkraft von unten her auf, schwingen Sie Ihr Becken durch leichte Vorwärts- und Rückwärts- sowie Rechts- und Linksbewegungen auf eine Ihnen angenehme Position ein. Atmen Sie ein und strecken Sie dabei Ihre Wirbelsäule von unten her, Wirbel um Wirbel. Beim Ausatmen lässt diese Streckung dann schrittweise wieder nach. Bewegen Sie Ihre Schulterblätter nach hinten und nach vorn, bis Sie eine Ihnen angenehme Stellung gefunden haben. Richten Sie zuletzt Ihre Halswirbelsäule auf, neigen den Kopf leicht nach vorn, dann nach hinten, nach rechts und nach links, bis Sie eine Ihnen angenehme Position für Ihren Kopf gefunden haben. Stellen Sie sich vor, vorübergehend an einem Faden, der Ihren Scheitelpunkt in Richtung Decke, bzw. Himmel zieht, aufgehängt zu sein. Mit dessen Hilfe wird Ihr Rücken samt Nacken lang und nach oben gezogen. Lassen Sie alles, was sich schwer anfühlt, an den Boden abfließen. Atmen Sie ruhig einige Male ein und aus.

Im Sitzen. Spüren Sie die Sitzfläche des Stuhls unter Ihrem Becken, die Berührung der Sitzhöcker und Oberschenkel auf der Unterlage, das Getragensein im Sitzen. Stellen Sie Ihre Füße parallel zueinander in etwa hüftbreitem Abstand flach auf den Boden und lassen Sie auch hier alles, was sich schwer anfühlt, an den Boden abfließen. Schließen Sie, wenn Sie mögen, die Augen. Strecken Sie anschließend Ihre Wirbelsäule Wirbel für Wirbel. Suchen Sie eine angenehme Position für Ihren Kopf. Stellen Sie sich vor, vorübergehend an einem Faden, der Ihren Scheitelpunkt in Richtung Decke, bzw. Himmel zieht, aufgehängt zu sein. Mit dessen Hilfe wird Ihr Rücken samt Nacken lang und nach oben gezogen. Atmen Sie ruhig einige Male ein und aus.

Im Liegen. Legen Sie sich auf eine Decke oder den Teppich. Nehmen Sie die Auflagepunkte Ihres Rückens auf der Decke oder dem Teppich wahr. Übergeben Sie Ihr ganzes Körpergewicht dem Boden. Schließen Sie, wenn Sie mögen, die Augen. Spüren Sie, wie der Boden Sie trägt. Falls Sie Muskelanspannungen wahrnehmen, die diesem Sich-Überlassen entgegenwirken, wenden Sie sich mit Ihrer Aufmerksamkeit diesen zu, verstärken Sie die Spannung bis zu einem möglichen Maximum und lösen Sie die Spannung danach soweit wie möglich wieder. Wiederholen Sie dieses An- und Entspannen einige Male. Vielleicht können Sie in beide »Richtungen« bei jedem Mal ein Stückchen weiter gehen. Atmen Sie ruhig einige Male ein und aus.

Zur Vorbereitung für die nächste Übung sei hier noch einmal die Atemübung 1 empfohlen. Sie vertieft das Selbstempfinden und vermittelt ein Gefühl von gelingender Selbststeuerung über den Atem.

Übung 25

Hyperventilieren

Diese Art von Übung ermöglicht es, Angst intensiv zu erleben anstatt sie zu vermeiden. Führen Sie diese Übung am besten zusammen mit einer Person Ihres Vertrauens durch. Der Grund dafür ist nicht, dass die Übung per se gefährlich wäre, sondern weil man sie, ohne die Präsenz einer Person, der man vertraut und die zum Weitermachen ermutigen kann, aller Wahrscheinlichkeit nach zu früh abbricht. Auch kann man den spontanen Bewegungsimpulsen eher folgen, wenn jemand als Zeugin und als »Beschützerin« dabei ist, damit man nirgends anstößt. Es fällt dann unter Umständen leichter, sich »gehen zu lassen«, vor allem, wenn man diese Übung öfter durchführt und immer wieder auch mit vertauschten Rollen.

Für die Übung sind ca. 40 Minuten Zeit einzuplanen. Suchen Sie einen Raum auf, in dem Sie für diese Zeit ungestört sind. Breiten Sie eine Decke auf dem Boden aus. Legen Sie sich auf den Rücken, stellen Sie die Füße in ca. 30 cm Abstand parallel und flach auf den Boden. Beginnen Sie zu atmen, schneller und tiefer als gewöhnlich. Sollte Ihnen schwindlig werden, machen Sie eine Pause, spüren Sie die leichte Bewusstseinstrübung und Benebelung, atmen Sie dann weiter, sobald Sie sich bereit dazu fühlen, so lange, bis es in Ihren Fingerspitzen oder um Ihren Mund herum zu kribbeln beginnt. Halten Sie kurz inne. Welche Gedanken, welche Bilder, welche Bewegungsimpulse kommen Ihnen in den Sinn? Sprechen Sie aus, was Ihnen einfällt. Folgen Sie Ihren Impulsen. Vielleicht mögen Sie sich einigeln oder durch den Raum robben, krabbeln oder kriechen. Tun Sie das so lange, bis Sie müde werden und merken, dass Ihre »Reise« zu Ende geht. Sollten Sie spüren, dass der körperliche Zustand, in den Sie diese Übung bringt, unerträglich wird, halten Sie eine hohle Hand vor Ihre Nase und atmen Sie mehrmals Ihre abgeatmete Luft wieder ein; das bringt den CO_2-Gehalt Ihres Blutes auf ein normales Niveau zurück.

Die gleiche Wirkung können Sie auch erzielen, wenn Sie die Brücke oder ein paar Liegestütze, also ein paar körperlich anstrengende Übungen machen. Bevor Sie die Übung abbrechen, machen Sie vielleicht nur eine kurze Pause; sprechen Sie mit Ihrer Begleiterin über alles, was Ihnen schwer erträglich erscheint.

Ihre Vertrauensperson sitzt im Übrigen nur dabei und ist Zeugin des Geschehens. Sie unterstützt Sie und achtet darauf, dass Sie nirgends anstoßen oder sich an einem Gegenstand verletzen.

Unter Umständen beginnen Sie bei dieser Übung zu zittern, zuerst vielleicht Ihr Unterkiefer, möglicherweise Ihre Beine oder der ganze Körper. Versuchen Sie, weiter zu atmen und dieses Zittern, wo auch immer es sich zeigt, nicht festzuhalten, zu kontrollieren oder zu unterbrechen. Vielleicht mögen Sie sich sagen, dass Sie Angst haben: »Jetzt gerade habe ich Angst.« Wenn die Erregung langsam abflaut, können Sie sich fragen, wovor Sie Angst haben, was Sie zittern lässt. Vielleicht ist es auch ein rein körperliches Frösteln, ein Beben. Jedenfalls entladen sich die Spannungen in Ihren Muskeln in nicht willentlich gesteuerten, autonomen Bewegungen, welche, nachdem sie abgeklungen sind, in der Regel zu einer tiefen Entspannung führen.

Zusammenfassung

Angst wirkt hemmend und behindert, wenn sie anhält, unser Leben. Über chronische Muskelanspannungen kann sie zu Schmerzstörungen führen. Angst bewegt uns dazu, den Atem und damit wesentliche Stoffwechselprozesse einzuschränken. Das eigene Körperempfinden wie auch generell die Selbst- und Fremdwahrnehmung nehmen ab.

Andererseits mobilisiert Angst unsere Wachsamkeit; sie veranlasst den Körper, Energien (für Kampf oder Flucht) bereit zu stellen, und sie erhöht, wenn wir die bedrohliche Situation meistern, unsere Lernbereitschaft.

In akuten Angstsituationen reagieren wir quasi automatisch, d. h. aus sämtlichen bisher gemachten Erfahrungen wählen zuständige Schaltzentralen im Gehirn diejenigen Verhaltensmöglichkeiten aus, die sich in der Vergangenheit bewährt haben. Manchmal setzen sich dabei unwirksame Verhaltensweisen durch. Solche gilt es zu erkennen, zu unterbrechen, langfristig zu unterdrücken, und durch alternative, besser geeignete zu ersetzen.

Dafür ist es notwendig, sobald die akute Gefahr vorbei ist, die herausfordernde Situation zu analysieren (eine bevorstehende schwierige Prüfung, ein sportliches Duell vor Publikum): Wovor genau fürchte ich mich? Über welche Kompetenzen und Ressourcen verfüge ich, um die bedrohliche Situation zu bewältigen? Wie stark bin ich? Wie stark ist mein Gegner? Welche Wege und Lösungsmöglichkeiten stehen mir zur Verfügung?

Unterstützend bei der Angstbewältigung sind tragfähige menschliche Beziehungen – Partnerschaften und Freundschaften oder Fachleute im Rahmen von Therapien.

Nicht hilfreich ist es, dem Objekt der Angst auszuweichen und dauerhaft die Begegnung mit ihm zu vermeiden – vorausgesetzt, es handelt sich um ein grundsätzlich bewältigbares Problem, z. B. das Entfernen einer ungiftigen Spinne aus dem eigenen Schlafzimmer, das Besteigen eines Flugzeugs, Prüfungen o.Ä.

Folgende Punkte sind hilfreich zur Angstbewältigung:

- Ich übe, falls eine Angstsituation nicht meine sofortige Flucht verlangt, präsent zu bleiben, meine Aufmerksamkeit auf meine Körperempfindungen und die Wahrnehmung dessen zu fokussieren, was mich bedroht.
- Ich übe, meinen Atem zu vertiefen und auch bei steigender Angst möglichst tief und entspannt weiter zu atmen.
- Ich achte insbesondere auf Spannungen in meiner Muskulatur. Wo verspanne ich mich? Wofür könnte das gut sein? Was passiert, wenn ich loslasse? Was befürchte ich?
- Ich übe, unangenehme Gefühle zu tolerieren.

5.2 Ärger, Aggression, Wut und Zorn, Hass

Karsten erzählt, dass er seinen Chef nicht ausstehen könne. Es sei diese arrogante, selbstbezogene Art, die wohl schuld daran sei, dass dieser Chef nicht im Geringsten darüber nachdenke, wie es seinen Mitarbeitern gehe, was denen unangenehm oder angenehm sei, was sie dächten, fühlten oder bräuchten. Manchmal walle in ihm, Karsten, ein unbändiger, heißer Zorn auf diesen Mann auf.

Auf Nachfrage fährt er fort zu schildern, dass wenn er seine Augen schließe, der dicke Bauch seines Chefs auftauche. Dieser grässliche Bierbauch! In den würde er am liebsten reinschlagen.

Zu Entstehung und Erscheinungsformen von Ärger, Aggression und Wut

Heftiger Zorn und starke Aggressionen sind bedrohlich und entfalten, wenn sie ungehemmt das Verhalten von Menschen bestimmen, zerstörerische Wirkung. Zivilisation und Erziehung haben deshalb zum Ziel, diese Emotionen einzudämmen und zu kanalisieren, den Menschen beizubringen, sie zu beherrschen. Es gibt Regeln, wann, wer, unter welchen Bedingungen und bis zu welcher Grenze aggressiv auftreten darf. Und es gibt Gebote (z. B. »Du sollst nicht töten«) wie auch Gesetze, die entsprechende Grenzen vorschreiben; bei Übertretungen werden Strafen verhängt.

Gleichwohl gehören Wut und Ärger zu den bei Tieren, bei Menschen aller Kulturen und schon bei Neugeborenen beobachtbaren grundlegenden Emotionen, die dem Überleben dienen.

Im Folgenden soll anhand einiger Beispiele gezeigt werden, welche Probleme in diesem Bereich des Gefühlsspektrums auftreten können. Später werden einige Übungen vorgestellt, die bei der Regulation aggressiver Gefühle hilfreich sind, die z. B. dazu dienen, den emotionalen Ausdruck zu intensivieren oder abzuschwächen, ihn klarer auf ein Gegenüber auszurichten oder sich ungerichtet auszutoben. Der Ausdruck von Ärger und Wut kann je nach zugrundeliegender Persönlichkeit unterschiedlichen Zwecken dienen und bei den Mitmenschen unterschiedliche Reaktionen auslösen. Manche setzen aggressives Verhalten ein, um sich Aufmerksamkeit, Zuwendung und Respekt zu verschaffen, andere treten einschüchternd auf, um andere zu manipulieren und Macht auszuüben; wiederum andere sind schon bei geringsten Ärgerempfindungen nicht in der Lage, ihre aggressiven Impulse unter Kontrolle zu bringen und zurückzuhalten. Und schließlich gibt es Menschen, die gewalttätig werden, um eigenes Erleben von Schwäche und Angst zu vermeiden. Sie treten die Flucht nach vorne an.

Als Inbegriff eines zornigen Lebewesens kann man sich einen im Stierkampf gereizten und bereits verletzten Stier vorstellen. Das Autonome Nervensystem dieses kräftigen Tieres befindet sich in höchster Erregung, sämtliche ihm zu Gebote stehende Energie ist bereit gestellt. Alle Muskelkraft ist mobilisiert. Stier und Torrero kämpfen um ihr Leben.

Auch unter Menschen kommt es immer wieder zu Konfrontationen, in denen es um Leben und Tod geht. In Kriegen geht es um kollektive Machtkämpfe. Mord und Totschlag sind extreme Ausformungen individueller Auseinandersetzungen.

In gemilderter bzw. »alltäglicher« Ausprägung treten Gefühle des Themenkreises »Ärger, Aggression, Wut und Zorn« auf, wenn etwas nicht so verläuft, wie wir es uns wünschen, wenn wir uns wehren müssen oder etwas verändern wollen. Veränderungen in erwünschte Richtungen müssen – auch in sog. zivilisierten Gesellschaften – hin und wieder unter Einsatz von körperlichen Kräften, zumindest mit emotionalem Aufwand, erkämpft werden.

Ärger, Aggression und Wut treten auf, wenn wir verletzt wurden oder uns selbst verletzt haben, wenn uns jemand etwas wegnimmt oder unsere Grenzen übertritt, wenn wir nicht bekommen, was wir brauchen, unsere Bedürfnisse nicht befriedigt werden, wenn etwas anders ist als wir erwartet haben – kurz: Wenn zwischen Innen- und Außenwelt eine Diskrepanz wahrgenommen wird, die eine Veränderung der äußeren Umstände als wünschenswert und möglich erscheinen lässt. Gefühle von Ärger und Wut mobilisieren Kräfte. Wir plustern, pumpen oder blähen uns auf, um unseren Gegner zu beeindrucken und uns selbst stark zu fühlen. Wir werden laut und/oder gehen drohend auf den Gegner zu. Herzrhythmus und Atmung beschleunigen sich, um unser Blut vermehrt mit Sauerstoff und unsere Muskeln mit sauerstoffreichem Blut zu versorgen. Das erhöht unsere Kampfkraft. Glukose wird zur Verbrennung, d.h. Energiegewinnung, bereitgestellt. Die Verdauungstätigkeit in Magen und Darm nimmt ab, höhere Hirnfunktionen, wie z.B. analytisches Denken, werden »abgeschaltet«. Die ganze Aufmerksamkeit wird auf den Gegner und die Auseinandersetzung mit ihm fokussiert.

Menschen sind unterschiedlich wehrhaft und durchsetzungsfähig. Dies hängt von der körperlichen Konstitution, dem angeborenen Temperament und insbesondere von der hormonellen Ausstattung (z.B. ob jemand als Mann oder als Frau geboren wurde) ab, aber auch von den Lebenserfahrungen, die ein Mensch seit seiner frühen Kindheit gemacht und welche »Lektionen« er dabei gelernt hat.

In einer Familie mag Friedfertigkeit und Harmonie oberstes Gebot gewesen sein, weshalb man gelernt hat, auf die Austragung von Meinungsverschiedenheiten und Konflikten möglichst zu verzichten. In einer anderen Familie haben die Kinder gelernt: Schlagt zu, wehrt euch, sonst seid ihr verloren. Wer zu langsam ist, zieht den Kürzeren und zahlt drauf. Schaut, dass ihr euch selbst helft.

Manche Menschen ärgern sich, weil jemand ungerechtfertigte Kritik an ihnen übt, kriegen aber den Mund nicht auf, um diese zurückzuweisen. Oder sie empfinden Wut, weil sie sich übervorteilen ließen, bringen es aber nicht zu Wege, ihren Ärger gegenüber den Verursachern auszudrücken. Eher brechen sie in Tränen aus, wenn es wieder einmal passiert ist. Und es liegt ihnen näher, zu resignieren, als sich zur Wehr zu setzen.

Andere Menschen erleben – oft zu ihrer eigenen Verwunderung –, dass sie in bestimmten Situationen »ausrasten«, dass gewisse Personen Wutempfindungen in ihnen auslösen. Aber oft wissen sie nicht, worauf sich ihr Zorn genau bezieht. Sie wissen nicht zu sagen, was andere ihnen angetan haben, um die Intensität ihrer Gefühle zu rechtfertigen. Sie fühlen lediglich Zeit überdauernd eine gewisse Wut und einen dumpfen Groll in sich brodeln, ohne diese erklären zu können. Oft merken sie nicht einmal so richtig, wie viel Ärger sie in sich angestaut haben. Manchmal sprechen andere sie auf ihr unfreundliches Gesicht an oder auf die Spannung, die sie verbreiten, sobald sie einen Raum betreten.

Um nochmals auf das Eingangsbeispiel von Karsten zurückzukommen: Es stellte sich heraus, dass der erwähnte Vorgesetzte Karsten an seinen Vater erinnert. Dieser war in der Hitlerjugend sozialisiert worden und hatte im zweiten Weltkrieg am sog. Russlandfeldzug teilgenommen. In der Familie habe er nie über seine Kriegserlebnisse gesprochen, habe aber einen Großteil seiner Freizeit in Bars und Kneipen, rauchend und Bier trinkend mit etwa gleichaltrigen männlichen Kollegen verbracht. Karsten kann sich nicht daran erinnern, dass sein Vater jemals liebe- oder lustvoll mit ihm gespielt habe. Um ihn aber zu einem »richtigen Mann« zu erziehen, habe er ihn hin und wieder zu Mutproben mitgenommen, z. B. ins Schwimmbad, ihn dort auf das 10-Meter-Brett geführt und von ihm verlangt, dass er ins Wasser springe. Für »Feigheit« erntete Karsten Verachtung. Dann sprach der Vater oft tagelang nicht mit ihm. Karstens Gefühle seinem Chef gegenüber scheinen also in biografischen Vorerfahrungen zu wurzeln.

Im Folgenden sollen konkrete Schwierigkeiten und Bearbeitungsmöglichkeiten im Umgang mit Ärger, Wut und Zorn geschildert werden.

Der schwierige Umgang mit Ärger, Aggression, Wut und Zorn

Wie gehen wir mit Gefühlen wie Ärger, Aggression, Wut und Zorn um? Wie nehmen wir sie wahr und wie kommen sie zum Ausdruck? Können wir unseren Ärger klar und der Situation angemessen zum Ausdruck bringen oder schlucken wir erst einmal alles runter, um dann irgendwann zu explodieren? Viele Menschen haben Schwierigkeiten im Umgang mit diesen Gefühlen. Das hat verschiedene Gründe:

- Die entsprechenden Gefühle werden nicht klar wahrgenommen. Sie brodeln im Untergrund und bringen sich z. B. als allgemeine Unruhe, innere Anspannung, zielloses Herumrennen und/oder als ungerichtete Aktivitäten zum Ausdruck.
- Es liegt eine übermäßige Ausdruckshemmung vor. Die betreffende Person fühlt z. B. einen starken Ärger, kann diesen aber nicht zeigen, insbesondere nicht dem Menschen, der ihn ausgelöst hat. Unter Umständen besteht ein reales Machtgefälle zwischen den Beziehungspartnern – wie z. B. zwischen Erziehungsperson und Kind; zwischen Chef und Untergebenem; oder zwischen Ehe- bzw. Lebenspartnern, wovon sich einer in ökonomischer und/oder emotionaler Abhängigkeit vom anderen befindet.
- Es liegt eine mangelnde Impulskontrolle vor. Betroffene neigen zu Jähzorn bzw. Gefühls- und Gewaltausbrüchen.
- Hohe moralische Ansprüche und Gewissensgebote an sich selbst bewirken, dass Menschen ihre Gefühlsbewegungen unterdrücken. Die entsprechenden Gefühle stauen sich über längere Zeit an und entladen sich eines Tages explosionsartig und in einer für die Mitmenschen nicht nachvollziehbaren Intensität – scheinbar ohne Bezug zur auslösenden Situation.
- Bestimmte Erlebnisse – diese können bis in die Kindheit und Jugend zurückreichen – wurden nicht angemessen verarbeitet. Etwa weil damals niemand Zeit für Gespräche hatte. Oder weil grundsätzlich in der Familie über »solche Dinge« nicht geredet wurde, z. B. der Suizid oder die psychische Erkrankung eines Familienmitglieds, der Unfalltod eines Geschwisters, ein Vergewaltigungserlebnis. In solchen Fällen genügt oft ein geringer Anlass in der Gegenwart, um lange zurückgehaltene und nicht verarbeitete Gefühle erneut – und meistens der Situation unangemessen stark – zum Ausbruch zu bringen (Beispiel Karsten, s.o.); eine geringfügige Kritik des Chefs lässt z. B. eine Mitarbeiterin in Tränen ausbrechen; ein Kind, das bei Tisch zappelt, löst bei seinem Vater einen heftigen Wutausbruch aus.

Das oben Genannte soll nun an einigen Beispielen verdeutlicht werden.

Beispiel

Karin – Unrecht ertragen bei ungleichen Machtverhältnissen
Eine erfahrene Mitarbeiterin in einer Arztpraxis bekommt einen neuen, wesentlich jüngeren Chef. Und obwohl er bei den Verhandlungen mit seinem Vorgänger und in Gesprächen mit der Mitarbeiterin zugesichert hat, die finanziellen Bedingungen für sie unverändert zu übernehmen, ändert er, sobald er der neue Inhaber ist, alles zu Ungunsten der Mitarbeiterin, zieht große Beträge von ihrem Lohn ab und wirtschaftet diese in die eigene Tasche. Empört versucht sie, sich zu wehren, allerdings ohne Erfolg, da sämtliche Vereinbarungen nur mündlich getroffen worden waren. Da sich am selben Ort, der aber aus familienbedingten Gründen für die Mitarbeiterin unverzichtbar ist, keine geeignete Alternative bietet, muss sie monatelang unter diesem »Unrechtsregime« ausharren, bis sich endlich eine neue Lösung für sie zeigt. Sie hat ihren Ärger und ihre Wut während dieser ganzen Zeit unter Kontrolle halten müssen, da sie auf die Zusammenarbeit angewiesen war. Ihr Auszug aus der Praxis verschafft ihr eine gewisse Genugtuung. Aber monatelang sinnt sie noch darüber nach, ob und wie sie sich rächen könnte.

Verena – Klären und Grenzen setzen
Verena, Mitte 40, berichtet über die äußerst schwierige Beziehung zu ihrer Mutter. Bei deren letztem Besuch habe Verena schon im Vorfeld eine Spannung in sich aufkommen gespürt. Beim gemeinsamen Mittagessen, bei dem auch Verenas Kinder dabei waren, vermied sie den Blickkontakt. Sobald die Kinder wieder zur Schule gegangen waren, begann sie mit allen möglichen Aktivitäten, nur um ja nicht mit ihrer Mutter zusammensitzen zu müssen.

Gefragt, was sie befürchte, wenn sie den Kontakt zwischen sich und der Mutter zulasse, antwortet Verena: »Meine Mutter will ihre Probleme bei mir abladen. Sie will mich in ihr Schlamassel hineinziehen«.

Verena entwickelt folgende Strategie: Sie stellt sich vor, ein Schiff zu sein, dessen Bug die mütterlichen Probleme »teilt« und links und rechts an sich vorbeigleiten lässt. Das hilft ihr, sich diese Probleme nicht allzu intensiv zu Herzen zu nehmen.

Alternativ bzw. zusätzlich will sie ausprobieren, sich die Probleme ihrer Mutter eine Zeit lang anzuhören. Danach würde sie ihrer Mutter aber die »schweren Brocken«, für deren Bearbeitung sie sich nicht zuständig fühlt, wieder zurückgeben. Unter Umständen würde sie ihrer Mutter empfehlen, professionelle Hilfe aufzusuchen, um dort Unterstützung für die Problembearbeitung zu holen.

Verena nimmt sich also vor, nicht länger ängstlich auszuweichen, wütend zu werden und irgendwann auszurasten, sondern zu klären, was ist, Grenzen zu ziehen und nichts zu übernehmen, was nicht in ihren Zuständigkeitsbereich gehört.

Karsten – die eigene mörderische Wut spüren und unter Sicherheitsvorkehrungen zum Ausdruck bringen

Im Fall von Karsten reichten Selbsthilfeversuche nicht aus. Er brauchte fachliche Hilfe und entschloss sich, eine solche aufzusuchen:

In der entscheidenden Sitzung schiebt die Therapeutin einen Schaumstoffwürfel in die Mitte des Raums und legt drei Kissen, die sie mit einer Wolldecke umwickelt, darauf. Sie fragt Karsten, ob das dem Bierbauch seines Chefs nahekomme. Ja, das geht, sagt er.

Die Therapeutin fragt, ob er draufschlagen oder eher dagegentreten wolle. Nach einigem Zögern äußert Karsten, dass es nun nicht mehr der Bauch des Chefs, sondern der seines Vaters sei. Und da würde er am liebsten mit einem Messer zustechen.

Die Therapeutin schlägt Karsten vor, sich vorzustellen, dass er ein Messer in der Hand halte, und damit solle er auf diesen Bauch losgehen. Ob ihm Worte dazu in den Sinn kämen oder Töne? Nein, das sei ohne Worte, meint er. Und dann »sticht« er mit seiner rechten Faust mehrmals zu. Er vermöbelt diesen Bauch regelrecht, macht ihn fertig, bis der ganz zusammengequetscht am äußersten Rand des Schaumstoffwürfels zu liegen kommt und abzustürzen droht.

Ein wenig benommen noch, lässt Karsten von dem Bauchgebilde ab; er richtet sich langsam wieder auf, ist erstaunt, wie rasch und wie intensiv er mit seiner Wut in Kontakt gekommen ist. Die Eier des Vaters seien ihm auch in den Sinn gekommen, seine Eingeweide. Am liebsten hätte er das alles restlos zermatscht.

Er habe sich an all die Demütigungen seines Vaters und den seelischen Schmerz, den diese ihm bereitet hätten, erinnert und habe nur noch »rot« gesehen.

Karsten wird bewusst, welche unglaubliche Wut er zeit seines Lebens hatte zurückhalten müssen, aus Angst, dass der Vater ihn umbringen würde, wenn er ihm seine Gefühle gezeigt hätte. Und er erkennt, wie hilflos er dessen Demütigungen ausgesetzt gewesen war. Hassattacken erlebt er in der Gegenwart seinem narzisstischen Chef gegenüber; aber deren Intensität speist sich aus dem Schmerz, den das Verhalten seines Vaters ihm als kleinem und heranwachsendem Jungen zugefügt hatte.

Kommentar

Karsten kann das Vergangene nicht ungeschehen machen. Aber indem er sich als Erwachsener erlaubt, »angemessen« auf das ihm Geschehene zu reagieren, d. h. in einem geschützten therapeutischen Rahmen seine mörderische Wut erleben und zum Ausdruck bringen darf, ohne dabei real jemanden zu töten, gewinnt er seine Würde und Selbstachtung zurück. Als Kind war er hilflos und ohnmächtig. Als Erwachsener darf er nun die (in seinem Fall) übermäßige Selbstkontrolle und Aggressionshemmung lösen. Tatsächlich konnte er seinem Chef in der Folge deutlicher signalisieren, wenn er dessen Verhalten unsympathisch fand, Abstand nehmen und Zumutungen klar zurückweisen. Zur »Verteidigung« des Vaters darf vermutet werden, dass der im Nationalsozialismus selbst eine ähnliche »Männlichkeitserziehung« und damit verbundene Verletzungen und Demütigungen erfahren hatte.

Hass

Hass ist eine Extremform von Aggression und Abneigung, ein Gegenpol zu Liebe. Hass entsteht, wenn emotionale oder wirtschaftliche Abhängigkeitsverhältnisse von den Mächtigen in der Beziehung zu eigenen Zwecken missbraucht werden, wenn Menschen andere Menschen dauerhaft misshandeln, ignorieren, kränken und verletzen, ihnen Unrecht tun oder deren legitime Bedürfnisse nicht erfüllen, obwohl sie es könnten; wenn sexueller und/oder psychisch-emotionaler Missbrauch stattfindet.

Hassgefühle sind auch für den, der sie empfindet, unangenehm und können krank machen. Andererseits ermöglichen sie eine gewisse Genugtuung und einen Triumph über den Täter oder die Täterin, gegen den man sich anders nicht zur Wehr setzen konnte oder kann.

Hassgefühle bieten die Möglichkeit, ihn abscheulich, hässlich und/oder widerlich zu finden und ihm den sofortigen oder einen grausamen, langsamen, quälenden Tod zu wünschen. In unserer Fantasie sind wir frei, die Missetaten des Täters zurückzuzahlen, uns zu rächen und uns zumindest in der Vorstellung Genugtuung zu verschaffen.

Um sich von Hassgefühlen zu befreien, sind in aller Regel tiefgreifende Veränderungen der eigenen Lebensumstände oder der politischen Verhältnisse notwendig. Und in den seltensten Fällen ist dies für den Einzelnen aus eigener Kraft möglich. Notwendig ist eine räumliche Trennung von den Hassobjekten, die Bereitstellung eines sicheren Ortes, an dem keine weiteren Übergriffe,

Ausbeutung und Verletzungen mehr stattfinden. Erst dann kann, sofern die Zerstörung der persönlichen Integrität noch nicht zu weit fortgeschritten ist, mit einer Neugestaltung günstigerer Lebensbedingungen begonnen werden.

Wo Hass ist, gedeiht nichts, wird Leben vernichtet und Hoffnung ausgelöscht. Hass wird mit vollkommener Abwesenheit von Licht, mit tiefster Finsternis und Verzweiflung, mit Hölle und Leid assoziiert.

Einen Anflug von Hass, eine vorübergehende tiefe Abneigung einem Mitmenschen oder einer Situation gegenüber erleben vermutlich die meisten Menschen von Zeit zu Zeit. Für den Umgang mit tiefsitzenden und langanhaltenden Hassgefühlen aber und für deren Überwindung wird die Inanspruchnahme fachlicher Hilfe empfohlen.

Ziele im Umgang mit Zorn, Aggression, Wut und Ärger

Idealerweise sollten alle Menschen gleich(berechtigt) und frei sein. (Knappe) Ressourcen wären gerecht zu verteilen. Aggressionen treten bei Verletzungen dieser Ideale auf, bei Meinungsverschiedenheiten, Interessenskonflikten und Gegnerschaften bezüglich Wünschen und Zielen.

Gefühle sollten voll umfänglich zum Ausdruck gebracht werden dürfen; Selbst- und Fremdverletzungen oder Beschädigungen von Objekten sind dabei aber zu vermeiden. Die Tiefe und Intensität eigener Verletzung, Frustration und Verzweiflung und die damit verbundene Wut darf empfunden und kommuniziert werden. Man erhofft sich Mitgefühl, Trost und Verständnis für solche Gefühle.

Es gilt, gemeinsam oder allein Vorgehensweisen zu entwickeln, um aus dem Lot geratene Dinge wieder in Ordnung zu bringen. Manchmal ist dafür eine Entschuldigung, eine Wiedergutmachung, ein klärendes Gespräch oder sonst eine Art von Ausgleich geeignet.

Nachfolgend werden wiederum Übungen beschrieben, die den Umgang mit Emotionen des Ärger-Aggressionsspektrums erleichtern helfen. Wie auch bei anderen Gefühlen beginnen wir mit einer möglichst genauen Bestandsaufnahme durch eine Selbstwahrnehmungsübung. Die Wahrnehmung bzw. das Kennenlernen des eigenen Zustands ist die Basis, um darauf aufbauend Ziele und geeignete Wege zu deren Erreichung zu entwickeln.

Übung 26

Selbstwahrnehmung – Fragen zur Klärung

Zur Verbesserung der emotionalen Selbstwahrnehmung bieten sich folgende Fragen an:

- Ist Ärger ein mir vertrautes Gefühl?
- Werde ich häufig wütend?
- Verstehe ich, was meine Gefühle auslöst?
- Auf welche Personen oder anderen Auslöser beziehen sie sich?
- Trage ich Ärger aus alten, unverarbeiteten Geschichten mit mir herum?
- Weiß ich, was geschehen oder sich ändern müsste, damit mein Ärger oder meine Wut besänftigt würden?
- Habe ich vor allem ärgerliche und zornige Gedanken?
- Oder sind es körperliche Empfindungen, die mir diese Gefühle vermitteln? Z.B. ein Klumpen im Bauch, Magenschmerzen, ein verspannter Nacken, zusammengebissene Zähne, Bluthochdruck oder Herzklopfen?
- Bekomme ich manchmal einen roten Kopf, ohne zu verstehen, warum?
- Balle ich heimlich meine Fäuste?
- Knirsche ich nachts und/oder wenn ich mich eigentlich entspannen sollte, mit den Zähnen?
- Sehe ich Spuren einer häufig über der Nasenwurzel zusammengezogenen Stirn?
- Verspüre ich manchmal Impulse zuzuschlagen, Impulse, zu treten oder jemanden anzugreifen?
- Würde ich am liebsten etwas zerstören?

Schreiben Sie die Antworten zu den Fragen, die auf Sie zutreffen, in Ihr Notizbuch. Sollten Ihnen weitere Dinge auffallen, notieren Sie diese ebenfalls.

Für Menschen, die Schwierigkeiten haben, ihre ärgerlichen und wütenden Gefühle zum Ausdruck zu bringen, sind folgende Übungen zu empfehlen.

Übung 27

Ärger-Ausdruck

(a) Grimassieren (Mimik). Berühren Sie Ihr Gesicht mit den Handflächen. Schließen Sie die Augen. Atmen Sie einige Male ruhig und tief ein und aus. Lassen Sie eine Situation aus Ihrer Erinnerung aufsteigen, in der Sie sich sehr geärgert haben. Wann war das? Wo? Welche anderen Personen waren daran beteiligt? Worum ging es? Nehmen Sie die Hände von Ihrem Gesicht. Atmen Sie ein. Ziehen Sie die Oberlippe hoch und fletschen Sie die Zähne. Öffnen Sie die Augen, spannen Sie die Muskulatur um die Augen herum an, stellen Sie sich ein Gegenüber vor und schauen Sie dieses so böse und drohend wie möglich an. Entspannen Sie dann Ihre Augen wieder, auch Ihre Lippen und Ihr ganzes Gesicht. Atmen Sie tief ein und aus. Schließen Sie die Augen und legen Sie Ihre Handflächen zurück auf Ihr Gesicht.

Diese Übung lässt sich in verschiedenen Variationen durchführen:

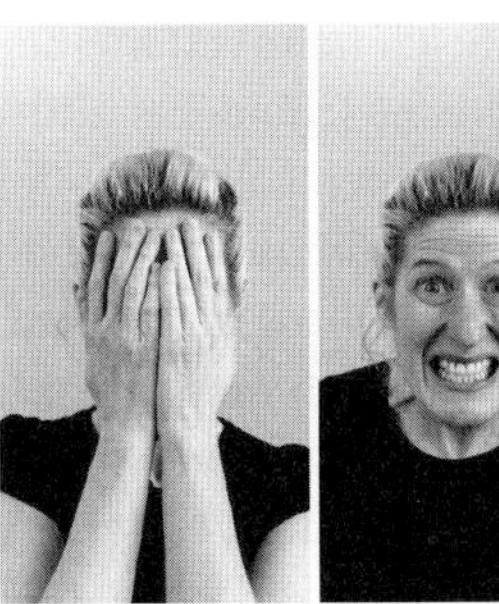

Zähne fletschen

- mit bedecktem Gesicht, ohne Blickkontakt
  - beim Ausatmen mit einem Knurren verbinden
  - ohne Knurren

- mit offenem Gesicht und Blickkontakt (sich zeigen)
  - beim Ausatmen mit einem Knurren verbinden
  - ohne Knurren

Augen verengen, böse schauen

- mit bedecktem Gesicht, ohne Blickkontakt
  - beim Ausatmen mit einem Knurren verbinden
  - ohne Knurren
- mit offenem Gesicht und Blickkontakt (sich zeigen)
  - beim Ausatmen mit einem Knurren verbinden
  - ohne Knurren

(b) Stimme. Hierfür ist es wichtig, dass Sie allein in einem Raum und möglichst ungestört sind. Falls Ihre Wohnung hellhörig ist, fahren Sie irgendwo hin, wo Sie sich unbeobachtet fühlen. Gehen Sie in den Wald, an einen rauschenden Fluss oder in die Nähe einer vielbefahrenen Zugstrecke (halten Sie dabei den nötigen Sicherheitsabstand von den Gleisen ein), um zu schreien, wenn ein Zug vorbeidonnert.

Legen Sie die Handflächen auf Ihr Gesicht. Atmen Sie langsam einige Male tief ein und aus. Verbinden Sie Ihr Ausatmen dann mit einem Ton: Ah, Aaah! Variieren Sie die Tonhöhen, die Lautstärke und die Betonungen bzw. die Konturen Ihrer Töne. Nehmen Sie die Hände vom Gesicht und lassen Sie sich mit Ihrer Stimme hören. Werden Sie sichtbar und hörbar.

Wie fühlen Sie sich mit verschiedenen Lautstärken? Verzagt? Beschämt? Kräftig? Überzeugend? Deutlich? Klar? Ambivalent? Unsicher?

Probieren Sie unterschiedliche Laute aus, benutzen Sie Worte, die Sie flüstern, wispern, heulen, schreien, schmettern, klagen.

Machen Sie immer wieder auch Pausen zwischen den Tönen, um dem Geäußerten und den Empfindungen, die die verschiedenen Laute und Stimmstärken in Ihrem Körper auslösen, nachzulauschen. Welche Gefühle treten dabei auf? Welche Gedanken und Erinnerungen kommen Ihnen in den Sinn?

(c) Gestik und Bewegungen.

- **Faust ballen und zuschlagen:** Ballen Sie Ihre rechte Hand zu einer Faust und öffnen Sie sie wieder. Führen Sie diese Bewegungen in Zeitlupe aus: Spannen Sie die Muskeln Ihrer rechten Hand in zehn Schritten an, um zu einer geballten Faust zu kommen. Lösen Sie diese Spannung in zehn Schritten wieder auf. Heben Sie dann die Faust, wie wenn Sie ausholen würden, um einen Ball zu werfen, führen Sie sie über Schulterhöhe und über Ihren Kopf und lassen Sie sie mit aller Kraft vor sich heruntersausen. Zuerst mit der rechten, dann mit der linken Hand und zuletzt mit beiden Händen gleichzeitig.

Die nächste Übung sollten Sie gemeinsam mit einer vertrauten Person durchführen. Sie üben dabei eine gewaltlose Form der Abwehr von Angriffen durch Ausweichen. Verteilen Sie die Rollen (»Angreifer« und »Opfer«). Und führen Sie anschließend diese Übung auch mit vertauschten Rollen durch:

Übung 28

Den Angriff ins Leere laufen lassen

Zwei Personen stehen einander in etwa 5–10 Metern Abstand gegenüber (je nach Raumgröße). Sie schauen sich an. Die eine Person erhebt beide Hände über den Kopf, so, als halte sie eine Axt, mit der sie auf ihr Gegenüber eindringen wolle. Die andere Person kennt diese Absicht. Die beiden

gehen aufeinander zu. Das designierte »Opfer« weicht kurz, bevor es zur Begegnung kommt, zur Seite aus. Der »Angreifer« läuft ins Leere. Diese Übung fördert das Präsentsein im Hier und Jetzt. Es verlangt eine bewusste und genaue Wahrnehmung des Gegenübers, um im richtigen Moment auszuweichen.

Übung 29

Sich abgrenzen – den eigenen Willen bekunden

Legen Sie sich mit dem Rücken auf eine auf dem Boden liegende Matratze (oder auf Ihr Bett oder das Sofa) – Ihre Knie sind angewinkelt; Ihre Füße stehen mit etwa 30 cm Abstand parallel und flach auf der Matratze. Heben Sie Ihr Becken so hoch wie möglich und lassen Sie es dann energisch auf die Matratze fallen. Wenn Sie mögen, begleiten Sie dieses Fallenlassen mit Tönen wie »Ahh!«, »Hahh!« oder Worten wie »Ist mir doch egal!«, »Ich tue, was ich will!« oder sonstigen Formulierungen, die für Sie passen.

Übung 30

Impulskontrolle – Stopptaste drücken – Deeskalieren – Weggehen – sich nicht verwickeln

Haben Sie im Laufe Ihres Lebens gelernt, sich im Fall einer Bedrohung sofort in den Kampfmodus zu begeben, um sich zu verteidigen? Üben Sie nun, auch einmal auszuweichen (s. a. Übung 28 »Den Angriff ins Leere laufen lassen«). Arbeiten Sie daran, sichere Bedingungen für sich zu schaffen, suchen Sie Personen, denen Sie vertrauen können, finden Sie einen sicheren Ort für sich und versuchen Sie, sich unter solchen Bedingungen zu entspannen (vgl. auch Kapitel Trauma). Klären Sie in Gesprächen mit einer vertrauten Person, welche Auslöser, Stichwörter, Themen, Stimmungen oder Gruppensituationen für Sie zum Erleben von Bedrohung führen und was genau in solchen Situationen bedroht wird: Betrifft es bspw. die eigene Ehre, den eigenen Stolz, die körperliche Unversehrtheit, das Ansehen in der Gruppe, Besitz, Geld? Zunächst kann in der Vorstellung oder in einem Rollenspiel eingeübt werden, auf solche Auslöser mit »einen Schritt zurücktreten«, »sich aus der Situation entfernen« bzw. »einmal tief ausatmen, bevor man handelt«, zu reagieren und bezüglich automatisierter Reaktionsmuster, nämlich zuzuschlagen oder sich zu verwickeln, auf eine »innere Stopptaste« zu drücken. Sätze wie »Nein, es geht hier nicht um mein Leben.«, »Wenn mich jemand beleidigt, sterbe ich nicht.«, »Ich mache hier nicht mit.«, oder »Es geht hier gar nicht um mich.« usw. können dabei hilfreich sein.

Wenn Sie in diesem Bereich an sich arbeiten wollen, empfiehlt es sich, sich über längere Zeit Notizen zu kritischen Situationen zu machen. Wie häufig kommen solche vor? Welche (Art von) Personen sind besonders »gefährlich« für mich? Was möchte ich erreichen? An welchen Kriterien lese ich Fortschritte ab? Ich notiere – ehrlich – auch alle Rückfälle, die mir passieren.

Übung 31

Bedürfnisse formulieren

Die Erstellung einer persönlichen »Bedienungsanleitung« kann lohnend sein. Nehmen Sie eine Woche lang täglich Ihr Notizbuch zur Hand und schreiben Sie darin unter der Überschrift »Ich brauche …« alles auf, was Ihnen zu Ihren persönlichen Bedürfnissen einfällt (eine Vorlage bietet das Arbeitsblatt 7 in den Online-Materialien):

Um mich wohlzufühlen, brauche ich … einen geschützten Ort, an den ich mich zurückziehen kann; brauche ich die Sicherheit, genug zu essen zu haben, nicht hungern zu müssen, brauche ich die Freiheit, wählen zu dürfen, was, wann und wieviel ich esse; brauche ich so viel Geld auf meinem Konto, dass ich meine Festkosten, aber auch überraschend eintreffende Rechnungen ohne Probleme bezahlen kann; brauche ich gewisse Überraschungsmomente in meinem Leben – nichts schlimmer als totale Berechenbarkeit; brauche ich das Gefühl, dass man mir zuhört, dass meine Arbeit geschätzt wird, dass ich frei bin, Pausen zu machen, wann ich möchte und ohne gestört zu werden.

Setzen Sie Ihre Liste fort, bis Sie den Eindruck haben, Ihre wichtigsten Bedürfnisse erfasst zu haben.

Notieren Sie dann hinter den einzelnen Punkten, für wie gut erfüllt Sie diese halten – von -3 »gar nicht erfüllt« über 0 »weder/noch« bis +3 »bestens erfüllt«. Notieren Sie zu den nicht erfüllten zusätzlich Ihre Vermutungen, woran es liegen könnte, dass Sie hier Probleme haben.

Zusammenfassung

Ärger und Wut entstehen, wenn eigene Bedürfnisse durch andere missachtet, wenn Grenzen überschritten werden, wenn einem ohne Zustimmung oder gegen den eigenen Willen Dinge weggenommen oder aufgedrängt werden, wenn man sich überwältigt, vergewaltigt oder missbraucht fühlt, wenn die eigene Unversehrtheit durch Andere bedroht oder verletzt wird. Die bei den beschriebenen Emotionen mobilisierten Energien dienen dazu, die Bedingungen und Verhältnisse zu verändern, die das eigene Selbst in seiner Umwelt als unangenehm bis unerträglich empfindet.

Unter bestimmten Umständen – z. B. bei dauerhaft stark asymmetrischen Machtverhältnissen und Abhängigkeiten, Verletzungen von Ethik und Menschenrechten – lassen sich solche Missstände auch unter Aufbietung allen persönlichen Mutes und unter größten Anstrengungen nicht beheben. Dann verwandeln sich Wut und Zorn über kurz oder lang in Hassgefühle.

5.3 Liebe

Das Thema »Liebe« ist zu groß, um in ein einziges Buchkapitel zu passen. Es bewegt Menschen so sehr, dass seit jeher in der Philosophie, Literatur, Biologie, den Religionswissenschaften und der Psychologie versucht wird, dieses Phänomen oder zumindest wesentliche Aspekte davon zu ergründen. Es können hier nur einige Schlaglichter auf das Thema geworfen werden, und zwar aus einer psychologischen Perspektive mit dem Ziel, einige Anregungen zu einer gelingenden Selbststeuerung auf diesem Gebiet zu geben.

Zur Einstimmung, und um erste Eckpunkte für das Thema zu setzen, einige kurze Zitate aus verschiedenen Jahrhunderten:

Im vierten Jahrhundert vor Christus schreibt Platon in den sokratischen Dialogen über die Liebe als ein Begehren und bezeichnet sie als »vierte Art des Wahnsinns«: »Somit ist also dies unter allen Arten von göttlicher Besessenheit die beste (…), sowohl für den, der sie hat, als für den, der mit ihr in Berührung kommt.« Nach Platon ist Eros die »treibende Kraft im Streben nach der Ganzheit der Seele … deren Wiedergewinnung ihre eigentliche Bestimmung ist« (Platon, 1991).

In der Bibel, im »Hohelied der Liebe«, heißt es:

»Wenn ich in den Sprachen der Menschen und Engel redete, / hätte aber die Liebe nicht, / wäre ich dröhnendes Erz oder eine lärmende Pauke. Und wenn ich prophetisch reden könnte / und alle Geheimnisse wüsste / und alle Erkenntnis hätte; / wenn ich alle Glaubenskraft besäße / und Berge damit versetzen könnte, / hätte aber die Liebe nicht, / wäre ich nichts. Und wenn ich meine ganze Habe verschenkte / und wenn ich meinen Leib dem Feuer übergäbe, / hätte aber die Liebe nicht, / nützte es mir nichts.

Die Liebe ist langmütig, / die Liebe ist gütig. / Sie ereifert sich nicht, / sie prahlt nicht, / sie bläht sich nicht auf. Sie handelt nicht ungehörig, / sucht nicht ihren Vorteil, / lässt sich nicht zum Zorn reizen, / trägt das Böse nicht nach. Sie freut sich nicht über das Unrecht, / sondern freut sich an der Wahrheit. Sie erträgt alles, /

glaubt alles, / hofft alles, / hält allem stand. Die Liebe hört niemals auf./

Dem persischen Sufi-Mystiker des 13. Jahrhunderts Dschalal ad-Din Muhammad ar-Rumi wird folgender Aphorismus zugeschrieben: »Es ist nicht deine Aufgabe, Liebe zu suchen, sondern bloß all die Hindernisse in dir zu suchen und zu finden, die du dagegen aufgebaut hast.«

J. W. von Goethe (1981) charakterisiert seinerseits die Liebe als »wenig Blätter Freuden, ganze Hefte Leiden«.

Eine große Sammlung von weiteren literarischen Zitaten zum Thema Liebe findet sich bei Barthes (1984) und eine sehr lesenswerte philosophische Abhandlung über die Liebe in Romanform bei de Botton (1994).

Was bedeutet es, jemanden zu lieben?

Liebe kann sich sehr vielfältig äußern und hat zahlreiche Facetten; es kann Liebe sein, wenn ich z. B. sage: Sie spricht von Dingen, die mich berühren. Ich mag seine Stimme. Ich finde ihre Bewegungen angenehm und harmonisch. Sie hat ein schönes Gesicht. Er sieht gut aus. Das Muttermal über ihrer Lippe fasziniert mich; mich bezaubern die Grübchen in seinen Wangen, wenn er lacht, die weißen Halbmonde unter ihren Fingernägeln, die Art, wie er sich streckt, wenn er sich bedrückt fühlt, die Farben, die sie für ihre Kleidung wählt. Ich habe das Gefühl, etwas von ihm lernen zu können. Sie kann Dinge, in denen ich ungeschickt bin. Etwas an ihm oder ihr erregt dauerhaft meine besondere Aufmerksamkeit, die Farbe seiner Augen, ihre Art zu lächeln, ihre Lebendigkeit, ihre Schüchternheit, sein Wesen. Wenn ich in ihre Nähe komme, fühle ich mich zu ihr hingezogen.

Ich liebe sie, weil sie mich glücklich macht, weil sie Dinge sagt, die genau das sind, was ich mir immer gewünscht habe. Wir denken gleichzeitig dieselben Gedanken (Synchronisierung). Ich möchte etwas fragen und erhalte die Antwort, bevor ich meine Frage laut ausspreche. Ich liebe ihren Duft. Meine und ihre Körperchemie scheinen zueinander zu passen (Im Rahmen der

Pheromon-Forschung ist man diesen Geheimnissen auf die Spur gekommen).

Man glaubt, das Leben gemeinsam mühelos meistern zu können; alles fühlt sich leicht an; viele Dinge gehen anscheinend von selbst.

Zunächst einmal gibt es nichts, was stört. Die gegenseitige Anziehung ist stärker als die in der ersten Zeit winzig erscheinenden Kleinigkeiten, die ihm und ihr am anderen nicht gefallen oder die normalerweise als abstoßend empfunden würden (z. B. in der Sexualität).

Ich liebe den anderen und möchte ihm nahe sein, möchte ihn besitzen, ihn berühren, zärtlich sein, Zeit mit ihm verbringen, sprechen und erfahren, was er bzw. sie erlebt hat, bevor wir uns begegnet sind, wie sie über dieses und jenes denkt. Ich möchte gemeinsam mit ihr die Welt bereisen.

Wenn wir Menschen sehen, die sich einander zuwenden, Zeit miteinander verbringen, sich gegenseitig ihre Aufmerksamkeit schenken, ihre Gesten und Bewegungen aufeinander abstimmen, mit Freude einander wahrnehmen, sich gut verstehen, aufeinander eingehen, zärtlich zueinander sind, sich erotisch und sexuell begegnen, sehen wir ein Liebespaar in ihnen.

Probleme und Gefahren

Es gibt keine Liebesversicherung, obwohl Verlöbnisse und Eheschließungen als diesbezügliche Versuche anzusehen sind. Man liebt auf eigenes Risiko. Woher wissen wir, ob wir jemandem vertrauen können? Die romantische Liebe ist ein seltsames Gewächs. Sie erblüht oft völlig unerwartet. Weder der Zeitpunkt ist vorherzusehen, noch haben die Personen, die Amors Pfeil trifft, in der Regel damit gerechnet. Sie haben sich möglicherweise nach einer Liebe gesehnt oder waren auf der Suche nach einem oder einer Geliebten. Aber weder die Dauer noch die Intensität einer solchen Suche scheinen in einem direkten Verhältnis zu der Heftigkeit zu stehen, die einen befallen kann oder zu dem Menschen, den man unverhofft findet. Manchmal verschwindet eine Liebe auch ebenso plötzlich, wie sie entstanden ist. Und dann bleibt derjenige, dem das Gefühl für den anderen nicht abhandengekommen ist, fassungslos zurück, versteht die Welt nicht mehr, versteht jedenfalls nicht, warum der andere sich abgewendet hat und ihn verlässt.

In solchen Momenten kann ein unsäglicher Leidensweg beginnen. Man trauert um das Verlorene, stellt Fragen nach dem »Warum« und erhält selten zufriedenstellende Antworten. Es gibt auch Fälle, in denen das Lieben von Anfang an einseitig ist. Jemand liebt eine bestimmte Person, die aber erwidert diese Liebe nicht. Und häufig liebt eine mehr als der andere. Auch ein solches Ungleichgewicht an Gefühlsintensität kann zum Ausgangspunkt für großes Leid werden.

Was bedeutet aber dieses Lieben überhaupt? Den anderen zu brauchen? Er oder sie besitzt Fähigkeiten und Eigenschaften, die mir im Leben fehlen: z. B. Optimismus, Mut, ein gewisses Draufgängertum oder Empfindsamkeit, seelische Tiefe, Beständigkeit. Und indem ich mich mit dieser Person verbinde, hoffe ich, in den Genuss dieser Aspekte zu kommen, bzw. dass etwas von diesen mir fehlenden Eigenschaften auf mich »abfärbt«, wenn ich nur lange und intensiv genug mit diesem Partner oder dieser Partnerin zusammen bin. Oder ich hoffe, dass wir gemeinsam schwierige Lebensaufgaben leichter bewältigen werden, weil wir einander ergänzen und uns gegenseitig unterstützen.

Vielleicht spüre bzw. ahne ich auch (selten ist man sich dessen vollkommen bewusst), dass mich Erfahrungen aus meiner Kindheit und Jugend mit ungelösten Konflikten oder gewissen Mangelerscheinungen ins Erwachsenenleben entlassen haben: Konflikte z. B. bezüglich der Frage, ob ich mich sicher gebunden fühlen und trotzdem eine gewisse Unabhängigkeit und Freiheit bewahren darf? Oder: Ist eine harmonische Beziehung nur dann möglich, wenn ich mich dem Willen und der Dominanz meines Partners bzw. meiner Partnerin unterwerfe? Besteht bei mir ein Mangel z. B. an Selbstvertrauen, an Selbstbewusstsein – wer bin ich als Persönlichkeit, als Mann, als Frau? – oder ein Mangel an

Lebensmut? Die geliebte Person scheint das, was mir fehlt, im Überfluss zu besitzen und mir geben zu können.

Leiden setzt dort ein, wo ich erkennen muss, dass die geliebte Person die von mir bei ihr vermuteten Eigenschaften gar nicht besitzt, sondern mich lediglich mit deren Vorspiegelung umworben hat. So kann z. B. eine anfängliche Großzügigkeit alsbald in kalten Geiz umschlagen, und von einer scheinbaren Fürsorglichkeit stellt sich nur allzu rasch heraus, dass sie nichts weiter als ein Köder war, um sich, kaum habe ich angebissen, als himmelschreiende eigene Bedürftigkeit und Egozentrismus herauszustellen – als eigener Mangel also, dessen kompensatorische Abwehr als Verschleierung präsentiert wird.

Die meisten Paare kommen nach einigen Jahren des Zusammenlebens – oftmals im sog. »verflixten siebten Jahr« (Film von Billy Wilder, 1955) – an den Punkt, wo die Masken gefallen sind und die Mängel bzw. Bedürftigkeiten beider Persönlichkeiten offen zu Tage treten. Im besten Fall lassen sich neue Beziehungsziele formulieren und ein neuer Beziehungsvertrag schließen. In weniger günstigen Fällen münden die entsprechenden Erkenntnisse in abgrundtiefe Enttäuschung, heftige Vorwürfe und ernste Beziehungskrisen, die über kurz oder lang zu einer Trennung und schließlich zur Scheidung führen.

Was kann zur Linderung oder gar Vermeidung der beschriebenen Leiden getan werden? In aller Regel lohnt es sich, offene Gespräche über die entstandenen Enttäuschungen und sich hieraus ergebenden Konflikte zu führen und eigene Ängste und Bedürfnisse klar zu kommunizieren. Idealerweise leisten wir solche Beziehungsarbeit kontinuierlich. Wir tauschen aufeinander bezogene Wahrnehmungen und Empfindungen über Irritationen aus und versuchen, selbst- und beziehungsregulierend immer wieder zu einer Balance zu finden – nicht erst, wenn wir uns in einer tiefen Krise befinden. Falls der Partner oder die Partnerin nicht darauf eingehen bzw. die Bedürfnisse der bzw. des anderen nicht erfüllen kann oder will, gilt es, nach anderen Lösungen zu suchen. Beide Partner müssen lernen, mit einem »Nein« und mit Begrenzungen umzugehen.

Die Kunst des Liebens

Ich möchte behaupten, dass Neugeborene mit einem angeborenen Potenzial an Liebesfähigkeit zur Welt kommen. Aber je nachdem, in welche Familie sie hineingeboren werden, kann dieses Potenzial zur Entfaltung kommen oder eingeschlossen bleiben, unter Umständen sogar beschädigt oder zerstört werden.

In seinem 1956 erstmals erschienenen Buch »Die Kunst des Liebens« weist Erich Fromm darauf hin, dass viele Erwachsene in unserer westlichen Zivilisation systematisch unter Liebesmangel leiden, dass Menschen ihre Zeit und Energie dafür einsetzen, in Besitz von Wissen, Geld und Macht zu gelangen, und irgendwann feststellen müssen, dass ihr Hunger nach Liebe trotzdem ungestillt bleibt. Sie verwechseln Attraktivität, welche sie durch Wissen, Geld und Macht gesteigert haben mögen, mit Liebenswürdigkeit. Sie vergessen aber auch, dass es neben ihrem eigenen Hunger nach Liebe, die aktive Fähigkeit zu lieben gibt, und dass diese entwickelt und wie jede Kunst geübt werden will. Dies gilt für alle Arten der Liebe, für die romantische Liebe, die Liebe zwischen Eltern und Kindern, die Nächstenliebe, die Liebe zu Pflanzen und Tieren, zur Schöpfung allgemein und für die Liebe zu sich selbst.

Biologisch gesehen dienen Liebe und Sexualität dem Fortbestand der Art. Auf seelisch-geistigem Gebiet fördert Liebe das Überschreiten individueller Grenzen, die Kommunikation, die Entfaltung und Entwicklung von persönlichen Begabungen sowie seelisches Wachstum.

Probleme

Bei Paaren, in Familien oder Gruppen, in denen Differenzen und Missverständnisse überwiegen, in denen keine zeitliche Abstimmung mehr stattfindet, in denen die Bedürfnisse des einen denen des anderen zuwiderlaufen und Streitigkeiten sowie negative Gefühle vorherrschen, mag eine ambivalente oder unsichere Bindung bestehen bleiben, aber die Liebe scheint sich verabschiedet zu haben. Das kann sich ungefähr so anhören (Koemeda, 2018):

Dialog

Masha und Dirk sitzen beim Frühstück.

Dirk: [greift auf Mashas Gedeck hinüber] Kann ich den …

Masha: Löffel? [gibt ihm das Messer]

Dirk: [Schweigen]

Dirk: Du findest mich also arrogant. Dabei habe ich völlig normal »Oberholzer« gesagt. Natürlich meinte ich Oberholzer. Wir haben von ihm geredet. Warum sollte ich das Thema wechseln?

Masha: Ich wollte nur wissen, von wem du redest, als du »er« und »ihm« sagtest.

[Schweigen]

Dirk: Und letzte Woche: dieser aufbrausende Ton! Nur, weil ich dich fragte, ob du meine Medikamente aus der Apotheke holen könntest. Du hast behauptet, ich würde dich ständig um irgendeinen Gefallen bitten. Ständig! Davon kann gar keine Rede sein.

Masha: Es war nicht, nur weil du mich fragtest!

Dirk: Schon wieder! Merkst du es: deine Rechthaberei?! Einen Tag vorher, stimmt, hatte ich gewollt, dass wir gemeinsam die Winterreifen im Keller verstauen?

Masha: Dirk! Wir müssen aufhören. Ich muss zum Zug.

Dirk: Als hätte das irgendetwas miteinander zu tun – die Winterreifen und das Abholen der Medikamente!

Masha: Ich muss gehen, Dirk! [steht auf]

Dirk: Dein aufbrausender Ton war in keiner Weise gerechtfertigt.

Masha: Bis heute Abend, Dirk. Ciao!

Beispiel

Beispiele für Liebesleid

Christina (32 Jahre) lebt seit fünf Jahren in einer Partnerschaft. Sie wünscht sich zu heiraten und eine Familie zu gründen, ist aber immer noch unsicher, ob sie mit dem richtigen Partner zusammen ist. Peter, ihr Freund ist zwar zu den genannten Schritten bereit, Christina hat aber das Gefühl, er räume ihr keine Priorität unter den vielen Frauen ein, die ihn umschwärmen. Die Beziehungsgrenzen verschwömmen immer wieder. Sie ist oft sehr eifersüchtig. Peter nehme sie nicht richtig wahr. Manchmal habe sie das Gefühl, er kenne sie gar nicht. Er beteuere zwar seine Liebe, gehe aber im nächsten Augenblick intime Begegnungen und Gespräche mit anderen Frauen ein. Auch könne er nicht versprechen, ob seine homoerotischen Neigungen nicht eines Tages die Oberhand gewinnen würden. Er wolle sich nicht einengen lassen. Freiheit sei ihm enorm wichtig.

Christina hatte sich, bevor sie fest befreundet waren, wesentlich aufmerksamer behandelt gefühlt als jetzt, wo sie ein Paar seien. Diese Aufmerksamkeit genössen jetzt seine ehemaligen Partnerinnen und alle anderen Frauen, die in seine Nähe kämen. Sie wünsche sich, die Nummer 1 bei ihm zu sein.

Christina formuliert ihre Wünsche: Sie braucht einen geschützten Beziehungsbinnenraum, eine Intimsphäre innerhalb des Paares; sie möchte gesehen und erkannt werden; sie wünscht sich eine klare Hierarchisierung, sie möchte Peters »Hauptfrau« sein.

Christinas Bedürfnisse nach Gesehen- und Erkanntwerden sind nachvollziehbar und menschlich. Christina schreibt sich Sätze auf, die ihr Selbstbewusstsein stärken, um sie täglich dreimal »einzunehmen«, d.h., sie liest sie sich laut vor: Du bist es wert, geliebt zu werden. Du bist wichtig. Dein Schutzbedürfnis für intime Gefühle ist berechtigt.

Christina möchte sich zum jetzigen Zeitpunkt nicht von Peter trennen.

Was kann sie für sich tun?

Sie lernt zu differenzieren zwischen ihrem eigenen Liebespotenzial: »Mein Herz ist lebendig. Es leuchtet, strahlt und wärmt und ist nicht abhängig davon, was mein Gegenüber tut.

Mein Herz ist aber auch verletzlich.

Wenn ich es bedroht sehe, muss ich mich schützen; dann verschließe ich mich.

Mein Herz ist liebesbedürftig.

Wenn Peter mir nicht genug Liebe gibt, wo sonst bekomme ich es genährt?

Ich halte Ausschau nach liebevollen Menschen.

Ich möchte offen sein für Begegnungen, die mich erfüllen.

Wenn ich aus dem Haus gehe, will ich von Zeit zu Zeit andere Menschen anlächeln und schauen, wie sie reagieren.

Ich möchte mir täglich meine Fähigkeit zu lieben bewusst machen und anderen etwas davon geben. Ich will mich überraschen lassen, was mir begegnet, wenn ich so unterwegs bin.

Wovor habe ich Angst im Zusammenhang mit Liebesdingen? Habe ich Angst?«

Zweifellos lässt Peter als Liebespartner »einiges zu wünschen übrig«. Christina kann sich zum Ziel setzen, ein zufriedenes, ihre Bedürfnisse weitgehend erfüllendes Leben »trotz« Peter zu führen.

Emily (28 Jahre) versteht nicht, warum sich Männer zwar kurzfristig für sie interessieren – sie sieht sehr apart aus und ist blitzgescheit, verfügt über zwei Studienabschlüsse und spricht fünf Sprachen –, aber nach kurzer Zeit das Interesse an ihr wieder verlieren und sich abwenden.

Dating-Plattformen hat sie ausprobiert; sie hat sich auf eine Reihe von Treffen eingelassen. Nichts war von Dauer.

Mit keinem der Männer, die sie trifft, ergeben sich mehr als eine oberflächliche Höflichkeit und unverbindliche Gespräche. Die Männer, die sie interessant findet, haben gar keine Zeit und sind nicht offen für längerdauernde Beziehungen. Und wenn jemand um sie wirbt, findet sie die Betreffenden in aller Regel langweilig.

In einem sich über Wochen hinziehenden Prozess erkundet Emily ihre Gefühlswelt. Sie lernt, bei sich selbst unter die Oberfläche zu sehen und deutlicher über ihre Gefühle zu kommunizieren. Nach und nach trifft sie Menschen, auch Männer, mit denen verbindlichere Beziehungen möglich sind.

Sandra (35 Jahre), trägt sich mit einem zunehmend drängender werdenden Kinderwunsch. Ihr Partner, geschieden, Vater von zwei Kindern, »braucht« keine Kinder mehr, wie er sich ausdrückt.

Sandra trägt ihren Wunsch in wiederholten Gesprächsversuchen an ihn heran. Er aber geht gar nicht darauf ein, als ob er nicht hören würde, was sie ihm zu sagen versucht.

Sandra gerät in zunehmende Verzweiflung. Ihre Situation erscheint ihr ausweglos. Zuletzt entschließt sie sich dazu, fachliche Hilfe aufzusuchen. In einer Behandlungssitzung übt sie sich in vitaler Selbstbehauptung. Sie liegt dafür mit dem Rücken auf einer Matratze, schlägt mit den Fäusten, stampft mit den Füßen, hebt ihr Becken und wirft es zurück auf die Matratze. Dazu sagt sie (in verschiedenen Lautstärken), sie schreit es auch: Schweig! Jetzt bin endlich einmal ich dran! Ich! Ich! (s. Übung 29). Denn in der Paarbeziehung gelingt es dem sprachlich und bildungsmäßig überlegenen Mann immer wieder, Sandra durch kluge Argumentationen zur Erfüllung seiner und zum Verzicht auf ihre Bedürfnisse zu bringen.

Sie erwägt, ihre Mutter um Hilfe zu bitten, Au-Pairs einzustellen, Freundinnen in die Erziehung eines eventuellen

Kindes einzubeziehen als Kompensation für die nicht zugesagte Unterstützung ihres Partners, bis sie eines Tages an den Punkt kommt, ihren Wunsch aufzugeben, denn nicht einmal zur Zeugung eines gemeinsamen Kindes mag ihr Partner so richtig »Ja« sagen. Seine Antworten auf ihr Wünschen und Bitten erlebt sie als kalt, uneinfühlsam und ich-bezogen: Er brauche keine weiteren Kinder, betont er unerbittlich. Er habe das Geschrei und die gestörten Nächte hinter sich; das habe er satt.

Die Frage der Therapeutin, ob es denn in Sandras Freundes- oder Verwandtenkreis Personen gäbe, die Mitgefühl und Verständnis für sie hätten, bringt sie zum Nachdenken. Sie geht ihre Familienmitglieder, Kollegen und Freundinnen der Reihe nach durch und muss bei allen feststellen, dass die – aus unterschiedlichen Gründen – leider auch alle sehr mit eigenen Dingen beschäftigt seien, und wenn es zu Begegnungen komme, eher ihr Zuhören und ihr Mitgefühl suchten statt solches zu geben.

Die Therapeutin fragt Sandra, ob ihr irgendeine Situation einfalle, in der sie in den Genuss eines verständnisvollen Mitgefühls kommen könnte oder schon einmal gekommen sei. Es entsteht eine lange Pause, in der Sandra tiefer zu atmen und schließlich zu schluchzen beginnt. Die Therapeutin bleibt mit ungeteilter Aufmerksamkeit bei ihr, ohne einzugreifen, unterstützt höchstens von Zeit zu Zeit ihr tiefes Atemholen mit einem leisen »ja« oder bekräftigenden »hmm«.

Als das Weinen nach mehreren Minuten verebbt, fragt sie Sandra, was sie erlebt habe.

Das Grab ihres Vaters sei ihr eingefallen. Dort müsste sie mit dem Rotdornbusch reden. Dort könne sie auf Gehört-, Gesehen- und Verstandenwerden hoffen.

Sie nimmt sich vor, ab sofort, einmal pro Woche dorthin zu fahren, ein paar Minuten lang dem Busch ihr Herz auszuschütten und zu schauen, was geschieht.

Lieben gehört zu einem Gefühlsbereich, den wir vielleicht mehr als jeden anderen als unserer willentlichen Kontrolle entzogen empfinden. Wen Amors Pfeil wann trifft, scheint unberechenbar zu sein. Und wer zum auserwählten Objekt des Entzückens bzw. Begehrens wird, hat nur sehr begrenzt mit bewusst ausgeübter Selbststeuerung zu tun, eher mit »in die Wiege gelegten Gaben« wie Schönheit, Charme, Anmut, Reichtum, Intelligenz, Vitalität, Ausstrahlung – auch mit Geschlechtszugehörigkeit: Männer lieben, Frauen gerieren sich als Objekte des Begehrens (oder ist es doch umgekehrt: »Männer lassen lieben«? (Wieck, 2003). Der Eindruck, es gebe Begünstigte des Schicksals, sogenannte »Lieblinge der Götter« und solche, die sich ein Leben lang als Mauerblümchen fühlen, lässt sich schwer entkräften. Trotzdem gibt es eine Reihe von Gesichtspunkten, die zu beachten sich lohnt, wenn Liebesleid nicht vorprogrammiert sein soll.

Es lassen sich Werthaltungen benennen, die uns beim Durchqueren des Ozeans der (Liebes-) Gefühle und damit verbundener emotionaler Turbulenzen als Koordinaten, als Kompass oder als Leuchttürme dienen können:

(1) Bedürftigkeit / Abhängigkeit vs. Selbstgenügsamkeit / Autonomie
(2) Macht / Dominanz vs. Unterwerfung
(3) Bindung vs. Freiheit / Trennung
(4) Abgrenzung vs. Hingabe / Verschmelzung
(5) Transparenz vs. Geheimhaltung

Im Folgenden werden diese polaren Gegensätze sowie Regulationsmöglichkeiten auf den damit beschriebenen Dimensionen diskutiert, die eine Klärung und Erleichterung bei Partnerschaftsproblemen bringen können. Ich spreche hier und im Folgenden von Partnerschaften. Die meisten der genannten Prinzipien lassen sich auch mühelos auf Beziehungen in größeren Gefügen wie Familienverbänden, Arbeitsteams oder andere Gruppen übertragen. Die Formulierungen legen heterosexuelle Paarbeziehungen nahe, treffen meiner Ansicht nach aber auf Beziehungen zwischen Menschen unterschiedlicher sexueller Orientierungen zu.

(1) Bedürftigkeit / Abhängigkeit vs. Selbstgenügsamkeit / Autonomie. Oftmals ziehen uns Menschen an, die etwas zu haben scheinen, das uns fehlt. Solange ich vom anderen lerne, um diese begehrten Eigenschaften und Fähigkeiten selbst in mir zu entwickeln, mag es gut gehen. Sobald ich mich darauf verlasse, dass diese Person ja hat, was mir fehlt, dass sie kann, was ich nicht kann und fest davon ausgehe, dass sie ja nun »mein« ist und lebenslänglich das mir Fehlende spenden, bzw., das nicht Gekonnte für mich leisten wird, versklaven und kolonialisieren wir die von uns geliebte Person und befeuern unter Umständen damit deren Selbstbefreiungsdrang. Wer andererseits alles alleine regelt und nichts von anderen zu wünschen oder zu brauchen scheint, wird vermutlich gar keine Partnerschaft suchen und vorwiegend allein durchs Leben gehen.

(2) Macht / Dominanz vs. Unterwerfung. Den meisten Menschen ist es ein Bedürfnis, bestimmte Lebensbereiche zu beherrschen. Beispielsweise ist es befriedigend, bei seiner Erwerbstätigkeit Kompetenz zu entwickeln und Einfluss zu gewinnen, über Geld zu verfügen. Haus und Grund zu erwerben, zu gestalten und zu bewirtschaften, verleiht (Selbst-)Sicherheit. Kinder in die Welt zu setzen, zu versorgen, eigenes Wissen weiterzugeben und sie zu erziehen, kann das Empfinden persönlicher Macht und Selbstwirksamkeit steigern.

Wird das Dominieren anderer aber zum Haupt-Lebenszweck, entstehen mit hoher Wahrscheinlichkeit über kurz oder lang Probleme. Dahinter können Haltungen stehen wie: Kinder sollten immer gehorchen, Eltern sind ausnahmslos im Recht. Allein der Wille des Vaters oder der Mutter ist maßgebend; oder: Ich dulde am Arbeitsort nicht, dass mir jemand widerspricht; ich lasse mir nichts sagen; alle müssen sich nach meinen Vorstellungen richten. Unter solchen Vorzeichen wird ein Aufbegehren der »Unterdrückten«, werden Kündigungen und ein Scheitern von Beziehungen hoch wahrscheinlich.

(3) Bindung vs. Freiheit/Trennung. Liebe setzen wir häufig mit Bindung, Harmonie und Aufeinander-Abgestimmt-Sein gleich. Bevor es zu eng oder zu eintönig wird, tut man gut daran, auch Unterschiede wahrzunehmen und zu thematisieren. Auch ist es durchaus empfehlenswert, ab und zu aus dem Takt zu fallen, einander zu verpassen, sich zu entflechten. Es kann guttun, den Mut zu Missklängen aufzubringen und diese, falls sie für die eigene Person bedeutsam sind, auch einmal stehen zu lassen. Ein Paar, das sich zu einseitig und zu lange am Pol der harmonischen Verbundenheit aufgehalten hat, wird mit hoher Wahrscheinlichkeit über kurz oder lang mit dem Einbruch von Unvorhergesehenem (z. B. einer Außenbeziehung) oder »rätselhaften« Krisen (wir verstehen nicht, wie so etwas passieren konnte; es war immer alles so gut) zu tun bekommen.

(4) Abgrenzung vs. Hingabe/Verschmelzung. In der Liebe überschreiten wir die Begrenzungen unseres eigenen Selbst zu einem anderen hin. Das Wunderbare daran ist, dass dadurch scheinbar mühelos Dinge möglich werden, die man vorher für unmöglich gehalten hatte: »Liebe versetzt Berge«.

Im Partnerschaftsalltag ist das Öffnen und Schließen persönlicher Grenzen aber ein Thema, das gebührende Beachtung verdient. Besonders am Beispiel der Sexualität wird augenfällig, welches Verhandlungsgeschick nötig wird, wenn die oder der eine will und der bzw. die andere nicht. Ob, wann und wie viel sich die eine bzw. der andere öffnet, will in jeder Situation signalisiert, kommuniziert, verhandelt und gestaltet werden. Aber auch in ungezählten anderen Bereichen, wie z. B. Gesprächs- oder Hilfsbereitschaft, Unternehmungslust, Zeitaufwand für bestimmte Aufgaben und Projekte – auf all diesen Gebieten haben Menschen sehr unterschiedliche Bereitschaften und Grenzen. In der Liebe sind wir in besonderem Maße bereit, diese der oder dem anderen zuliebe zu öffnen bzw. in Frage stellen zu lassen und zu verschieben. Aber gerade in der Liebe ist es auch notwendig, Grenzen zu setzen und diese respektiert zu bekommen bzw. zu respektieren. Werden Grenzen systematisch missachtet und überschritten, verursacht dies Verletzungen und führt langfristig zu Beziehungskrisen.

(5) Transparenz versus Geheimhaltung. Liebe beruht auf gegenseitigem Vertrauen, bei dem es essenziell wichtig ist, sich um Aufrichtigkeit und Wahrhaftigkeit zu bemühen, d. h. auch Dinge auszusprechen, von denen zu erwarten ist, dass sie der oder dem anderen nicht behagen werden. Das braucht Mut. Andererseits kommt wohl auch keine noch so hingebungsvolle Liebesbeziehung ohne Bereiche aus, die die beiden Partner für sich behalten – sei dies eine aktuelle Sorge, die ich meiner Partnerin nicht mitteile, weil sie momentan selbst mit beruflicher Arbeit überlastet ist; oder es handelt sich um ein Gespräch mit heiklem Inhalt, das ich mit einem Freund geführt habe, der mich um Stillschweigen gebeten hat; oder um eine überraschende Verliebtheit, die über mich gekommen ist, die ich aber so lange für mich behalte, wie sie meine bestehende Partnerschaft nicht grundsätzlich in Frage stellt. Dies ist ein Bereich, in dem es sich um Gratwanderungen handelt; allzu rasch kann ein Für-Sich-Behalten in Betrug und Verrat umschlagen.

»Make love not war« – dieser bekannte Slogan aus den 1960er und 70er Jahren verdeutlicht den Antagonismus von aggressiv-zerstörerischer Auseinandersetzung und der harmonisierenden, verbindenden und heilsamen Kraft der Liebe.

Natürlich gibt es auch dunkle Varianten dieses Gefühls, die besitzergreifende Liebe, Hörigkeit, sado-masochistische Spielarten, den Liebeswahn usw. Auf diese krankhaften Ausprägungen der Liebe möchte ich hier nicht eingehen, sondern auf z. B. Buddeberg (2005) verweisen, und für die vielfältigen Themen, die sich um Aspekte der geschlechtlichen Identität ranken, auf Rauchfleisch (2011).

Weit verbreitet sind die in den Beispielen geschilderten Leiden an der Liebe, z. B. das anhaltende Gefühl, ganz allein auf dieser Welt zu sein. Andere haben Spaß. Andere dürfen sich geborgen fühlen, genießen das Leben, erleben spannende Dinge. Und ich? Mir scheint, ich wurde vergessen. Ich habe nicht die geringste Ahnung, wie ich es anstellen soll, mich lebendig zu fühlen, wie ich Freunde gewinnen und am Leben teilnehmen kann.

Nicht selten haben Betroffene, wenn solche Zustände andauern, Ersatz gesucht und Zuflucht genommen zu Alkohol, übermäßigem Essen, zu Magersucht, Tabletten- bzw. Drogenkonsum, Spielsucht, exzessivem Fernsehen und sonstigem Medienmissbrauch oder zu anderen selbstschädigenden Verhaltensweisen.

Es sind Teufelskreise, in deren Verlauf sich zunehmend schlechter fühlt, wer erst einmal hineingeraten ist. Die anderen wollen ja auch wirklich nichts von jemandem wissen, der sich selbst nicht leiden kann.

Liebenswürdigkeit, d.h., es wert zu sein, von anderen geliebt zu werden, setzt ein Minimum an Selbstliebe voraus (Zurhorst, 2016; Breise, 2016). Liebe deinen Nächsten wie dich selbst. Es betrifft den zweiten Teilsatz dieses christlichen Gebots.

Erfahrungsgemäß braucht es Geduld, um den skizzierten Teufelskreisen zu entkommen. Die im Folgenden beschriebenen Übungen geben Anregungen, wie man mit entsprechenden Bemühungen beginnen kann.

Diese Übungssequenz startet mit drei kognitiven Übungen. Es ist wichtig und hilfreich, sich über die gegenwärtige Situation, Bedürfnisse, Denkweisen etc. Klarheit zu verschaffen. Dann folgen körperbezogene Übungen, die Sie bei der Wahrnehmung und dem Verstehen Ihrer körperlichen Empfindungen unterstützen können.

Kognitive Übungen

Übung 32

Klärung von Motivation, Sehnsüchten, Ängsten und Ressourcen

Nehmen Sie sich eine Woche lang täglich zehn Minuten Zeit, in denen Sie möglichst ungestört sind. Nehmen Sie Ihr Notizheft zur Hand und schreiben Sie auf, was Ihnen zu folgenden Fragen bzw. Vorschlägen einfällt:

Welchen Einsatz bin ich bereit zu leisten, um etwas zur Lösung meines Problems beizutragen? (das Zutreffende bitte ankreuzen und durchführen)

- ☐ täglich 10 Minuten dem Nachdenken über das Problem zu widmen
- ☐ täglich 10 Minuten still zu sitzen/zu meditieren, möglichst ohne zu denken
- ☐ täglich 10 Minuten zu laufen und mich überraschen zu lassen, ob mir Lösungsideen für mein Problem zufallen
- ☐ eine von meinen Schutzhaltungen (z. B. so zu tun, als brauche ich nichts) in Frage zu stellen, von Zeit zu Zeit darauf zu verzichten und mich darum zu bemühen, das Gegenteil zu vermitteln.

Diese weiteren Fragen können beim Nachdenken nützlich sein:

- Was fehlt mir zum Glücklich-Sein? Ich versuche, mich zu erinnern, wann in meinem Leben ich glücklich war. Ich beschreibe möglichst genau, wie es sich damals anfühlte. Welche Unterschiede bestehen zwischen damals und jetzt? Bezüglich meiner Umwelt? Hinsichtlich meines Selbsterlebens?
- Welche Dinge, welche Menschen, welche Lebensumstände tragen gegenwärtig zu meinem Wohlbefinden bei und machen mein Leben lebenswert?

- Wie gehe ich in meinem Alltag mit Sympathiebekundungen von anderen Menschen, mit Lob, Anerkennung und Einladungen um?
- Wen finde ich interessant und begehrenswert? Wie zeige ich mein Interesse an Menschen?
- Wie kommuniziere ich Wünsche? Wie teile ich Bedürfnisse und eventuelle Sehnsüchte mit?
- Welche meiner eigenen Handlungen empfinde ich als liebevoll? Ich untersuche z. B., wie ich morgens meine Kollegen im Büro begrüße, wie ich mir die Zähne putze, wie ich Wäsche zusammenlege, wie ich meine Blumen gieße, wie ich mit den Kindern der Nachbarn rede, wie ich den Busfahrer begrüße, wenn ich bei ihm einsteige, wie ich mich kleide, koche, meine Wohnung eingerichtet habe, meine Stimme am Telefon.

  Ich nehme mir vor, in einem dieser Bereiche mein Handeln liebevoller zu gestalten und lege diesen fest.
- Ich stelle mir vor, eine mit hellstem Licht strahlende Sonne zu sein. Ich prüfe, ob ich von ganzem Herzen lieben kann. Wen? Was?
- Ich gehe einmal pro Woche ohne besonderes Ziel in die Stadt, setze mich in ein Café, beobachte Menschen, möglichst absichtslos, und lasse mich, falls es sich ergibt, auf kleine Begegnungen und Gespräche ein.

Übung 33

Klärung von Vorerfahrungen in der eigenen Biografie

Nehmen Sie sich eine weitere Woche lang täglich zehn Minuten Zeit für sich. Halten Sie wiederum Ihr Notizheft bereit und schreiben Sie auf, was Ihnen zu folgenden Fragen einfällt:

- Welche Liebes-Verletzungen habe ich in meinem bisherigen Leben erlitten? Musste ich Verrat, Betrug oder schwere Abweisungen verkraften?

- Nach welchem Muster waren meine bisherigen Beziehungen »gestrickt«? Woran sind sie gescheitert? Was hat die jeweilige Beziehung getragen?
- Habe ich erlebt, dass ich jemanden in meinem Leben einseitig geliebt habe, dass meine Liebe nicht erwidert wurde? Wie denke ich heute darüber? Ich schreibe die Geschichte dieser Liebe auf, erzähle sie einem Freund, einer Freundin und bitte um ehrliches Feedback. Ich berichte (falls vorhanden) meinem Therapeuten, meiner Therapeutin davon.

Solange wir die Gründe für das Scheitern von Beziehungen vorwiegend beim Ex-Partner, bei der Ex-Partnerin sichten, kommen wir vermutlich nicht weiter: Er war so lieblos. Sie konnte nicht mit Geld umgehen. Er war chaotisch. Sie war viel zu aggressiv usw. Solche »Diagnosen« sind in den seltensten Fällen hilfreich. Eher könnten uns Fragen der folgenden Art weiterführen: An welchem empfindlichen Punkt wurde ich in meiner Beziehung verletzt bzw. herausgefordert?

- War es das Gefühl, unerwünscht zu sein?
- War es der Schmerz, keine Fürsorge zu genießen, alles selbst machen und besorgen zu müssen?
- Habe ich in entscheidenden Punkten das Gefühl vermittelt bekommen, nicht der/die Richtige zu sein?
- Fühlte ich mich gegängelt und bewacht? Unfrei?
- Wurde ich als Mann, als Frau oder in meinem Liebesbegehren zurückgewiesen?

Bei näherer Betrachtung reichen diese Probleme oft bis in die Kindheit zurück. Vater und/oder Mutter haben Ähnliches vermittelt, uns damit verletzt bzw. uns in unserer Entwicklung behindert. Damit haben sie uns in inzwischen dysfunktional gewordene Verhaltensmuster gedrängt, mit denen wir versuchten, weitere schmerzvolle Erfahrungen zu vermeiden.

Wenn ich vorgeblich alles alleine kann und anderen vermittle, nichts zu brauchen, sondern selbstgenügsam zu sein, vermeide ich zwar den Schmerz, mich auf andere angewiesen zu fühlen und wieder allein gelassen zu werden. Ich verbaue mir damit aber auch die Chance, eine neue Erfahrung von Unterstützt-Werden zu machen.

Wenn die Wurzeln solcher Verhaltensmuster weit zurückreichen und tief in Seele und Körper eingebrannt sind (Lowen, 1981; Johnson, 1994), ist die Inanspruchnahme von fachlicher Hilfe angezeigt. Wenn es sich eher um Tendenzen oder Neigungen zu dem einen oder anderen der beschriebenen Denk-, Fühl- oder Verhaltensstile handelt, lässt sich mit dem Bewusstwerden im Verbund mit oben beschriebenen Übungen einiges erreichen. Wenn mir ein typisches Verhaltensmuster bewusst ist, kann ich auch eine alternative Verhaltensweise ausprobieren. Gelingt dies nicht, kann ich mich fragen, wovor ich Angst habe, wenn ich auf das Gewohnte verzichte.

Jede Öffnung gegenüber einem Mitmenschen sollte sich im Idealfall mit einem guten Selbstvertrauen und einer zuverlässigen und gut verankerten Liebe zu sich selbst im Gleichgewicht halten.

Dynamiken von realem Gefühlsleben bringen natürlich Abweichungen davon und Auslenkungen in alle Richtungen mit sich.

Der bzw. die Geliebte sollte nie als »Betäubung« oder »Pflaster« für eigene Wunden missbraucht werden. Jeder Mensch zieht sich im Lauf seines Lebens Verwundungen in mitmenschlichen Beziehungen zu. Diese zu heilen, ist eine Aufgabe, die uns immer wieder gestellt wird.

Wenn wir Liebesbeziehungen missbrauchen, um den von früheren Verwundungen herrührenden Schmerz weniger fühlen zu müssen, verhindern wir echte Chancen, zu wachsen und uns weiterzuentwickeln.

Übung 34

Selbstprüfung – Gedankenspiele

Ausgangslage: Sie fühlen sich einsam, ungeliebt, traurig.

Um herauszufinden, ob derzeit nur die Umstände ungünstig sind oder ob auch Sie einen Beitrag leisten können, damit sich etwas ändert, machen Sie sich Gedanken über die folgenden drei Fragen:

- Trifft es zu, dass wenn es an Ihrem Wohnort ein Geschäft gäbe, wo man zu angemessenen Preisen Zuneigung, Zuwendung, Streicheleinheiten usw. kaufen könnte, Sie von diesem Laden wüssten, ihn bei Bedarf aufsuchen und sich das Benötigte beschaffen würden? Oder haben Sie Gründe (gute und schlechte), es vorzuziehen, mit einem diesbezüglichen Mangel zu leben? Welche Gründe sind das gegebenenfalls?
- Könnten Sie sich vorstellen, mit einem T-Shirt-Aufdruck »Ich habe/ich bekomme zu wenig Liebe« durch Ihren Wohnort zu laufen? Oder mit aufgehaltener Hand (Bettelgeste) in einer Fußgängerzone zu sitzen? Neben Ihnen stünde ein Schild mit der Aufschrift: »Ich bitte um ein wenig Zuneigung/herzliche Zuwendung.«? Welche Handlungen/Verhaltensweisen von Passanten könnten bewirken, dass Sie am Ende eines Tages genährt und zufrieden nach Hause gehen würden?
- Fällt Ihnen ein Mensch oder eine Situation ein, in der Sie sich zuletzt rundum geborgen, geliebt und aufgehoben fühlten? Falls Sie glauben, so etwas noch nie erlebt zu haben, malen Sie sich eine entsprechende Situation aus. In welcher Landschaft befinden Sie sich? Ist es warm? Ist es kalt? Hell oder dunkel? Liegen irgendwelche Düfte in der Luft? Hören Sie Geräusche? Wie sind Sie gekleidet? Wie ist Ihre Körperhaltung? Ist jemand bei Ihnen? Wer? Was sagen, tun Sie? Was sagt, tut die andere Person? Wie fühlen Sie sich? Wie fühlt es sich an? Was sind Ihre Gedan-

ken, während geschieht, was Sie sich wünschen? Haben Sie irgendwelche Einwände oder Bedenken? Welche?

Körperbezogene Übungen

Übungen zur Selbstannahme und Selbstliebe. Eine wichtige Voraussetzung für gelingende Liebesbeziehungen sind eine gute Verankerung in der Realität und im eigenen Selbst sowie die Fähigkeit zur Selbstliebe. Eine tiefere Beziehung zu einem anderen Menschen einzugehen, setzt voraus, dass ich bis zu einem gewissen Grad weiß, was ich für wahr halte und wer ich bin – und gleichzeitig hoffe ich, in der Begegnung mit meinem Gegenüber, mich vertiefter selbst zu erkennen und einen neuen Blick auf die Wirklichkeit zu gewinnen. Ein gesundes Selbstbewusstsein beinhaltet auch ein körperliches Selbstgewahrsein, d.h. ich nehme meine Körperempfindungen, insbesondere im Dialog mit der Schwerkraft und meiner Beziehung zum Boden, wahr und verstehe sie. Nur wenn ich mich selbst annehmen kann, werde ich auch einer anderen Person erlauben, mich zu lieben (s.o. das Zitat von Rumi). In diesem Zusammenhang werden im Folgenden Erdungs-Übungen vorgeschlagen und Hinweise zur Selbstfürsorge gegeben:

Erdungsübungen

Übung 35

Gewichtsverlagerungen im Stehen

Suchen Sie Ihren Übungsraum auf, in dem Sie einige Zeit ungestört alleine sein können: Stellen Sie sich mit leicht gebeugten Knien, die Füße etwa beckenbreit parallel und flach auf den Boden. Verschieben Sie Ihr Gewicht langsam, mit gebeugten Knien, begleitet von Ihrem Atem auf Ihren rechten Fuß, dann zurück in die Mitte und auf Ihren linken Fuß. Achten Sie darauf, dass Ihr Becken nicht in einer nach hinten überstreckten oder anderen Position fixiert ist, bewegen Sie es ein wenig nach vorne und zurück, hin und her und sorgen Sie dafür, dass es möglichst frei beweglich ist, während Sie Ihr ganzes Körpergewicht etwa fünf- bis siebenmal hin und her verschieben. Stellen Sie sich danach wieder aufrecht hin und schütteln Sie nacheinander das linke und das rechte Bein aus.

Übung 36

Elefant (Lowen & Lowen, 1977)

Stellen Sie sich mit leicht gebeugten Knien, die Füße etwa beckenbreit parallel zueinander flach auf den Boden. Lassen Sie Ihren Oberkörper, angeführt von Ihren nach vorne zum Boden hängenden Armen, langsam und vom Kopf her Wirbel für Wirbel in Richtung Boden sinken. Achten Sie darauf, dass Ihr Kopf ganz locker nach unten hängt. Strecken Sie Ihre gebeugten Knie von Zeit zu Zeit, schieben Sie Ihr Gesäß in Richtung Zimmerdecke, und erhöhen Sie damit den Zug auf der Rückseite Ihrer Beine. Begleiten Sie diese kleinen Bewegungen achtsam mit Ihrem Atem. Vielleicht nehmen Sie ein leises Vibrieren in Ihren Oberschenkeln oder Waden wahr. Versuchen Sie, an nichts zu denken. Halten Sie diese Position ein bis zwei Minuten. Es darf anstrengend sein. Sie sollten aber keine Schmerzen haben.

Richten Sie sich dann Wirbel für Wirbel, vom unteren Rücken her beginnend, langsam wieder auf, heben Sie Ihren Kopf zuletzt zurück in seine aufrechte Position.

Wenn Sie diese Übungen gemacht haben, kehren Sie zu Ihrem Beziehungsproblem zurück und fragen Sie sich, was Ihnen fehlt, was Sie sich wünschen und ob es wirklich Ihr Partner ist, von dem Sie es unbedingt haben möchten, bzw. wer oder was Sie tatsächlich unglücklich macht.

Bei »Liebeskummer« kann es darum gehen, dass man seine eigenen Wünsche und Bedürfnisse zu wenig deutlich spürt oder – aus welchen Gründen auch immer – selbst nicht ernst nimmt oder nicht klar genug kommuniziert und vertritt. Für Probleme dieser Art sind die beiden nächsten Übungen geeignet.

Übung 37

Für die Erfüllung der eigenen Bedürfnisse laufen

Nehmen Sie sich eine Zeit lang täglich 20–30 Minuten, um in einem Park, im Wald oder an einem Fluss zügig zu gehen bzw. zu laufen. Gestalten Sie es möglichst so, dass es Ihnen guttut. Es geht nicht um Leistung! Bei schlechtem Wetter können Sie diese Übung auch auf dem Rücken auf einer Matratze liegend durchführen: im Liegen laufen. Wichtig ist dabei, dass Sie mit vollem Einsatz (»für die Erfüllung der eigenen Bedürfnisse und Wünsche«) gehen oder laufen, dass

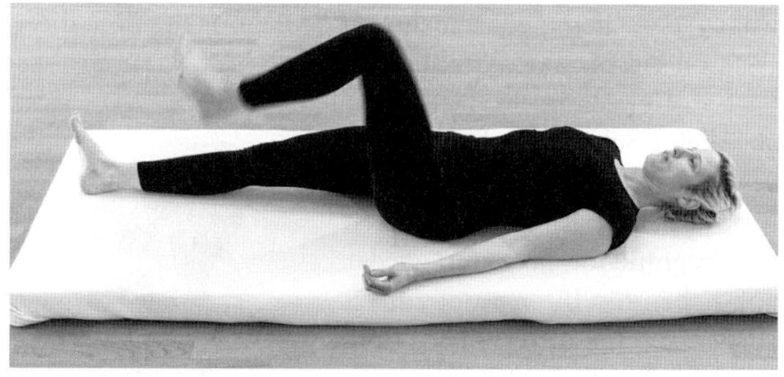

Sie es nicht halbherzig tun, sondern ganz bei der Sache sind. Halten Sie zwischendurch inne, wenn Sie sich unbeobachtet und unbelauscht fühlen, um mit den Füßen auf den Boden

(bzw. im Liegen auf die Matratze) zu stampfen und mit lauter Stimme »Ich will!«, »Ich möchte …«, »Verdammt nochmal, ich brauche …« zu sagen. Lassen Sie sich überraschen, was Ihnen da in den Sinn und über die Lippen kommt. Kehren Sie danach wieder zum Laufen zurück.

Übung 38

Sehnsucht erleben und zum Ausdruck bringen

Legen Sie sich mit dem Rücken auf eine Decke und strecken Sie Ihre Arme vor sich in die Höhe. Heben Sie Ihren Kopf und spitzen Sie Ihre Lippen 2–3-mal im Einatmen wie zu einer Saugbewegung. Entspannen Sie sie im Ausatmen. Sprechen Sie dann mit gehobenem Kopf und ausgestreckten Armen Ihre Wünsche laut aus, z. B: Ich brauche mehr Zärtlichkeit, mehr Wertschätzung. Ich will an Wochenenden nicht so viel allein sein. Ich brauche Zeit für mich. Ich will, dass du mir zuhörst. Ich brauche Mut, um meiner Partnerin endlich einmal offen die Meinung zu sagen. Überprüfen Sie, wie stimmig und überzeugend sich Ihre Worte anhören. Nachdem Sie Ihren dringendsten Wunsch ausgesprochen haben, legen Sie Ihren Kopf und Ihre Arme wieder sanft zurück auf die Decke. Lassen Sie sich nachempfinden, ob und ggfs. was sich verändert hat, nachdem Sie Ihre Sehnsucht erlebt, benannt und auf diese Weise zum Ausdruck gebracht haben.

Annäherung (an eine Person oder ein Objekt) und Distanznahme gehören, wie im Grundlagenkapitel ausgeführt, zu den grundlegenden, emotional motivierten Verhaltensmöglichkeiten. Dem geht in der Regel eine Bewertung des Wahrgenommenen (angenehm vs. unangenehm) voraus. Bleibt die emotionale Regung nur im subjektiv gefühlten Bereich, ohne also ein sichtbares Verhalten auszulösen, sprechen wir von Zu- bzw. Abneigung.

Übung 39

Zu- und Abneigung

Selten machen wir uns klar, dass Zu- und Abneigung gegenüber Mitmenschen buchstäblich körperlich sein kann. Um dies zu erfahren, schließen Sie bitte Ihre Augen und lenken Sie die Aufmerksamkeit auf Ihr Brustbein. Neigen Sie, von diesem geführt, Ihren Oberkörper in Zeitlupentempo einem vorgestellten Gegenüber zu. Fällt Ihnen eine konkrete Person dazu ein? Neigen Sie sich ihr so weit zu, wie es sich gut für Sie anfühlt. Führen Sie die Bewegung dann in umgekehrter Richtung aus (Abneigung). Lehnen Sie Ihren Oberkörper so weit zurück, wie Sie mögen. Welche konkrete Person in Ihrem Leben fällt Ihnen ein, bei der sich eine solche Bewegung stimmig anfühlen würde? Welche Kontexterfahrungen haben Sie mit solchen Bewegungsvariationen gemacht? Mussten Sie z. B. als Kind Verwandte küssen oder umarmen, die Sie nicht mochten? Gab es andere, denen Sie gerne nahe waren, dies aber nicht zeigen durften, weil jemand dabei war, der eifersüchtig geworden wäre?

Unsere Sprache verfügt über eine Reihe von metaphorischen Redewendungen, die zum Ausdruck bringen, wie sehr das menschliche Herz mit Gefühlen von Zuneigung, Liebe bzw. Abneigung und Liebesschmerz assoziiert wird: Man sagt z. B. »Dieses Kind rührt mein Herz«, »Bei diesem Anblick geht mir das Herz über«, »Ihr Lächeln lässt sein Herz schmelzen«, »Wie sie redet, gibt mir einen Stich ins Herz«, »Er hat sein Herz an diese Frau verloren«, »Herzschmerz« usw. In der nächsten Übung soll diesen Zusammenhängen zwischen Emotion und körperlicher Empfindung nachgegangen werden.

Übung 40

Herz öffnen und verschließen

Konzentrieren Sie sich auf Ihr (körperlich-organisches) Herz. Probieren Sie aus, ob Sie es in Ihrer Vorstellung – und das ist nun metaphorisch gemeint – »öffnen« und »verschließen« können. Tun Sie das eine und dann das andere. Was genau geschieht, während Sie dies tun? Vermutlich wird sich beim Verschließen Ihr Rücken runden. Vielleicht atmen Sie aus dabei. Wenn Sie Ihr Herz öffnen, wird sich Ihre Brust weiten, und Ihre Schultern werden sich nach hinten bewegen. Möglicherweise atmen Sie dabei tief ein. Welche Menschen in Ihrem Leben fallen Ihnen zu diesen verschiedenen körperlichen Veränderungen und Bewegungen ein? Welche Erfahrungen sind mit dem einen und mit dem anderen verbunden?

Die vorhergehende lässt sich mit der nun folgenden Übung vertiefen. Sie empfiehlt sich insbesondere, wenn Sie das Gefühl haben, Ihr Herz in letzter Zeit oder ganz generell eher schützen zu müssen oder wenn Sie sich häufig bedrückt fühlen.

Übung 41

Herz und Brustraum öffnen

Breiten Sie eine Decke auf dem Boden aus. Schieben Sie ein zusammengerolltes Handtuch (der Durchmesser der Rolle ist ca. 10–15 cm) auf der Höhe Ihrer Brustwirbel unter den Rücken quer zur Wirbelsäule. Ihre Arme liegen parallel zum Körper mit nach oben geöffneten Handflächen.

Füllen und weiten Sie beim Einatmen vor allem den Brustraum, der Kopf neigt sich leicht nach hinten, die Schulterblätter rücken enger zusammen. Beim Ausatmen löst sich die Verkürzung der Nackenmuskulatur. Ihr Kopf neigt sich leicht nach vorne, das Kinn nähert sich dem Brustbein, die Schultern entspannen sich.

Nehmen Sie nach ein paar Minuten die Handtuchrolle wieder unter Ihrem Rücken hervor. Sie liegen jetzt flach auf der Decke. Spüren Sie den Unterschied zu vorher.

Ziehen Sie dann die Füße an Ihr Gesäß und nehmen Sie die Knie zur Brust. Schlingen Sie Ihre Arme um die Unterschenkel. Wenn Sie mögen, können Sie auch den Kopf heben, sodass Kinn und Knie möglichst nahe zusammenkommen. Machen Sie ein eng geschnürtes »Päckchen« aus sich. Verharren Sie eine Weile lang so. Dann öffnen Sie sich wieder und breiten sich flach und entspannt auf der ganzen Decke aus.

Bleiben Sie mit dem Rücken auf Ihrer Decke liegen und strecken Sie Ihre Arme seitwärts aus. Führen Sie die nach oben geöffneten Handflächen vor Ihrem Gesicht in die Höhe. Lassen Sie etwa 30 cm Abstand zwischen den Fingerspitzen, heben Sie den Kopf leicht an. Und schauen Sie, ob Ihnen jemand oder etwas einfällt, wonach Sie sich in diesem Augenblick, seit längerer Zeit oder schon Ihr ganzes Leben lang sehnen.

Versuchen Sie, diese Sehnsucht mit der ganzen Kraft Ihrer Arme zum Ausdruck zu bringen, und vielleicht mögen Sie auch laut aussprechen, wonach Sie sich sehnen: Mama, Papa, den Namen Ihrer Geliebten, eines Kindes, Berührung, Zuwendung, das Meer, Licht, Bewegung, Sex, Leidenschaft, Abenteuer, Ruhe …

Lassen Sie anschließend Ihre Arme wieder langsam zur Seite sinken, bis Sie entspannt auf dem Rücken liegen, lassen Sie sich atmen und nachempfinden.

Eventuell tauchen auch jetzt noch Bilder auf, Gedanken, Gefühle. Registrieren Sie Ihre Einfälle und Wahrnehmungen und bereiten Sie sich dann langsam darauf vor, sich wieder aufzurichten, aufzustehen und zurückzukehren in Ihren Alltag (vgl. Übung 38).

Variante (Lowen & Lowen, 1977): Stützen Sie im Stehen Ihre Hände auf Nierenhöhe in den Rücken, füllen Sie Ihren Brustraum mit Atem und führen Sie gleichzeitig Ihre Ellbogen hinter dem Rücken zusammen. Richten Sie Ihren Blick geradeaus nach vorne. Halten Sie die Knie leicht gebeugt, die Füße stehen ca. 30 cm weit auseinander. Probieren Sie verschiedene Positionen Ihres Beckens aus; führen Sie Ihr Schambein nach vorne oben und strecken Sie dann mit dem Steißbein voran Ihr Gesäß nach hinten heraus (Hohlkreuz); suchen Sie anschließend eine möglichst bequeme, lockere, nicht fixierte Position.

Atmen Sie etwa zehnmal möglichst tief aus und ein. Führen Sie beim Einatmen Ihre Ellbogen hinter dem Rücken näher zusammen. Öffnen und wölben Sie Ihren Brustkorb nach vorne. Entspannen Sie Arme und Rückenmuskulatur beim Ausatmen. Führen Sie die Wölbung des Brustkorbs und die Entspannung mit Ihrem Ein- und Ausatmen etwa fünf bis siebenmal aus. Und lassen Sie sich zum Abschluss vornübergebeugt, Hände und Kopf in Richtung Boden hängend, entspannen. Richten Sie sich anschließend Wirbel für Wirbel vom Kreuzbein aus beginnend ganz langsam wieder auf.

Übung 42

Hua Berg-Übung – Abgrenzung vs. Einladung

In Beziehungen ist es wichtig, eigene Wünsche und Bedürfnisse möglichst klar mitzuteilen, aber auch Zumutungen und Forderungen ablehnen zu können und zurückweisen zu dürfen. Dazu gibt es eine sehr wirkungsvolle Übung aus dem Wuji Chi Gong, die »Hua Berg-Übung«: Lassen Sie Ihre Arme zu beiden Seiten des Oberkörpers herunterhängen. Heben Sie im Einatmen Ihre Hände auf Zwerchfell- und dann auf Ohrenhöhe, kehren Sie Ihre Handflächen nach vorne außen, die Finger nach oben und schieben Sie sie im Ausatmen mit beiden Armen gegen ein vorgestelltes Gegenüber, wie um Einhalt zu gebieten, etwas zurückzuweisen, eine Grenze zu markieren. Sagen Sie eventuell laut »Nein« zu Ihrer Bewegung, um sich gegen etwas zu verwahren.

Fallen Ihnen konkrete Personen, Ansprüche, Zumutungen oder Forderungen dazu ein, die an Sie herangetragen wurden oder werden? Welche Kontexterfahrungen verbinden Sie mit Ihren Bemühungen, Menschen oder Anforderungen sowie Wünsche anderer zurückzuweisen?

Kehren Sie dann mit nach wie vor ausgestreckten Armen Ihre Handflächen zueinander, lassen Sie Ihre Fingerspitzen einander berühren und führen Sie sie in Richtung Brustbein. Nehmen Sie zu sich, was Sie haben möchten. Laden Sie ein, was Ihnen zum gegenwärtigen Zeitpunkt dienlich ist, bzw. was zu einer Verbesserung Ihres eigenen Wohles und des Wohles der Sie umgebenden Mitwelt beitragen kann. Nehmen Sie es in »Ihr Herz« auf. Führen Sie dann im Einatmen wieder Ihre Hände hinter die Schultern an den Ohren vorbei, öffnen Sie die Handflächen nach vorne, Fingerspitzen nach oben, und schieben Sie sie im Ausatmen beherzt und kräftig wieder von sich, um wegzuschieben, was Sie nicht haben möchten, was Sie bedrängt oder was Ihnen lästig ist. Wiederholen Sie diese Übung möglichst fließend fünf- bis siebenmal.

Zwar haben uns (in unserer Kultur) die zurückliegenden Jahrzehnte zunehmende Freiheiten im sexuellen Verhalten und im Reden darüber eingeräumt. Trotzdem zeigen persönliche Gespräche über sexuelle Erfahrungen, wie viel Verunsicherung, Verletzungen, Scham und Betrug nach wie vor in Paarbeziehungen an der Tagesordnung sind.

Die beiden folgenden Übungen sind dazu geeignet, »Vergessenes«, seinerzeit Verdrängtes sowie Verschwiegenes an die Oberfläche und ins Bewusstsein zu bringen. Führen Sie diese Übungen nur durch, wenn Sie bereit sind und sich stabil genug fühlen, derart Überraschendem zu begegnen. Legen Sie Ihr Notizbuch in die Nähe, um Dinge, die Sie gerne weiter erforschen, mit einem Freund/einer Freundin oder einer Fachperson besprechen möchten, aufzuschreiben.

Übung 43

Sexuelle Hingabe vs. Verweigerung (aus weiblicher und aus männlicher Sicht; Liebau, 2016)

Stellen Sie sich mit leicht gebeugten Knien und hüftbreit geöffneten Beinen vor einen Spiegel oder vor ein Fenster, aus dem Sie einen Ausblick haben, den Sie mögen, mit Blick auf einen Wald oder in eine angenehme Ferne. Kippen Sie Ihr Becken nach links und rechts zur Seite, nach vorne und zurück. Führen Sie Ihr Schambein sanft nach vorn (Schoß öffnen). Kommt Ihnen jemand in den Sinn, dem Sie sich so zeigen möchten? Oder dem Sie sich in der Vergangenheit so gezeigt haben? Dem Sie sich häufig so zeigen? Welche angenehmen und/oder problematischen Erfahrungen sind damit verknüpft?

Kippen Sie dann Ihr Becken nach hinten (oberer Beckenrand nach vorne, Schambein nach unten hinten). Machen Sie ein Hohlkreuz und machen Sie mit Ihrem Gesäß einen sog. Entenhintern. Lassen Sie diese Haltung auf sich wirken. Kennen Sie sie? In welchen Situationen haben Sie diese (Verweigerungs-)Haltung eingesetzt? Wem gegenüber? Was folgte darauf?

Bringen Sie Ihr Becken dann in eine mittlere Stellung, so, dass Sie möglichst entspannt und »neutral« stehen können.

Lassen Sie anschließend Ihr Becken kreisen, oder – wenn es Ihnen leichtfällt – beschreiben Sie mit dem oberen Beckenrand eine liegende Acht. Lassen Sie zum Abschluss Ihr Becken sanft seitwärts hin und herschaukeln.

Übung 44

Sein und Hingabe: Schmetterlingsatmung

Breiten Sie eine Decke auf dem Boden aus. Legen Sie sich auf den Rücken und winkeln Sie die Knie an. Ihre Füße stehen parallel ca. 30 cm entfernt voneinander flach auf dem Boden. Schließen Sie die Augen und atmen Sie ein paarmal langsam und tief ein und aus. Öffnen Sie, während Sie einatmen, Ihre Knie im Zeitlupentempo. Lassen Sie Ihre Füße zu beiden Seiten über die Außenkanten abrollen. Öffnen Sie Ihre Beine so weit, wie es Ihnen angenehm ist und führen Sie sie anschließend, wiederum in Zeitlupentempo – im Ausatmen – zusammen. Wiederholen Sie diese Bewegung in Ihrem Tempo ca. zehnmal – vergleichbar einem Schmetterling, der seine Flügel öffnet und schließt. Sollte Ihnen die Aufgabe, die Bewegung mit Ihrem Atem zu synchronisieren (beim Einatmen öffnen, beim Ausatmen schließen) schwerfallen, lassen Sie die beiden Bewegungen unabhängig voneinander ablaufen. Beobachten Sie einmal Ihren Atem und dann wieder Ihre Beinbewegungen. Wenn es Ihnen leichtfällt, können Sie noch das Öffnen Ihrer Handflächen nach oben mit dem Einatmen und Öffnen der Beine und das Zurücklegen der Handflächen auf den Boden mit dem Zusammenführen Ihrer Knie und dem Ausatmen verbinden.

Bleiben Sie zum Abschluss in einer Position, die Sie keine Anstrengung kostet, und lassen Sie sich nachempfinden, was diese Übung in Ihnen ausgelöst oder verändert hat. Wenn es bequemer ist, können Sie dazu auch die Beine ausstrecken und flach auf dem Boden liegen.

Zwar beziehen sich, wie im Grundlagenkapitel erwähnt, emotionale Regungen in aller Regel auf ein Objekt oder ein menschliches Gegenüber. Besonders aber bei Liebesgefühlen oder dem Leiden daran sind zeitüberdauernd zwei bestimmte Menschen involviert. Deshalb bieten sich hier, falls beide motiviert sind und einwilligen, auch Übungen zu zweit bzw. für Paare an. Die Anwesenheit des Partners, ein klar vereinbarter äußerer Rahmen helfen, die Konzentration aufrecht zu erhalten. Der anschließende Austausch im Gespräch verspricht unmittelbare Auswirkungen auf das weitere Beziehungsgeschehen. Die Fragen lassen sich aber selbstverständlich auch alleine bearbeiten. Die Antworten können zu neuen Einsichten und Anregungen zur Erprobung veränderter Verhaltensweisen führen.

Übungen für Paare

Übung 45

Bestandsaufnahme

Setzen Sie sich einander gegenüber, im Schneidersitz auf dem Boden, auf einem Meditationshocker oder in zwei Stühlen, sodass Sie einigermaßen entspannt für längere Zeit hier sein können. Legen Sie einen Notizblock bereit, um Gedanken und Antworten aufzuschreiben, die Ihnen zu den folgenden Fragen in den Sinn kommen:

Vereinbaren Sie eine Zeit, z. B. eine halbe Stunde, und stellen Sie evtl. einen Wecker.

Schließen Sie die Augen.

Sprechen Sie in Gedanken den Namen Ihres Partners bzw. Ihrer Partnerin aus.

Stellen Sie sich anschließend der Reihe nach folgende Fragen und machen Sie sich zwischendurch Notizen:

(1) Rückblick
- Was habe ich an dir geliebt, als wir uns kennenlernten?
- Was habe ich bewundert?

- Was wollte ich auch gern haben/können/sein?
- Was hatte ich mir von dir erhofft?
- Was brauchte ich von dir?
- Welche Wünsche und Träume hatte ich?

(2) Aktuelle Probleme
- Wodurch fühle ich mich enttäuscht in unserer Partnerschaft?
- Welche meiner Bedürfnisse werden nicht erfüllt? Kann ich sie anderswo befriedigen?
- Welche Ressentiments hege ich meinem Partner bzw. meiner Partnerin gegenüber?
- Wodurch fühle ich mich verletzt? In welchem Bereich?
- Was stört mich an meinem Partner oder meiner Partnerin? Womit komme ich am wenigsten klar?

(3) Ist-Zustand und Veränderungsmöglichkeiten
- Kann ich heute noch „Ja“ sagen zu ihm bzw. zu ihr?
- Wie nah / wie fern stehen wir einander?
- Wie müsste der Abstand zwischen uns verändert werden, damit es meinem inneren Gefühl entspricht?
- Näher rücken oder abrücken? Weit oder nur ein bisschen?
- Was hindert uns daran, den Abstand zwischen uns entsprechend einzurichten?
- Werden meine persönlichen Grenzen respektiert?
- Fühle ich mich sicher in meinem Bereich?
- Sind meine Grenzen undurchdringlich geworden?
- Habe ich mich verschlossen?

Bereiten Sie sich dann langsam auf das Öffnen der Augen vor. Öffnen Sie Ihre Augen und schauen Sie einander an. Lassen Sie alles, was Sie in den zurückliegenden Minuten gedacht, gefühlt und erinnert haben, nochmals Revue passieren, während Sie Ihr Gegenüber intensiv anschauen, in seinen bzw. ihren Blicken zu lesen und mit Ihren Augen zu »sprechen« versuchen.

Lockern Sie dann allmählich Ihre Haltung, dehnen und strecken Sie sich: Sie können auch kurz aufstehen, wenn Sie möchten, und ein bisschen herumgehen. Setzen Sie sich dann nochmals zusammen, um zu sprechen und sich auszutauschen, was Sie gedacht und erlebt haben.

Man darf Wünsche an den Partner bzw. die Partnerin haben, darf Bedürfnisse äußern, sollte aber auch in der Lage sein, ein »Nein« zu akzeptieren. Wenn man in der Partnerschaft überwiegend Ansprüche stellt, führt das in aller Regel zu Problemen.

Wenn zu viele eigene Bedürfnisse nicht erfüllt werden, wenn die Verletzungen, die geschehen sind oder weiterhin geschehen, zu schmerzhaft sind, wenn Grenzen nicht respektiert werden, wenn die eigenen Gefühle dem oder der anderen gegenüber mehr negativ als positiv sind, dann sollte man erwägen, Abstand voneinander zu nehmen und sich allenfalls zu trennen.

Dabei werden Betroffene zumeist gewichtige Gründe anführen, warum das nicht gehe – der Kinder wegen, wegen des gemeinsamen Besitzes, die Macht der Gewohnheit. Was sagen die Nachbarn, meine Geschäftspartner, meine Familie usw.?

In solchen Fällen ist es wichtig, die Gründe und Ängste, die gegen eine Trennung sprechen, genau zu untersuchen. Unter Umständen sollte fachliche Hilfe in Anspruch genommen werden. Häufig stellt sich heraus, dass die genannten Gründe vorgeschobene sind. Und dass die Ängste, die einen Menschen hindern, etwas an den bestehenden Verhältnissen und leidvollen Verstrickungen zu verändern, tiefer sitzen, zumeist in der eigenen Biografie, d. h. in frühen Kindheitserfahrungen und gewachsenen Bindungsmustern wurzeln.

Übung 46

Für Paare, die »es schwer miteinander haben«: der virtuelle Adventskalender

(a) Eine Woche lang fragen sich beide Partner abends, ob der andere einem an diesem Tag eine Freude gemacht hat.

Zum Beispiel: Mein Mann hat sich heute Morgen extra Zeit genommen, um mir beim Frühstück Gesellschaft zu leisten, obwohl er selbst schon früher aufgestanden war und bereits gefrühstückt hatte. Danach fuhr er ins Büro.

Meine Frau hat heute meine Lieblingsspeise gekocht. Sie hat die Leiter aus dem Keller geholt und eine Glühbirne im Flur ausgewechselt, obwohl das normalerweise meine Aufgabe ist.

(b) Für die darauffolgende Woche nehmen sich beide Partner vor, dem anderen täglich eine Freude zu bereiten.

Zum Beispiel: Ich plane eine Wanderung für uns beide, überrasche ihn mit einer Reise ans Meer, bringe Briefe für ihn zur Post, lese ihm aus einem Buch vor, das mir besonders gefällt, suche einen hübschen Schal für ihn aus.

Ich schlage ihr für das Wochenende einen gemeinsamen Saunabesuch vor. Ich lade sie zum Essen ein. Ich schenke ihr einen Theaterabend, ich mache Fotos von ihr und schenke ihr diese. Ich bringe ihr Blumen, kaufe ihre Lieblingspralinen für sie.

Am Abend gibt es ein Gespräch darüber, worüber man sich an diesem Tag gefreut hat.

Manchmal *denkt* jemand, dem bzw. der anderen eine Freude mit etwas Bestimmtem zu machen. Bei den Nachgesprächen muss man aber unter Umständen erkennen – oder sich sagen lassen – dass bspw. ein gemeinsamer Wandertag vielmehr ein Geschenk für den Schenkenden selbst als für den Beschenkten war. Oder dass die Frau, die ein vermeintliches Lieblingsessen für ihren Mann zubereitet, bisher nur noch nicht gemerkt hat, dass der Beschenkte den von ihr nach einem Rezept ihrer Großmutter langwierig zubereiteten Sauerbraten vor allem ihr zuliebe gegessen hat. Er lobte das Essen, um ihr eine Freude zu machen. Aber es wäre ihm viel lieber, wenn sie z. B. ein Buch lesen, Deutsch lernen oder Klavier spielen würde als das ganze Haus mit Küchengerüchen zu füllen. Kurz: Das mit dem Freude-Machen ist unter Umständen eine trickreiche Sache, die zu großer Desillusionierung, aber auch zu Erkenntnis führen kann, wenn man sich um Aufrichtigkeit im Gespräch bemüht und offen ist für die Mitteilungen seines Partners bzw. seiner Partnerin.

Zusammenfassung

In diesem Kapitel wird das große Thema »Liebe« aus einer psychologischen Perspektive betrachtet. In diesem Bereich des Gefühlsspektrums sind Berechenbarkeit und Kontrollierbarkeit häufig nicht gegeben. Trotzdem lassen sich einige Anregungen zur Selbststeuerung bei Liebesleid formulieren. Es kann bspw. hilfreich sein, an der eigenen Liebesfähigkeit zu arbeiten, statt über zu wenig empfangene Liebe zu klagen. Wenn wir lieben, überschreiten wir unsere eigenen Ich-Grenzen. Um sich nicht im anderen zu verlieren, ist eine nachhaltige Verwurzelung im eigenen Selbst und ein möglichst stabiler Realitätsbezug wichtig. Es werden Dimensionen beschrieben, die helfen sollen, Polarisierungen in Liebesbeziehungen zu vermeiden und sich bei Schieflagen zu orientieren.

Darüber hinaus ermutigt der Text, Liebesverletzungen in der eigenen Biografie aufzuspüren und sich bewusst zu machen, um nicht in endlosen Wiederholungen immer wieder in ähnliche Konstellationen zu geraten, sondern diese Verletzungen im Idealfall zu heilen.

5.4 Trauer

Trauer befällt uns, wenn wir einen Verlust zu verarbeiten haben: unserer Jugend, eines nahen Menschen, unserer körperlichen Unversehrtheit, eines glücklichen Zustands, eines uns wertvollen Gegenstands oder Besitzes. Wenn wir trauern, ziehen wir uns aus menschlichen Beziehungen und ganz allgemein vom Leben zurück. Unsere Aktivitäten lassen nach, die Mimik und andere Bewegungen werden weniger oder erstarren sogar. Unsere Gedanken engen sich zunehmend auf das verlorene Objekt und dessen unwiederbringlich erscheinenden Verlust ein. Wenn wir trauern, haben wir akzeptiert, dass wir das Geschehene nicht mehr ändern können. Produktiv zu trauern, heißt, sich von dem Verlorengegangenen, dem Verschwundenen auch seelisch zu lösen. Das geschieht meistens erst, nachdem wir uns gegen die mit dem Verlust verbundene Zumutung nochmals aufgebäumt, Wut und Zorn gespürt und uns heftig gewehrt haben. Aber im Prinzip müssen wir das, was wir verloren haben, freigeben und loslassen.

Wenn wir eine Bezugsperson verlieren oder ein geliebter Mensch uns verlässt, möchten wir es zunächst nicht wahrhaben. Wir denken, es sei vielleicht ein Missverständnis, eine vorübergehende Turbulenz in der Beziehung. Wir werden unruhig, bemühen uns, den anderen wiederzugewinnen, unternehmen Vieles, um zu verhindern, dass sich etwas Grundlegendes verändert. Wir wünschen uns nichts sehnlicher, als dass möglichst alles beim Alten bleibt.

Allmählich sickert aber die Erkenntnis durch, dass der Verlust unwiderruflich ist und dass wir uns den Veränderungen, die dieser bedeutet, stellen müssen. Diese Erkenntnis kann mit Angst und anhaltender Unruhe oder mit einer Depression einhergehen, weil wir uns den Veränderungen und dem Schmerz, der mit dem Verlust verbunden ist, nur bedingt gewachsen fühlen.

Sämtlicher Lebenselan verlässt uns. Wir fühlen uns ohnmächtig ausgeliefert, hilflos. Alternative Ziele oder Strategien, um den Verlust zu überwinden oder wettzumachen, sind nicht in Sicht.

Oder sie erscheinen uns nicht erstrebenswert. Wir ziehen uns aus anderen sozialen Beziehungen zurück, verkriechen uns, sind nicht arbeitsfähig. Die Tränen sind uns sehr nahe. Immer wieder müssen wir weinen.

Je nachdem, wie sehr wir dem erlittenen Verlust auch Positives abgewinnen können, wie deutlich wir ahnen, dass sich in Zukunft neue, vielversprechende Räume öffnen werden, oder wie sehr der Mensch, der uns verlassen hat, eine nie mehr zu füllende Lücke hinterlassen, eine kaum zu heilendende Wunde gerissen hat, wird die Phase der Gegenwehr mehr oder weniger heftig sein. Bei dem Versuch, sämtliche uns zu Gebote stehenden Kräfte zu mobilisieren, um uns aufzulehnen, zu protestieren, unsere Wut zum Ausdruck zu bringen über die Ungerechtigkeit und die Zumutung dessen, was uns widerfahren ist, machen wir unter Umständen Schuldige aus, denen dann unser ganzer Zorn gilt: einen Mann, der die eigene Frau »ausgespannt« hat, eine Droge, die zum Tod eines geliebten Kindes, eines Partners führte, ein betrügerisches Konsortium, das uns um eine große Summe Geldes gebracht hat, ein Unfall, der uns die körperliche Unversehrtheit ohne Hoffnung auf Wiederherstellung geraubt hat. Und wären wir doch nicht in dieses Land, an diesen Ort gefahren, dann wäre alles noch so wie immer!

Wir ärgern uns, wir schimpfen, machen Vorwürfe, wir sinnen auf Rache. Wir möchten, dass der oder die mutmaßlich Schuldigen zu fühlen bekommen, was wir selbst ertragen müssen.

Erst wenn ausreichend getrauert und gewütet wurde, kann eine Phase der Neuorientierung und des Neubeginns einsetzen. Das Verlorene kann auch seelisch losgelassen werden, wodurch Raum für Veränderung entsteht. Das Interesse an der Welt erwacht wieder. Wir wenden uns anderen Menschen zu, lassen uns wieder auf Gespräche, Beziehungen und Aktivitäten ein, sodass nach und nach die durch das verlorene Objekt entstandene Leere neu gefüllt wird und die erlittene Wunde heilen kann.

Wenn Sie sich ausführlicher mit Trauerverläufen befassen möchten, findet sich eine gute Beschreibung bei Kast (2015).

In aller Regel darf man darauf vertrauen, dass die einzelnen Phasen und Aspekte des skizzierten Prozesses in sich selbst organisierender Weise hervortreten, sich gestalten und uns so lange beanspruchen, wie zu deren Absolvierung nötig ist, bis wir – vorübergehend – wieder in einen ausgeglichenen Zustand der lebendigen Offenheit zurückkehren.

Aus verschiedenen Gründen, z. B. bestimmten Erfahrungen in der eigenen Lebensgeschichte, können einzelne Komponenten eines an sich normalen Trauerprozesses blockiert sein oder gewisse Gefühle überschwemmend wirken oder es treten andere Störungszeichen auf. In solchen Fällen ist es auch möglich, dass es zu selbst- oder fremdschädigenden Verhaltensweisen kommt.

Beispiel

Ein Mann, dessen Vater von Kriegserlebnissen traumatisiert ist, kann nicht weinen, als seine Lebenspartnerin ihn verlässt. Stattdessen »verstummt« er, steht morgens nur noch mit größter Mühe auf und geht bald auch nicht mehr zur Arbeit.

Eine junge Frau versucht nach dem unerwarteten Herztod ihres Vaters zuerst noch mehr zu leisten als ohnehin schon auf ihrem Programm steht. Sie hat zwei Kinder im Vorschulalter zu versorgen und möchte eine mehrjährige Weiterbildung zum Abschluss bringen; sie ist gleichzeitig berufstätig, weil auch ihr Mann noch ein Studium absolviert, weshalb sie schon seit längerer Zeit die Haupternährerin der Familie ist. Ein Zusammenbruch scheint vorprogrammiert.

Ein Mann mittleren Alters, enttäuscht vom Verlust seiner Liebesgefühle in seiner mittlerweile siebenjährigen Ehe, wendet sich dem Alkohol zu und provoziert damit handfeste Eheprobleme, aber auch erste Konflikte am Arbeitsplatz.

Ein Schüler zieht sich, ausgelöst durch eine Liebesenttäuschung, aus allen Beziehungen zurück, verstummt über längere Zeit hinweg und schockiert plötzlich alle mit einem

Amoklauf, richtet ein nie wieder gutzumachendes Blutbad an.

In all diesen Beispielen ist es den Betroffenen nicht gelungen, den erlittenen Verlust in einem gesunden Trauerprozess zu verarbeiten. In diesen Fällen wäre ein rechtzeitiges Aufsuchen von fachlicher Hilfe notwendig gewesen.

Von einem normalen und gesunden Trauerprozess zu unterscheiden sind depressive Zustände, bei denen Menschen in ihrem Traurig-Sein erstarrt sind, in denen der Bezug zum verlorenen Objekt häufig unklar bzw. nicht (mehr) bewusst ist, weshalb auch eine aktive Auseinandersetzung und seelische Loslösung vom Verlorenen nicht stattfinden kann.

Als (leicht) klinisch depressiv gilt jemand, dessen gedrückte Stimmung mindestens zwei Wochen lang anhält und nicht mehr in Abhängigkeit von äußeren Lebensumständen variiert. Es kann auch eine motorische Unruhe und eine übermäßige Reizbarkeit auffallen. Laut der Weltgesundheitsorganisation (WHO, 1991) gelten als Leitsymptome: verminderte Konzentration und Aufmerksamkeit, ein vermindertes Selbstwertgefühl und Selbstvertrauen, Schuldgefühle und Gefühle von Wertlosigkeit, negative und pessimistische Zukunftsperspektiven, Gedanken an oder eine erfolgte Selbstverletzung, suizidale Gedanken oder Handlungen, Schlafstörungen und ein verminderter Appetit.

Wie andere Gefühle auch, hat Trauer im Normalfall einen endlichen und absehbaren Verlauf. Sie setzt ein, sobald ein Verlust als unwiederbringlich erkannt und angenommen wurde. Sie schwillt an, ebbt ab – in mehreren Zyklen oder mit einem einzigen, intensiv schmerzenden Kulminationspunkt. Und irgendwann ist sie vorbei. Der Schmerz des Verlusts lässt nach. Unsere Gedankenwelt öffnet sich wieder gegenüber anderen Dingen und ist nicht mehr nur auf das Verlorene fixiert. Wir mussten verarbeiten, inwiefern wir selbst Schuld an dem erlittenen Verlust tragen, was wir anders hätten machen können. Trauer bedeutet auch: verstehen wollen und Erkenntnisse aus der gemachten Erfahrung ziehen. Wir versuchen, etwas aus unserem Unglück zu lernen. Wie können wir in Zukunft vermeiden, dass uns so etwas wieder passiert? Wir lassen wieder vermehrt Kontakte zur Außenwelt zu, unternehmen Dinge, beginnen, wieder zu arbeiten. Wir bekommen Lust, uns zu bewegen, fangen an, Spaziergänge zu machen, dieses oder jenes sportliche Training aufzunehmen. Allmählich hellt sich auch die allgemeine Grundstimmung wieder auf und wir tauchen auf aus unserem Tief. Die Zeit, die so ein Trauerprozess beansprucht, kann zwischen wenigen Minuten (ein Kind, das herzzerreißend weint, weil ihm ein gasgefüllter Luftballon vom Handgelenk gerutscht ist und in den Himmel entschwebt) und mehreren Jahren (Partnerverlust, Suizid eines nahen Verwandten) variieren.

Inwiefern und unter welchen Umständen kann Trauer zum Problem werden?

Überflutung, Schock und Trauma

Ein Trennungsschmerz, wie er zum Beispiel bei einem plötzlichen Partnerverlust oder bei Babys auftritt, die wiederholt und übermäßig lange allein gelassen werden und die noch über keine seelischen und körperlichen Bewältigungs- bzw. Kompensationsmöglichkeiten verfügen, kann so heftig sein, dass er traumatische Dimensionen annimmt. Der betreffende Mensch ist dem Verlust unvorbereitet und praktisch wehrlos ausgeliefert. Der einzige zur Verfügung stehende Selbstschutz besteht in angeborenen, d. h. genetisch angelegten Schock- und Traumareaktionen (s. Kap. 4 Trauma): Im Angesicht des Unvermeidbaren steigt die sympathikotone Erregung und Muskelspannung über ein verkraftbares Maß hinaus an, bis hin zu einer Schockstarre: Alle Muskeln – Agonisten wie Antagonisten – sind gleichzeitig in höchstem Maße angespannt, bei gleichzeitig hohem Blutdruck, erhöhter Herzfrequenz und höchster emotionaler Erregung. Durch den bald danach einsetzenden parasympathischen Einfluss klingen all die genannten Reaktionen wieder ab. Der Muskeltonus, der

Blutdruck, die Herzfrequenz, die emotionale Erregung gehen zurück. Die Blutgefäße erweitern sich wieder. Außerdem setzt eine leichte bis schwere Bewusstseinstrübung ein. Die neuronale Konnektivität nimmt ab. Sensorischer Input wird nicht mehr emotional bewertet, nicht mehr sprachlich erfasst und auch nicht mehr mit Kontextinformationen versehen. Erlebtes kann dadurch nicht als kohärentes Ereignis im Gedächtnis abgelegt werden. Erinnert werden später lediglich Fragmente der gemachten Erfahrung, die anders als reguläre Gedächtnisinhalte durch aktuelle Reize ausgelöst, aber nicht als der Vergangenheit zugehörig identifiziert werden können, sondern erlebt werden, als wären sie jetzt. Es wird vermieden, sich an das Ereignis zu erinnern. Gleichwohl werden die emotionalen, sensorischen, körperlichen und kognitiven Fragmente durch eine Unzahl von Auslösern immer wieder im Gedächtnis aktiviert und reaktivieren damit die traumatische Erfahrung und sämtliche Reaktionen darauf (Flashbacks), die ohne gründliche Verarbeitung nicht zu integrieren sind.

Trauervermeidung

Es gibt Menschen, die bspw. nicht wahrhaben wollen, dass der Partner sie nicht mehr liebt, vielleicht nie wirklich geliebt hat, die immer noch ein Familienbild aufrecht zu erhalten versuchen, das sich längst überlebt hat. Die Kinder sind ausgezogen, gestalten und leben ihr eigenes Leben. Man entfremdet sich voneinander. Menschen, die nicht bereit sind, reale Gegebenheiten wahrhaben zu wollen, wehren jede Information und Erfahrung, die ihnen genau das nahe zu bringen versucht, ab. Sie wollen die Gleichgültigkeit, mit der der Partner sie bei Verabredungen warten lässt, einfach nicht wahrnehmen; auch seine Arbeitswut nicht, mit der er konsequent verhindert, gemeinsame Zeit als Paar zu verbringen, und sie weigern sich, sein Bemühen, dauernd Leute einzuladen, um unter allen Umständen Zeit zu zweit zu vermeiden, zur Kenntnis zu nehmen.

Sie überhören geflissentlich alle schnippischen, abwertenden, unverschämten und kritischen Bemerkungen ihrer Söhne und

Töchter über das Elternhaus, den elterlichen Lebensstil, Redebeiträge von Vater und Mutter betreffend. Und anstatt Grenzen zu setzen und den entliebten Partner bzw. die flügge gewordenen Kinder ziehen zu lassen, sie aufzufordern, in die Welt zu gehen und ihr Glück anderswo zu suchen, gibt es Männer und Frauen, Mütter und Väter, die beharrlich Familienfeste organisieren, gemeinsame Ferien ermöglichen, überdimensionierte Geschenke kaufen. Der Schmerz, den jede weitere Kränkung, Zurückweisung und Abgrenzung seitens des Partners bzw. der Partnerin oder der Kinder verursacht, wird verleugnet und verdrängt. Er »fleischt« sich aber als zunehmende Lust- und Mutlosigkeit, als Energieverlust und Atemdepression im Körper ein und kann zu beschleunigten Alterungsprozessen führen, was entliebten Partnern bzw. den abgelösten Kindern umso mehr Gründe für ein Abschreiben der Zurückgelassenen liefert.

Ist Freude das Gegenteil von Trauer? Kann es Probleme mit zu viel Frohsinn, guter Laune, Optimismus und Zuversicht geben? Leider ja.

Ich möchte diese Beschreibung von Trauervorgängen nicht abschließen, ohne die andere Seite der Medaille zu erwähnen.

Submanische und manische Reaktionen

Menschen in »unangemessen beflügelten« Gemütslagen fallen ihren Mitmenschen durch rasches und lautes Vielreden auf. Sie schätzen die sie umgebenden Umstände zu optimistisch und positiv ein, halten alles für möglich, schlagen Warnungen von Freunden und Angehörigen, die bemerkt haben, dass der Betreffende alle Bodenhaftung zu verlieren droht, in den Wind. Wenn dies so weit geht, dass sich jemand finanziell ruiniert oder sozial schädigt, ist es dringend angezeigt, dass Angehörige Hilfe anfordern. In manischen Zuständen tätigen Menschen unsinnige Einkäufe, verschenken ihren Besitz, möchten wohltägig sein, die Welt endlich retten. Sie stoßen ihre Mitmenschen vor den Kopf, weil sie auf nichts hören, was man ihnen sagt, Warnungen in den Wind schlagen und oftmals arrogant wirken.

Von einem manischen Zustand im klinischen Sinne spricht man, wenn sich jemand in einer der Situation unangemessen gehobenen Stimmungslage befindet, die länger als eine Woche andauert, wenn er oder sie eine gesteigerte Aktivität und eine nahezu unkontrollierbare Erregung an den Tag legt, überdurchschnittlich angetrieben erscheint, durch Überaktivität, Rededrang und ein vermindertes Schlafbedürfnis auffällt. Solchermaßen Betroffene scheinen alle üblichen sozialen Hemmungen abgelegt zu haben; sie sind stark ablenkbar und neigen zu Selbstüberschätzung, Größenwahn und einem maßlosen Optimismus.

Selbsthilfetechniken bei Problemen mit Trauerreaktionen

Wenn Hinweise auf tieferliegende Probleme bei einem Trauerprozess vorliegen, ist es angezeigt, fachliche Hilfe aufzusuchen. Das ist dann der Fall, wenn Sie eine Trauerreaktion oder eine mit der Trauer zusammenhängende depressive Verstimmung über Tage daran hindert, Ihren Alltag zu bewältigen, wenn Sie bspw. morgens nicht mehr aufstehen wollen, wenn Sie den Appetit verloren haben und kaum mehr essen mögen, sodass Sie innerhalb kurzer Zeit mehrere Kilos verlieren, oder wenn Sie aus Kummer so viel zu essen beginnen, dass Sie rasch an Gewicht zunehmen, wenn Ihnen nichts mehr Freude macht und Sie zu deprimiert sind, um in Ihrer Wohnung aufzuräumen, sich zu pflegen oder Ihre täglichen Pflichten zu erfüllen – am Arbeitsplatz und in der Familie – wenn Sie z. B. Ihre Kinder nicht mehr versorgen können.

Wenn Sie sich hingegen im Wesentlichen selbstwirksam fühlen – Sie erreichen Ziele, die Sie anstreben, Sie lösen Alltagsprobleme, die Beziehungen zu Ihren Mitmenschen sind im Prinzip lebendig und intakt, Sie sind Herr bzw. Frau Ihrer selbst und haben dennoch den Eindruck, dass Traurigkeit mehr Raum in Ihrem Leben einnimmt als Ihnen angemessen erscheint, und Sie sich manchmal wie versteinert fühlen, wo Sie eigentlich Tränen erwarten würden und weinen möchten –, dann finden sich im

Folgenden einige Übungen, die bei der Bewältigung von Trauerprozessen unterstützend wirken.

Übung 47

Wahrnehmen, Annehmen, sich Zeit und Raum für das Erleben der eigenen Trauer geben

Wenn wir einen Verlust zu verkraften haben, schlafen wir schlecht, d. h. kurz und selten sehr tief. Wir erwachen lange, bevor der Wecker klingelt. Der Schmerz wegen des Verlorenen pocht und pulsiert.

Statt sich zu ärgern, dass »ich schon wieder nicht richtig schlafen konnte«, tun Sie Folgendes: Nehmen Sie zur Kenntnis, dass es dieser Schmerz ist, der Ihnen in diesen Tagen, Wochen, Monaten am nächsten ist, begrüßen Sie ihn, wie Sie sonst die geliebte Person begrüßt haben. Schauen Sie sich um in Ihrer nächsten Umgebung. Was sehen Sie? Lichtstreifen, die eine Straßenbeleuchtung durch die Jalousien wirft? Den Schatten eines Sessels oder Kleiderschranks? Das Blinken der digitalen Anzeige auf Ihrem Wecker?

Versuchen Sie anschließend, Körperempfindungen wahrzunehmen. Ein Hungergefühl? Einen Druck auf der Brust? Verspannungen im unteren Rücken? Einen stechenden Schmerz in der rechten Schläfe?

Drücken Sie Ihre Wirbelsäule in die Matratze und schlängeln Sie mit allen Segmenten Ihres Rückens hin und her. Ziehen Sie Ihr linkes, danach Ihr rechtes Bein lang. Heben Sie beide Beine leicht nach oben und senken Sie sie wieder. Heben Sie Ihren Kopf vom Kissen und legen Sie ihn sanft wieder ab. Nehmen Sie Ihre Schultern nach hinten und öffnen Sie den Brustkorb. Ziehen Sie die Luft hörbar durch die Nase ein, füllen Sie Ihre Lungen so voll wie Sie können und atmen Sie langsam durch den Mund wieder aus.

Wünschen Sie sich einen guten Morgen und fragen Sie sich, wie es Ihnen geht. Hören Sie sich gut und freundlich zu, während Sie antworten. Sie sind wütend? Sie fragen sich, was sich Ihre Freundin eigentlich gedacht hat, als sie Sie Knall auf Fall, von einem Tag auf den anderen, aus ihrem Leben verbannt hat? Warum Ihr Geliebter nicht aufhören kann zu trinken? Warum Ihr Sohn in diese Freundeskreise geraten ist, Drogen zu konsumieren begann und sich plötzlich vor den Zug geworfen hat? Warum? Warum? Warum? Sagen Sie es laut, wenn Sie allein im Schlafzimmer sind. Schreien Sie es womöglich. Probieren Sie verschiedene Lautstärken und Tonhöhen aus. Sprechen Sie, wenn möglich, alle Gedanken, die Ihnen zu diesem Zeitpunkt zu dem Verlorenen in den Sinn kommen, laut aus. Oder denken Sie sie deutlich zu Ende, falls Sie nicht allein im Zimmer sind. Erlauben Sie sich, Vorwürfe zu formulieren, Anklagen und Flüche. Wenn für den Moment alles gesagt ist, schauen Sie sich wieder um, versuchen Sie, den Sie umgebenden Raum mit allen Gegenständen, Licht und Schatten wahrzunehmen und kehren Sie zu den kleinen Körperübungen (s.o.) zurück. Wiederholen Sie sie.

Fragen Sie sich noch einmal, wie es Ihnen jetzt geht. Welchen Schmerz fühlen Sie? Wie genau? Wo in Ihrem Körper? Und: Haben Sie eine Idee, was Ihnen Trost, Linderung und/oder Unterstützung bringen könnte? Nehmen Sie sich vor, an dem bevorstehenden Tag etwas Zeit darauf zu verwenden, danach zu suchen. Oder, wenn es etwas ist, was Sie selbst organisieren können, planen Sie Zeit dafür ein, um es sich zu geben: z. B. in Ihr Lieblingscafé zu gehen und eine Tasse heiße Schokolade zu trinken, Menschen zu betrachten, ein Buch oder eine Zeitung zu lesen, zu denen Sie sonst nicht kommen, einen Saunabesuch einzubauen oder sich den Pullover zu kaufen, den Sie kürzlich gesehen haben, der Ihnen dann aber zu teuer erschienen war. Gönnen Sie, schenken Sie sich ihn!

Wenn Sie nicht mehr einschlafen können und es bereits gegen Morgen geht, stehen Sie auf und beginnen Sie mit Ihren Tagesbeschäftigungen. Wenn es noch mitten in der Nacht ist und Sie Lust zum Lesen verspüren, lesen Sie ein wenig oder liegen Sie wach und denken Sie, dass es auch erholsam sein kann, einfach ruhig da zu liegen. Oder bewegen Sie sich sanft in Ihrem Bett. Je nachdem.

Falls Sie den Eindruck haben, stumpf geworden zu sein, Ihre Gefühle nicht richtig zu spüren, geschweige denn ihnen Ausdruck verleihen zu können, hier ein paar Übungen, die Ihnen helfen können, Ihre »Durchlässigkeit« und Schwingungsfähigkeit zurückzugewinnen. Wichtig hierbei ist, dass Sie diese Übungen über eine längere Zeit regelmäßig durchführen. Falls es Ihnen schwerfällt, genügend Disziplin dafür aufzubringen, melden Sie sich zu einer Übungsgruppe an (Fitness, Yoga, Tai Chi, Ausdruckstanz, Bioenergetische Übungen usw.) und versuchen Sie, absolut regelmäßig daran teilzunehmen.

Zur Überwindung von langanhaltenden Trauerphasen ist es wichtig, das eigene Aggressionspotenzial wiederzugewinnen, Zugang zur eigenen Wut zu finden und damit anzufangen, diese (wieder) zu kommunizieren. Dies bedeutet bspw. auch gegenüber Freunden zu äußern: Ich will was von euch! Ihr könntet euch mehr um mich kümmern. Helft mir bitte! Unternehmt etwas mit mir! Ladet mich ein! Dies setzt auf Seiten der Trauernden jedoch voraus, dass sie bereit sind, aus ihrem Rückzug zurückzukehren.

Übung 48

In Bewegung kommen I: Schultern heben und senken

Stehen Sie mit hüftbreit geöffneten Beinen auf dem Boden. Heben Sie mit dem Einatmen Ihre Schultern an, ziehen Sie sie bis zu den Ohren hoch und lassen Sie sie im Ausatmen wieder fallen. Wiederholen Sie diese Übung siebenmal. Nehmen Sie sich anschließend Zeit, alle im Körper spürbaren Anspannungen wahrzunehmen. Verstärken Sie sie, lösen Sie sie anschließend. Und versuchen Sie, weich zu werden.

Übung 49

Sich aus der Erstarrung lösen I: Rückwärtsbogen

Stützen Sie die Hände im Stehen in Ihren Rücken (etwa auf Nierenhöhe), beugen Sie sich nach rückwärts, machen Sie ein Hohlkreuz und versuchen Sie, mit dem Kopf an die rückwärtige Wand zu schauen, dehnen Sie den vorderen Hals, öffnen Sie den Mund und schließen Sie ihn wieder. Lassen Sie sich während dieser Übung möglichst tief atmen.

Beugen Sie sich anschließend, geführt von Ihrem Kopf und Ihren Armen, langsam nach vorne. Versuchen Sie, mit jedem Ausatemzug etwas weiter nach vorne und unten zu sinken. Achten Sie darauf, dass Ihr Nacken möglichst entspannt ist und Ihr Kopf frei nach unten hängt.

Wenn Sie genug haben, richten Sie sich Wirbel für Wirbel langsam vom unteren Rücken her wieder auf (Zu dieser Übung passen auch die Übung 36 und die bei Übung 41 beschriebene Variante).

Übung 50

In Bewegung kommen II: Katzbuckeln

Diese Übung ist für mehr Beweglichkeit, Selbstwahrnehmung und Durchlässigkeit für Gefühle. Breiten Sie eine Decke oder Yogamatte auf dem Boden aus: Lassen Sie sich auf Ihren Knien nieder und stützen Sie sich mit gestreckten Armen auf Ihre Hände. Machen Sie im Einatmen einen runden Rücken (Katzbuckel) und im Ausatmen ein hohles Kreuz. Versuchen Sie, insgesamt einen ununterbrochenen Bewegungsfluss im Verbund mit Ihrem Atem zu erreichen und wiederholen Sie die Übung etwa siebenmal.

Übung 51

Kraft aufbauen: Yoga-Übung – Bhujanghasana (Kobra)

Legen Sie sich mit dem Bauch auf Ihre Decke oder Yogamatte. Stützen Sie die Hände rechts und links auf Brusthöhe auf, heben Sie den Kopf und strecken Sie Ihre Arme. Sie machen dadurch ein Hohlkreuz und öffnen den Brustraum. Lassen Sie sich anschließend wieder langsam auf die Decke sinken und entspannen Sie sich auf dem Bauch liegend. Atmen Sie einmal tief ein und aus. Wiederholen Sie diese Übung fünfmal.

Übung 52

Zorn mobilisieren

Legen Sie sich mit dem Rücken auf eine nicht allzu weiche, aber genügend dicke Matratze. Winkeln Sie die Knie an. Stellen Sie Ihre Füße in ca. 30 cm Abstand auf. Heben Sie Ihr Becken ein Stück weit in die Höhe und lassen Sie es anschließend fallen. Begleiten Sie dieses Fallenlassen mit Lauten wie »Hah!« oder »Ach!« oder Worten wie z. B. »Ist mir doch egal!«, »Hau doch ab!«, »Ich schaffe das auch allein!« usw. Wiederholen Sie diese Übung, so lange Ihre Kräfte und Ihr Zorn reichen. Falls Sie anschließend traurig werden, lassen Sie sich weiter atmen und erlauben Sie sich zu weinen. (Diese Übung kennen Sie bereits; sie wurde im Kapitel »Aggression und Wut« vorgestellt: Übung 29 »Sich abgrenzen – den eigenen Willen bekunden«).

Übung 53

Sich aus der Erstarrung lösen II: Zwerchfell lockern

Legen Sie sich mit dem Rücken wieder auf Ihre Decke, stellen Sie die Füße in ca. 30 cm Abstand flach auf. Die Knie sind angewinkelt. Atmen Sie tief ein und dann langsam alle Luft wieder aus. Wenn Sie das Gefühl haben, nicht mehr weiter ausatmen zu können, helfen Sie mit Husten nach, sodass Sie noch ein paar Sekunden länger im Ausatem bleiben und atmen Sie danach wieder ein. Atmen Sie zwei bis drei normale Atemzüge und wiederholen Sie die Übung des forcierten Ausatmens – etwa fünfmal.

Kommentar: Mit dieser Übung wird das Zwerchfell im Verbund mit den Zwischenrippen- und Bauchmuskeln zu mehr Beweglichkeit angeregt, wenn sich diese – zwecks Schmerzvermeidung – zu stark verspannt und verhärtet haben. Eine Einschränkung der Atembewegung und damit auch des Atemvolumens ist schon sehr früh in der kindlichen Entwicklung möglich, bzw. diese stellt sich quasi von selbst ein, wenn ein Kind bis zur Erschöpfung geschrien hat (und dies wiederholt geschieht), nicht verständnisvoll aufgenommen und getröstet, sondern in seinem Schmerz, Kummer und Protest allein gelassen wurde. Durch eine Verspannung der Atemmuskulatur atmet es weniger, empfindet dadurch weniger Schmerz, überhaupt weniger Emotion, allerdings um den

Preis einer verminderten Lebendigkeit und Vitalität. Solche Kinder und Menschen neigen zu Resignation und Apathie.

Übung 54

Gezielte Muskeldehnung I: Seitendehnung

Stehen Sie auf etwa beckenbreit voneinander entfernten Füßen und heben Sie Ihren ausgestreckten rechten Arm seitwärts über den Kopf. Die geöffnete Handfläche zeigt nach links. Beugen Sie, während Sie ausatmen, Arm, Kopf und Rumpf zur Seite. Richten Sie sich im Einatmen wieder auf und wiederholen Sie die Übung zur anderen Seite hin. Beugen und dehnen Sie sich nach beiden Seiten etwa je siebenmal (hierzu passt auch Übung 12).

Übung 55

Gezielte Muskeldehnung II: Yoga-Übung – Marichyasana (Drehsitz)

Setzen Sie sich mit ausgestrecktem rechtem Bein auf Ihre Decke. Winkeln Sie das linke Knie an und setzen Sie Ihren linken Fuß über das rechte Knie. Setzen Sie den linken ausgestreckten Arm auf den Boden hinter Ihrem Gesäß. Drehen

Sie Ihre Wirbelsäule samt Kopf nach links rückwärts. Versuchen Sie, nichts zu erzwingen. Gehen Sie sanft vor. Die rechte Hand hält sich am linken Knie und hilft, die Drehung der Wirbelsäule zu verstärken. Wiederholen Sie die Übung zur anderen Seite hin. Bleiben Sie zuerst in der einen und dann in der anderen gedrehten Position ein bis zwei Minuten und atmen Sie mehrere Male aus und ein. Versuchen Sie jeweils beim Ausatmen, Ihren Rücken noch eine Spur weiterzudrehen und gleichzeitig zu strecken.

Vorbereitungen auf eine Neuorientierung

Wenn Sie spüren, dass Sie allmählich genug getrauert haben, werden Sie anfangen, sich neugierig und ausführlich umzusehen. Fertigen Sie Wunschlisten an. Planen Sie angenehme Unternehmungen. Und probieren Sie folgende einfache Übungen aus.

Übung 56

Eutonie

Variante 1. Suchen Sie einen Raum auf, in dem Sie ungestört etwa 10–15 Minuten Zeit für sich haben. Setzen Sie sich möglichst bequem und entspannt hin und schließen Sie die Augen. Denken Sie an eine Person, die Sie mögen. Schauen Sie sie an, so liebevoll, wie es Ihnen gerade möglich ist. Lächeln Sie sie an. Versuchen Sie, die Wirkung, die die vorgestellte Person auf Sie ausübt und die Wirkung Ihres eigenen Lächelns sich in Ihrem Körper ausbreiten zu lassen.

Sitzen Sie weiterhin möglichst entspannt und konzentrieren Sie sich auf Ihre Körperempfindungen. Nehmen Sie insbesondere angespannte Muskelgruppen wahr. Spannen Sie diese noch ein wenig mehr an und entspannen Sie sie wieder (vgl. z.B. Übung 27c.). Was verändert sich? Richten Sie Ihre

Wirbelsäule vom Becken her auf, lassen Sie Ihre Schultern sinken. Atmen Sie ein paarmal tief ein und aus.
Variante 2. Setzen Sie sich bequem auf einen Stuhl, stellen Sie beide Füße etwa beckenbreit flach auf den Boden, spüren Sie, wie Sie auf Ihrem Stuhl sitzen, die Sitzhöcker auf der Sitzfläche. Fühlt es sich hart oder weich an? Ist Ihr Gewicht gleichmäßig verteilt? Richten Sie Ihre Wirbelsäule Wirbel für Wirbel auf, senken Sie Ihr Kinn leicht zur Brust. Stellen Sie sich vor, Sie seien an einem Faden, der durch den Scheitelpunkt in Ihrem Schädel geht, an der Decke oder gar am »Himmelsgewölbe« angehängt, dehnen Sie die Nackenmuskulatur lang und öffnen Sie Ihre Brust, indem Sie die Schultern leicht nach hinten ziehen. Atmen Sie einige Male möglichst tief ein und aus. Entspannen Sie sich dann, schütteln Sie sich ein wenig und wiederholen Sie diese Übung etwa siebenmal (vgl. Übung 24.).

Übung 57

Aktiv positive Gedanken und Erinnerungen suchen

Richten Sie Ihre Gedanken auf etwas Sie Erfreuendes: Nachdem Sie lange genug in Ihrer Trauer gebrütet und über alles unabänderlich Traurige gegrübelt haben, fragen Sie sich, ob es irgendetwas Positives in Ihrem gegenwärtigen Leben gibt oder in Ihrer Vergangenheit, woran Sie sich mit Freude erinnern (ein genussvolles Essen, ein frohes Zusammensein mit Freunden, einen Ausflug mit Ihren Großeltern, Ihren Hund …). Versuchen Sie, sich möglichst lebhaft zu erinnern und sich in den damit verbundenen Gefühlszustand zu versetzen. Lassen Sie die Empfindungen, die damit einhergehen, sich in Ihrem ganzen Körper ausbreiten. Und vergleichen Sie diese mit den Empfindungen aus dem Zustand der Trauer.

Übung 58

Zeiten für aktive Bewegung einplanen

Gibt es irgendeine Art von Bewegung, die Ihnen früher einmal Freude gemacht hat, bzw. auch jetzt Freude machen könnte? Im Fitness-Studio, beim Tanzen, Radfahren, Schwimmen, Yoga, Spaziergänge im Wald, Bergsteigen, Joggen … Nehmen Sie sich vor, mindestens einmal pro Woche dieser Bewegungsart eine halbe bis eine Stunde Zeit einzuräumen, und versuchen Sie, die dazu nötige Selbstdisziplin aufzubringen – erzählen Sie eventuell einer Freundin von Ihrem Plan und bitten Sie sie, zwischendurch nachzufragen, ob Sie ihn einhalten. Tun Sie es, obwohl Sie traurig sind. Tun Sie es, so gut Sie können. Es kommt nicht darauf an, ob Sie es »gut« machen, ob es Sie vorwärtsbringt, ob es irgendetwas bringt, ob es Sinn macht. Tun Sie es einfach. Und lassen Sie sich nachher immer ein wenig Zeit, um wahrzunehmen und eventuell in Ihrem Notizbuch aufzuschreiben, wie Sie sich fühlen.

Übung 59

Die Atemdepression überwinden

Suchen Sie Ihr Übungszimmer auf, in dem Sie etwa eine halbe Stunde üben können. Breiten Sie eine große Decke (ca. 2 x 1,5 m) auf dem Boden aus. Falten und rollen Sie z. B. ein Badetuch so zusammen, dass Sie eine ca. 75 cm lange und 10 cm dicke Rolle haben. Schieben Sie diese unter Ihren Rücken, etwa auf Höhe der Brustwirbelsäule (BWS). Sie liegen auf dem Rücken, mit der Rolle unter der BWS, der Kopf liegt auf dem Boden. Ihre Knie sind leicht angewinkelt, die Füße stehen in etwa 30 cm Abstand flach auf der Decke. Legen Sie Ihre Handinnenflächen auf die Brust, die Fingerspitzen zeigen im spitzen Winkel zum Brustbein. Achten Sie darauf, dass sich Ihre Nackenmuskulatur nicht zusammenzieht, dass

Sie den Kopf also nicht nach hinten überstrecken, versuchen Sie eher, Ihr Kinn in Richtung Brust zu ziehen, die hintere Nackenmuskulatur also zu dehnen. Dehnung soll vor allem im Bereich Ihres Brustkorbes und der BWS erfolgen. Wenn Sie eine Position gefunden haben, in der Sie einigermaßen entspannt liegen können, beginnen Sie tief einzuatmen (1-2-3-4 Herzschläge lang), halten Sie dann den Atem (1-2-3-4 Herzschläge lang) und atmen Sie langsam wieder aus (doppelt so lang wie ein: 1-2-3-4-5-6-7-8 Herzschläge lang). Atmen Sie so etwa siebenmal ein und aus.

Nehmen Sie anschließend die Rolle unter Ihrem Rücken weg, atmen Sie, wie es von selber kommt und geht und empfinden Sie nach, was Sie während dieser Übung erlebt haben und wie Sie sich jetzt im Vergleich zu vorher fühlen (hierzu passen auch die Übungen 1 und 41).

Zusammenfassung

In diesem Kapitel geht es um emotionale Trauerreaktionen, die in erster Linie bei der Verarbeitung von nicht rückgängig zu machenden Verlusten auftreten. Es werden die verschiedenen Phasen von Trauerprozessen beschrieben – Rückzug, Protest, Akzeptanz und Verarbeitung, schließlich ein Loslassen des Verlorenen und Neuorientierungen. Dabei kommen normale und problematische Trauerprozesse zur Darstellung, und es wird eine Abgrenzung von klinischer Depression wie auch von manischen Zuständen vorgenommen. Anschließend wird eine Reihe von Übungen vorgestellt, die der Unterstützung bei der Bewältigung von Trauerprozessen dienen. Da Trauer insbesondere mit dem Rückzug aus der Kommunikation und sozialen Bezügen sowie einer Bewegungserstarrung einhergeht, wird in den Übungen ein Hauptakzent auf die Dehnung von chronisch kontrahierten Muskeln sowie auf sanfte Bewegungsanregungen gelegt. Auch muss häufig unterdrückte Wut freigesetzt werden, damit Neuorientierung und eine erneute Öffnung dem Leben gegenüber möglich werden.

5.5 Scham

Erscheinungsformen und Entstehung

Menschen, die sich schämen, fühlen sich nicht liebenswert und mit einem Makel behaftet. Sie haben ein schlechtes Selbstbewusstsein und empfinden sich nicht zugehörig zur Gesellschaft, denn sie haben ein Ideal von sich, dem sie nicht zu entsprechen vermögen. Scham kann zu einem alles überschattenden Grundgefühl werden. Man empfindet sich als durch und durch schlecht.

Menschliches Schamempfinden wird in der Entwicklung vom Säugling zum Kind und Jugendlichen wesentlich durch Interaktionen mit anderen geprägt. Wie eine Mutter ihr Kind wahrnimmt und behandelt, wie ein Vater seinen Sohn oder seine Tochter sieht, was er für ihn oder sie empfindet, wie er mit seinem Kind umgeht, wie die Geschwister es behandeln … all das trägt zu dem Bild und dem Empfinden bei, das ein Mensch von und für sich selbst entwickelt.

Wir verinnerlichen die Gefühle, die uns im Laufe unseres Heranwachsens entgegengebracht werden. Ein Mangel an Liebe, kritische Beurteilungen bis hin zu emotionalem, eventuell auch sexuellem Missbrauch oder Misshandlungen beeinträchtigen die Ausbildung eines intakten Selbsterlebens und -empfindens. Scham ist selbstbezogen. Wir entwerten uns für die Beschämung, die uns zugefügt wurde, die wir aber fortan als Schande in uns fühlen.

Schamgefühle setzen das Vorhandensein eines rudimentären Selbstkonzepts voraus und die kognitive Fähigkeit, sich mit den Augen anderer zu sehen. Diese Fähigkeit und damit erste Schamgefühle treten in aller Regel erstmalig gegen Ende des zweiten Lebensjahres auf.

Schamgefühle entstehen durch fehlende Liebe. Der Blick des Anderen, seine Einstellung zu einem selbst wird als tadelnd, ablehnend bis hin zu hasserfüllt erlebt. Wer sich schämt, möchte sich diesen Blicken entziehen. Man versucht, möglichst unauffällig zu sein, sich zu verbergen, schlägt die Augen nieder oder verdeckt sein Gesicht, möchte – im Extremfall – am liebsten im Erdboden versinken.

Scham kann ein momentanes Gefühl sein – wir senken den Kopf, erröten und fühlen uns einsam – es kann auch ein chronifizierter Modus des Selbsterlebens sein, welcher tief im Körper verankert und rationalen Gegenargumenten nicht mehr zugänglich ist. Scham ist eine schmerzhafte Emotion, die auf dem Bewusstsein von etwas Unehrenhaftem, Lächerlichem, nicht Liebenswertem, Hässlichem oder Unziemlichem im eigenen Selbst beruht.

Schamgefühle treten als Reaktion auf eine ablehnende, zurückweisende bzw. verurteilende Unterbrechung von basalen, pulsierenden Bewegungen des Organismus auf: Erregung, Selbstausdruck, Sexualität und Aggression, Ausdehnung, Bewegung, Lust, Freude und Wohlbefinden werden durch Selbstachtung unterstützt und werden durch Scham, Schuldgefühle und Selbsthass gehemmt.

Am positiven Ende bedeutet die Fähigkeit, sich zu schämen, eine Sensibilität gegenüber den Mitmenschen, eine soziale Kompetenz. Am negativen Ende kann eine übertriebene Neigung zu Scham (und Schuld) zu einer weitgehenden Verhaltenslähmung führen. Scham fungiert als Wächter bzw. hemmender Monitor für unser angepasstes Selbst. Sie hält heimliche Gefühle, Gedanken und Impulse zurück, die wir uns nicht zu haben getrauen und nicht eingestehen wollen.

Beschämung ist ein Mittel schwarzer Pädagogik. Sie unterbricht die natürlichen Bewegungsimpulse von Kindern – ihr Verlangen, ihr Ausgreifen nach anderen, nach Objekten in der Welt, ihre gesunde Aggression – und macht sie dadurch gefügig und manipulierbar. Gleichzeitig mit solchen Bewegungsabbrüchen wird auch die Beziehung zwischen Kind und Erwachsenem unterbrochen. Das Kind fühlt sich verstoßen, abgelehnt und allein. Um weitere Erniedrigungen und Beschämungen zu vermeiden, schielen solche Kinder ständig auf ihre Erzieher, um deren Wohlgefallen und deren Billigung zu erhalten.

Wer sich ungeliebt fühlt, versucht herauszufinden, was die lebensnotwendige Bezugsperson wollen könnte, um sich diesem erwünschten Bild anzupassen. Man reagiert unter anderem mit Schamgefühlen, wenn dies nicht gelingt. Körperlich oder seelisch Verletzte, auch Kinder, die in lieblosen Umgebungen aufwuchsen, wurden systematisch in ihren Expansionsbewegungen gestoppt. Selbstbehauptungs- und andere aggressive Impulse wurden ihnen ausgetrieben. Solchermaßen Betroffene empfinden sich als abstoßend, schwach und unzulänglich. Sie möchten nicht gesehen werden in ihrer Schwäche, ihrer Verletztheit, Ohnmacht oder Schmutzigkeit. Scham geht deshalb auch mit dem Wunsch, sich zu verbergen, einher. Wer sich schämt, bewegt sich möglichst wenig, um nicht aufzufallen.

Zu Beginn des Lebens sind das Nervenwachstum und die Formbarkeit der neuronalen Architektur am größten. Im Laufe der Entwicklung finden Festlegungen innerhalb dieses nahezu grenzenlosen Potenzials statt. Es bilden sich neuronale Netzwerke und damit die Persönlichkeit bestimmende Denk-, Fühl- und Verhaltensmuster heraus.

Laut Sigmund Freud durchlaufen Menschen in ihrer Entwicklung zu einem sozial angepassten Wesen auf ihrer prinzipiellen Suche nach Lust und Glück unterschiedliche Stadien. Dabei sind es u. a. die Schameffekte, die als Grenzwächter zwischen den sozial verträglichen und den abweichenden Gedanken, Gefühlen und Verhaltensimpulsen dienen.

Keinem Menschen ist es erlaubt, eigene Expansionsbestrebungen grenzenlos auszuleben. Der Selbstbehauptungstrieb unserer Mitmenschen und die Durchsetzung gesellschaftlicher Regeln des Zusammenlebens durch Eltern, Lehrer, staatliche Exekutivorgane wie Polizei, Gerichte, andere Institutionen, schieben hier immer wieder einen Riegel vor – oder stehen für eine entsprechende Androhung.

Schamgefühle treten auf, wenn ein Mensch erkennt, dass er diese Grenze des Zulässigen bzw. Tolerablen überschritten, sich »vergessen« hat, etwas getan hat, was häufig ein abruptes oder sogar gewaltsames, jedenfalls meist affektiv geladenes (verurteilend, tadelndes) Einschreiten anderer ausgelöst hat. Es kommt zu einer Unterbrechung der eigenen Handlung und Bewegung. Die Einvernehmlichkeit des Miteinanders in der Beziehung wird jäh unterbrochen. Die grenzverletzende Person versetzt sich in die Rolle des anderen, sieht sich mit dessen Augen, hält ihr Tun für unangemessen und von den sozialen Regeln abweichend, jedenfalls für nicht richtig, fragt sich, was falsch sei an ihm bzw. ihr und empfindet Scham.

Die Unterbrechung des Bewegungsflusses stellt eine Verletzung dar. Indem man sich selbst die Schuld dafür gibt, erhält man die Illusion der Selbstkontrolle aufrecht.

Da das eigene Verhalten nicht mehr ungeschehen zu machen ist, möchte man am liebsten verschwinden oder vor Scham im Erdboden versinken. Körperliche Indikatoren für Schamempfindungen sind das Niederschlagen der Augen, ein Vermeiden von Blickkontakt. Der Kopf senkt sich zur Brust, der betreffende Mensch errötet und beginnt zu schwitzen. Das innere Erleben ist von starken Fluchtimpulsen, einem augenblicklichen Verstummen, von Schock oder einer tiefen Demütigung gekennzeichnet. Der Betreffende fühlt sich unter Umständen so, als habe er soeben eine schallende Ohrfeige erhalten.

Scham kann unter den oben beschriebenen Umständen akut als ein vorübergehendes Gefühl auftreten. Wenn Spannung, Angst und Ärger bei Kindern dauerhaft keine Entladung gegenüber liebenden, Halt gebenden, tröstenden Erwachsenen finden, werden die Ereignisse traumatisch und ihre Auswirkungen chronisch. Sie verfestigen sich als dauerhafte Anpassungen in Charakterbildungen. Scham kann entsprechend auch als verfestigtes, d. h. chronifiziertes Grundgefühl bei Menschen verstanden werden, denen es nicht gelungen ist, eine sie tragende Bindung zu ihren primären Bezugspersonen aufzubauen – als Folge eines frühen Entwicklungstraumas also. Betroffene können in der Folge das Grundbedürfnis nach Geborgenheit innerhalb ihres Beziehungsnetzwerks nur sehr schwer befriedigen. Dies geschieht besonders dort, wo es den frühen Bezugspersonen an Liebe, Vertrauen und Wohlwollen für ihr Kind mangelte, wo dessen erkundende Expansionsbewegungen und sein Selbstausdruck viel zu rasch an rigide Grenzen und kalte Abweisung stießen. Solche Feindseligkeit richtet sich häufig gegen den kindlichen Körper. Um zu überleben, muss das betroffene Kind sich von seinen eigenen Empfindungen, seinen Wünschen und Bedürfnissen abspalten, d. h. diese weitgehend aufgeben. Es verankert in sich ein Gefühl der Schlechtigkeit als grundlegendes (Körper-)Gefühl. Die Ursachen dafür verschwinden aus dem Bewusstsein. Und der Geist entwickelt nachträglich Denkfiguren, um dieses Gefühl zu erklären: Du bist kein guter Mensch. Du bist hässlich. Und deshalb fühlst du dich zu Recht schlecht.

Chronifizierte Schamgefühle sind dann ein integraler Bestandteil des Selbsterlebens und tragen wesentlich zum posttraumatischen Stress, der lebenslänglich dauern kann, bei. Solchermaßen Betroffene neigen zu einem andauernden existenziellen Gefühl der Scham sowie zu einem basalen Gefühl des Unwohlseins und Unbehagens. Unangenehme Empfindungen werden als Schlechtigkeit interpretiert.

Der Scham verwandte Gefühle sind Verlegenheit, Schüchternheit, Scheu, Bescheidenheit. Scham wird ausgelöst durch Verachtung, Kränkung, Demütigung. Angst hat einen großen Anteil an diesen Gefühlen.

Zur Überwindung von chronischen Schamgefühlen – Heilungsmöglichkeiten

Chronische Schamgefühle können in erster Linie in liebevollen Beziehungen geheilt werden. Über Schamempfindungen zu sprechen, ist ein entscheidender Schritt zu deren Überwindung. Es ist wichtig, dass die betroffene Person von jemandem gesehen und angeschaut wird, der ihr wohlwollende Gefühle entgegenbringt. Geduldige Präsenz, Zuwendung und echtes Interesse können einen Scham-gefesselten Menschen dazu bewegen, sich aus seinem

Rückzug hervorzuwagen und den Mut aufzubringen, sich in seiner Eigenart zu zeigen.

Bemühungen um einen freundlichen Umgang mit sich selbst und ein kontinuierliches Interesse an auftauchenden Gefühlen und Empfindungen kann ebenfalls hilfreich sein bei dem Versuch, chronische Schamgefühle zu überwinden.

Um sich mit Schamgefühlen zu konfrontieren, ist eine sichere und verlässliche Beziehung nötig. Nur jemanden, dem man vertraut, kann man Zeuge von eigenen Gedanken, Gefühlsregungen und Handlungsimpulsen, die mit Scham besetzt sind, werden lassen. Schamgefühle markieren seelische »Orte« von großer Verletzlichkeit. Scham einzugestehen, fällt sehr schwer. Um chronische Schamempfindungen zu heilen, müssen diese wahrgenommen und erkundet werden. Ein helfender Mitmensch begleitet diese Erkundungen mit Einfühlungsvermögen und Respekt. Dann können chronische hemmende Muskelanspannungen im Körper allmählich gelöst und die verfügbaren Energien in Richtung Expansion umgeleitet werden.

Wird die Würde und Selbstachtung eines Kindes z. B. mit wiederholten Botschaften der Art »Du bist wertlos«, »Du taugst zu nichts«, »Du bist ein böses Kind« herabgesetzt, werden die Vitalität, die Aktivität und die Energie des Kindes vermindert und schließlich zerstört. Die Lebendigkeit wird auf ein Minimum reduziert.

Wird ein Kind häufig beschämt, lernt es, sich mit den Augen und der inneren Haltung der Bezugsperson, zu der es eine enge Verbindung hat, zu sehen. Das Kind sieht und erlebt ein abgewertetes Bild von sich selbst, wie es im Ausdrucksverhalten des betreffenden Elternteils gespiegelt wird. Eine Beschämung unterbricht und zerstört die vitale Verbindung des Kindes zu seiner Bezugsperson. Dies wird als Liebesverlust erlebt. Das Kind lernt die Parameter, innerhalb derer es sich bewegen darf, ohne schmerzliche Erfahrungen von Ächtung und Ausgrenzung von dieser vitalen Verbindung zu riskieren. Beschämte Menschen sind hochsensitiv und sozial unsicher, weil Scham aus der Spiegelung durch andere entsteht.

Wird ein Kind dominiert, ohne dass sein eigener Wille je respektiert wird, entwickelt es ein Selbstbild, das vor allem durch Schwäche und Ohnmacht geprägt ist. Ähnliches gilt auch, wenn Strafandrohungen und Bestrafungen vorherrschende Mittel der Erziehung sind.

Glaubenssysteme stellen einen nachträglichen Versuch dar, den Schmerz, der durch häufige Beziehungs- und Bewegungsunterbrechungen entstanden ist, zu erklären. Die einzige Möglichkeit, solche schmerzhaften Erfahrungen zu verstehen, ist, zu denken, dass mit einem selbst etwas nicht stimmt.

Wir alle haben ein »reales Selbst«, das unserer tatsächlichen Persönlichkeit entspricht – »so bin ich«. Es gibt aber auch ein »Ideal-Selbst«, das aus Erwartungen an uns selbst besteht, die wir selbst oder andere an uns haben – »so sollte ich sein«. Der Affekt der Scham entsteht nun daraus, dass wir es nicht schaffen, das Ideal-Selbst zu verwirklichen. Das reale und das ideale Selbst sind mentale »Strukturen«. Diese bestehen aus losen Netzwerken von Fantasien, Illusionen über sich selbst und andere, Überzeugungen und Annahmen, die die Wahrnehmungen von sich selbst und anderen leiten und organisieren.

Betroffene kämpfen mit der Realität: Warum fühle ich mich so schlecht? Bin ich wirklich so schrecklich und minderwertig, wie ich mich fühle? Was stimmt? Häufig entsteht eine Dissonanz. Ich bin nicht *so* anders als andere Leute. Aber verzerrte Wahrnehmungen werden nach einer gewissen Zeit keiner echten Realitätsprüfung mehr unterzogen.

Wie kann der Vergleich zwischen dem eigenen Selbst und einer Fantasievorstellung so viel Leid erzeugen? Er initiiert Selbstvorwürfe und diese schmerzen. Aber die Selbstvorwürfe sind nur eine intellektuelle Anstrengung, um den Schmerz unter Kontrolle zu halten; es ist der Versuch der Wiederherstellung einer verlorenen Beziehung.

»Lieblingsgedanken«, die bei Betroffenen zu den Dauergästen gehören, lauten dann in etwa so: Wenn die mich so behandeln, habe ich es wahrscheinlich verdient. Wenn mein Vater es schlecht findet, dass ich aufbegehre, wenn mir Unrecht getan wird, muss es wohl an mir liegen, dass wir immer und immer wieder Krach kriegen. Also schweige ich lieber. Eine Mutter (selbst ein Vergewaltigungsopfer) möchte mit dem Thema Sexualität ein für alle Mal nichts mehr zu tun haben. Die in der Pubertät erwachende Sexualität ihrer Tochter beunruhigt und provoziert sie. Und die Tochter beginnt zu denken: Etwas an mir muss falsch sein. Etwas stimmt nicht mit mir.

Weil Kinder in aller Regel ihre Eltern zunächst lieben und bewundern, besteht die Neigung, die Verantwortung bzw. Schuld für schmerzhafte Interaktionen sich selbst anzulasten.

Normalerweise tragen Menschen ein Empfinden dafür in sich, was gesund und gut ist – in Abhebung von Krankhaftem, Beschädigtem, von der Norm Abweichendem, Unerlaubtem usw. Wer – aus unterschiedlichsten Gründen – mit solchen Aspekten belastet ist, wird diese Anteile seiner Persönlichkeit zu verstecken versuchen. Und hier entwickelt sich Scham. Denn alles, was wir nicht zeigen wollen, muss schamhaft verborgen werden.

Wir schämen uns für alles, was mutmaßlich abstoßend oder mangelhaft an uns ist. Übrigens gibt es auch ein Fremdschämen, was bedeutet, sich für eine andere, nahestehende Person zu schämen, der selbst das Gefühl für sozial angepasstes Verhalten fehlt.

Um uns vor Bloßstellung, Lächerlichkeit oder Kritik zu schützen, installieren wir in uns eine Art Wächter, die soziale Regeln und Normen vertreten und uns auf deren Einhaltung trimmen. Sie schützen uns davor, uns allzu unbedacht unseren Trieben und Impulsen auszuliefern und uns damit dem öffentlichen Spott bzw. der öffentlichen Kritik preiszugeben.

Ein Kind, dessen Bewegungen gestoppt werden, empfindet Schmerz. Dieser variiert von Unbehagen bis hin zu Todesangst. Seelischer Schmerz wird im Kontext lebenswichtiger Beziehungen erlebt – verursacht durch Bestrafung, Beschämung und andere Mittel, die die kindlichen Bewegungen zum Anhalten bringen. Daran anschließend werden dann Glaubenssysteme konstruiert, die aus der irrationalen und nicht verstehbaren Erfahrung einen Sinn ziehen möchten, um mit dem Schmerz umzugehen.

Was kann man nun konkret gegen anhaltende Schamgefühle tun? Um diese zu überwinden, ist es in einem ersten Schritt wichtig, die verinnerlichten abwertenden Stimmen zu identifizieren. Der zweite Schritt besteht darin, sie nicht sofort abzuwehren, sondern zu versuchen, ihnen zuzuhören. Dabei vertieft man seinen Atem und konzentriert sich auf die Körperempfindungen, die diese verurteilenden, anklagenden Mitteilungen auslösen. Man hört sie, bekundet dann aber im nächsten Schritt, dass man entschieden anderer Meinung sei. Man bittet sie oder befiehlt ihnen zu schweigen und wendet sich wieder anderen Dingen zu. Versuchen wir nämlich, diese Kränkungen und Demütigungen gänzlich zu ignorieren, treiben sie ihr Unwesen im Verborgenen und richten Schaden an. Dies alles erfordert sicherlich eine Portion Mut und Übung, Anleitungen dazu erhalten Sie in den unten beschriebenen Übungen.

Übungen zur Überwindung von unangemessenen Schamgefühlen

Übung 60

Exploration

(a) Selbstbefragung. Beginnen Sie mit einer Selbstbefragung und machen Sie sich anschließend einige Notizen, um später wieder darauf zurückkommen zu können.

- Was an mir versuche ich zu verstecken?
- Womit mag ich mich nicht zeigen?
- Was genau ist es, das niemand über mich wissen oder herausfinden soll?
- Wobei mag ich nicht beobachtet werden?
- Was befürchte ich im Falle einer Aufdeckung? Was, glaube ich, würde danach anders sein?

(b) Botschaften der inneren Stimmen. Identifizieren Sie die inneren Stimmen, die Sie kritisieren, abwerten, demütigen und entmutigen. Lassen Sie sie möglichst wörtlich »reden«. Hören Sie Ihnen eine Weile lang zu. Schreiben Sie die wichtigsten, immer wiederkehrenden Botschaften auf: z. B. »Schau, wie du aussiehst. Du bist schuld. Musst du immer alles durcheinanderbringen? Du wirst es nie schaffen. Du passt einfach nicht zu uns.«

Machen Sie anschließend eine Pause, atmen Sie bewusst ruhig und tief und nehmen Sie möglichst genau Ihre Körperempfindungen, die beim Zuhören aufgetreten sind, wahr. Benennen Sie einige und machen Sie sich Notizen.

(c) Trösten und widersprechen. Suchen Sie den Teil in sich, der sich durch diese Stimmen verletzt und gedemütigt fühlt. Versuchen Sie, sich mit diesem zu verbinden, indem Sie z. B. die Arme vor Ihrer Brust zusammenführen, mit Ihren Händen den jeweils gegenüberliegenden Oberarm liebevoll berühren und zu sich sagen (oder deutlich denken): Wie schrecklich, so etwas gesagt zu bekommen. Es tut mir sehr leid, dass du so behandelt wirst. Spüren Sie den Schmerz, den die Kritik, die Abwertung oder Demütigung verursacht. Unterstützen Sie den entmutigten Teil in sich, indem Sie »gemeinsam« Ihren ganzen Mut zusammennehmen und widersprechen. Sagen Sie den kritischen Stimmen, dass sie Sie in Ruhe lassen sollen.

Schließen Sie die Übung damit ab und wenden Sie sich wieder Ihren Alltagsgeschäften zu.

Übung 61

Selbstannahme

Formulieren Sie Sätze, die sich auf die Inhalte Ihrer Schamempfindungen beziehen, wie z. B.: »Ja, im Augenblick fühle ich mich schwach.« »Ich bin nicht besonders zuversichtlich, dass ich meine Prüfung schaffen werde.« »Stimmt – in Gruppen fühle ich mich häufig fremd.« usw. Erkunden Sie, welche Ängste aufsteigen, wenn Sie so etwas laut sagen; untersuchen Sie, was sich dabei in Ihrem Körperempfinden verändert, wenn Sie – zunächst vor sich selbst, später vor anderen – ein solches Geständnis machen. »Ich bin weniger schön als ich es gerne sein möchte.« »Ich bin älter als mir lieb ist.« »Ich bin nicht so intelligent, wie ich gerne wäre.« »Ich bin arm.« »Ich bin eine Frau, und obwohl das in patriarchalen Gesellschaften nicht vorgesehen ist, habe ich sexuelle Begierden und Gelüste.« »Ich esse manchmal gierig.« »Beim Schlafen habe ich einen dümmlichen Gesichtsausdruck. Mein Bruder hat mir einst ein Foto vorgelegt.« »Ich leiste nicht so viel, wie mir vorschwebt.« usw.

Sagen Sie sich, oder lassen Sie es sich von einer Freundin (oder Therapeutin) sagen, dass Sie trotzdem liebenswürdig und dass Sie darauf angewiesen sind, sich auch mit Ihren Schwächen von Ihren Mitmenschen angenommen zu fühlen.

Versuchen Sie, die kompensatorisch entwickelten Glaubenssysteme als solche zu erkennen: z. B. »Ich bin schuld am Unglück meiner Mutter. Ich bin schlecht. Kein Wunder, dass ich nirgends so richtig dazugehören darf.« Wenn Sie sich solcher Überzeugungen bewusst werden, werden Sie spüren, wie weh es tut, so von sich zu denken. Der Schmerz wird zunächst stärker werden, aber auch real und lebendig. Fühlen Sie den Schmerz Ihrer Scham und sprechen Sie darüber – mit einem Freund/einer Freundin oder einem Therapeuten/einer Therapeutin. Dabei dürfen Sie hoffen, dass sich Ihre Glaubenssysteme nach und nach wandeln, in dem obigen Beispiel etwa zu: »Meine Mutter ist oft unglücklich. Dafür gibt es eine Vielzahl von Ursachen, die nichts mit mir zu tun haben. Es ist nicht meine Aufgabe, Mutters Unglück aufzulösen. Ich darf mein eigenes Glück suchen. Ich möchte mein Leben leben und mich zu Menschen, die ich mag, zugehörig fühlen dürfen.

Übung 62

Partnerübung: Augenkontakt

Fragen Sie eine vertraute Person, ob sie diese Übung mit Ihnen machen könnte.

Zuerst sind Sie die »Patientin« und Ihre Freundin die »Helferin«. Später tauschen Sie die Rollen.

Nehmen Sie auf zwei einander gegenüberstehenden Stühlen Platz. Wählen Sie den Abstand so, dass Sie beide sich möglichst wohl fühlen.

Erzählen Sie Ihrer Freundin, welche Rolle Schamgefühle in Ihrem Leben spielen. Oder erzählen Sie ihr ein bestimmtes Erlebnis aus Ihrer Kindheit, das mit Scham verbunden war. Nehmen Sie Blickkontakt auf und schauen Sie einander in die Augen, so lange, bis es anstrengend oder unangenehm wird. Unterbrechen Sie den Blickkontakt.

Erzählen Sie Ihrer Freundin, wie sich der Blickkontakt für Sie anfühlte, ob Ihnen Gedanken oder Bilder durch den Kopf gingen, während Sie einander anschauten. Falls ja, erzählen Sie ihr davon. Beschreiben Sie, was Sie empfanden oder dachten, als Sie den Blickkontakt unterbrachen.

Welche Körperempfindungen verzeichneten Sie während des Blickkontakts und welche, als Sie den Kontakt unterbrachen?

Ihre Freundin hat die Aufgabe, Ihren Schilderungen zuzuhören, allenfalls nachzufragen, wenn sie etwas nicht versteht oder das Gefühl bekommt, dass Sie etwas verschweigen möchten. Ohne Sie zu bedrängen, kann sie äußern, sie habe das Gefühl, dass Sie hier etwas zu überspringen versuchen und ob Sie vielleicht nochmals genauer in sich hineinhören möchten, was an dieser Stelle los ist.

Die Freundin versucht, mit Aufmerksamkeit, Einfühlungsvermögen und Respekt anwesend zu sein. Am Ende fragt sie Sie, wie Sie sie wahrgenommen haben. Haben Sie

sie als kritisch, verurteilend oder sonst in einem negativen Licht gesehen?

Tauschen Sie sich über die Erfahrung aus, nachdem die Übung beendet ist.

Wiederholen Sie die Übung mit gewechselten Rolle.

Übung 63

Partnerübung: Angeschaut- und Berührtwerden

Sie stehen einander gegenüber. Der Freund bzw. die Freundin darf Sie anschauen.

Nach einiger Zeit schließen Sie die Augen. Ihr Freund schaut Sie weiterhin an.

Wiederum einige Zeit später legt der Freund Ihnen eine Hand auf Ihre Schulter.

Sie versuchen, genau zu registrieren, was in Ihrem Körper vor sich geht. Ob sich Muskeln verspannen? Falls ja, welche? Ob Sie ein flaues Gefühl im Magen kriegen? Ob Angst aufkommt?

Was vermuten Sie, sieht, denkt und fühlt Ihr Freund, wenn er Sie anschaut, wenn er Sie berührt?

Erzählen Sie ihm, was Ihnen während der Übung durch den Kopf ging, welche Empfindungen Sie in Ihrem Körper verzeichneten. Erzählen Sie ihm, was Sie vermuten, dass in ihm vorgegangen sei.

Was möchten Sie ihm sagen: z. B. »Es ist mir egal, was du denkst!« »Ich habe das nicht getan.« »Ich bin nicht schlecht.« »Ich weiß, du hasst mich«.

Anschließend berichtet Ihr Freund bzw. Ihre Freundin, was er oder sie beobachtet und gedacht hat. Machen Sie sich Notizen, insbesondere zu Aussagen, bei denen Ihre Wahrnehmungen und Gedanken und die Ihres Gegenübers auseinandergingen bzw. im Widerspruch zueinander stehen. Wenn Sie das Gefühl haben, dass Ihr Austausch abgerundet ist, bedanken Sie sich beieinander. Sie können die Übung mit vertauschten Rollen wiederholen oder dies auf ein anderes Mal verschieben und zu Ihren Alltagsbeschäftigungen zurückkehren.

Schamgefühle sind wie körperliche Fesseln. Sie binden und hindern uns, uns frei zu bewegen und mit anderen in Kontakt zu treten. Deshalb sind auch hier *Übungen zum Aggressionsausdruck* (s. Abschn. 5.2 Ärger und Wut) zur Anwendung geeignet: z. B. Übung 27c »Gestik und Bewegungen«.

Zusätzlich ist es hilfreich, die Beziehung zum eigenen Körper zu verbessern und sich im eigenen Körper zu »erden«. Hierfür ist unter anderem die folgende Übung geeignet.

Übung 64

Begegnung mit dem Reptilien-Selbst

Geben Sie sich einen klaren Zeitrahmen, 20–30 Minuten, und achten Sie darauf, dass während dieser Zeit keine Störungen von außen eindringen können (Telefon, Türklingel, Mitbewohner).

Breiten Sie Ihre Lieblingsdecke möglichst auf einem Teppich(boden) aus. Legen Sie sich auf den Bauch, die Ellbogen angewinkelt, Hände rechts und links neben dem Kopf. Drehen Sie Ihren Kopf auf die Seite, die Ihnen spontan angenehm ist.

Dann winkeln Sie ein Bein (wenn Sie nach rechts schauen, das rechte) so an, dass Ihr Knie sich dem rechten Ellbogen nähert, ihn eventuell sogar berührt, atmen Sie einige Male tief ein und aus.

Wenn Sie Schmerzen im Knie, im Nacken, im Rücken oder in der Hüfte spüren, suchen Sie nach einer Positionsveränderung, die zu einem Nachlassen des Schmerzes führt. Achten Sie darauf, dass Sie weiter atmen; dann nehmen Sie die Positionsveränderung langsam wieder zurück und beobachten, wie und ob sich der Schmerz wieder verstärkt, jedoch sollten Sie keine Ihrer Bewegungen forcieren, sondern genau beobachtend die Grenzen Ihrer Beweglichkeit ausloten.

Dann strecken Sie Ihr gebeugtes Bein wieder aus, drehen Ihren Kopf auf die andere Seite und winkeln das andere Knie an, um es in Richtung Ellbogen zu führen. Möglicherweise können Knie und Ellbogen einander berühren. Vertiefen Sie Ihre Atmung; achten Sie auf Schmerzen, versuchen Sie, deren Empfinden zu variieren und strecken Sie anschließend auch dieses andere Bein wieder.

Wiederholen Sie diese Abläufe einige Male.

Stützen Sie sich dann mit gestreckten Beinen oder jeweils einem angewinkelten Knie auf Ihre Hände und richten Sie Ihren Oberkörper auf, indem Sie Ihre Arme strecken. Becken und Beine bleiben auf dem Boden. Dann legen Sie sich langsam wieder hin (geben Sie der Schwerkraft kontrolliert nach, ohne sich plumpsen zu lassen).

Falls Sie Lust dazu haben, können Sie die Echsenbewegungen beschleunigen und sich damit fortbewegen. Falls Sie keine entsprechenden Impulse verspüren, bleiben Sie liegen und versuchen Sie, die Bewegungen, zu denen Ihr Atem den Körper gegenüber dem Boden führt, aufmerksam wahrzunehmen. Fühlen Sie sich getragen? Oder empfinden Sie sich »auf dem Sprung«? Wie erleben Sie allfällige Schmerzen? Was würden Sie gerne als Nächstes tun? Beschäftigt Sie etwas Zurückliegendes? Oder sind Sie in Gedanken bereits bei den Dingen, die Sie danach zu tun haben?

Falls der Zeitrahmen, den Sie für diese Übung vorgesehen haben, noch nicht ausgeschöpft ist, können Sie nun noch eine Sequenz von freien Bewegungen anschließen. Es gibt keinen Plan, sondern Sie versuchen, Impulsen, die irgendwo in Ihrem Körper entstehen, zu folgen, z. B.: Die Finger der rechten Hand möchten sich, auf der Decke gleitend, von Ihrem Körper entfernen. Falls Sie bereit sind, Ihren Fingern zu folgen, muss spätestens, wenn der rechte Arm ganz gestreckt ist, entweder der linke in Aktion treten, um Sie nachzuziehen. Oder erst das eine, dann das andere Knie gebeugt werden und sich unter Ihren Rumpf schieben, um Ihr Becken zu heben, damit Sie nachkrabbeln. Wenn die Finger nicht mehr weiter mögen und ein anderer Körperteil einen Impuls meldet, entweder der Schwerkraft nachzugeben oder sich gegen die Schwerkraft aufzurichten, folgen Sie diesem; z. B. ein Abrollen über die linke Hüfte bis Sie auf dem Rücken liegen. Vielleicht mögen Sie hier ein paar Atemzüge lang ausruhen, Bewegungen und Empfindungen, die damit verbunden sind, wahrnehmen, bis eventuell ein Streckimpuls auf der Rückseite Ihres rechten Beins in eine Beinhebung übergeht, die Ihre Zeigefingerspitze nachzieht, was zu einer Hebung Ihres Kopfes, der Schulterblätter und schließlich des Rückens führt. Gesicht und Oberschenkel kommen nahe zusammen, während sich Ihr gestrecktes Bein wieder in Richtung Boden senkt und so weiter.

Sie werden staunen, wie sich mit der Zeit ein spannendes und überraschendes Bewegungskontinuum einstellt, das Ihnen gemeinsam mit Ihrem Atem ein Gefühl von einer amöbenhaften oder tausendfüßlerartigen Fortbewegung vermittelt, wobei sich Kontraktion und Dehnung einzelner

Muskelgruppen wellenförmig durch Ihren ganzen Körper fortpflanzen und in Zeitlupentempo eine kohärente, nicht enden wollende Fortbewegung ermöglichen.

Richten Sie Ihre Aufmerksamkeit besonders auf die Momente, in denen Sie einem Bewegungsimpuls *nicht* folgen. Warum tun Sie es nicht? Unter Umständen sind es gerade diese Impulse, die besonders relevant für die Erkundung Ihrer Schamgefühle sind.

Lassen Sie sich von Abbrüchen und Ratlosigkeiten nicht entmutigen. Diese entstehen vor allem bei noch Ungeübten, weil sich immer wieder der Kopf einschaltet und »nicht weiß«, wie es weitergehen soll. Er braucht es nicht zu wissen. Seine Aufgabe ist es, das Kommando abzugeben und auf im Körper entstehende Impulse zu lauschen, sie wahrzunehmen und ihnen zu folgen. Kehren Sie immer wieder zur Beobachtung Ihres Atems zurück und warten Sie möglichst entspannt auf den nächsten Bewegungsimpuls – im Gesicht, im linken Daumen, Handgelenk, Nacken, Knie usw. Erlauben Sie diesem Körperteil, die Führung zu übernehmen und lassen Sie Ihren übrigen Körper folgen, bis der Leitimpuls an Intensität verliert und ein neuer Impuls an anderer Stelle übernimmt. Sie werden überraschende Bewegungsmöglichkeiten, Richtungs- und Rhythmuswechsel entdecken, die Sie sich mit dem Kopf niemals hätten ausdenken können. Sollten keine Impulse spürbar werden, ist vielleicht der Dialog zwischen Ihrem Körper und Ihrem Bewusstsein vorläufig noch nicht möglich, oder Sie sind so erschöpft, dass keinerlei Bewegungslust aufkommen mag. Erlauben Sie sich zu ruhen und lediglich Ihre Atembewegungen zu beobachten und diese Übung nach ein paar Tagen nochmals zu probieren.

Lassen Sie sich am Ende noch ein wenig Zeit, um die Stimmung wahrzunehmen, in die Sie Ihre Reise versetzt hat. Dann räkeln und strecken Sie sich nach Lust und Laune und kommen langsam wieder auf Ihre Beine und zum Stehen.

Trinken Sie ein Glas Wasser und kehren Sie langsam zu Ihren Alltagstätigkeiten zurück.

Zusatztipp: Schauen Sie sich im Fernsehen einen Film über Leguane an oder besuchen Sie das Reptilien-Terrarium, falls sich ein Zoo in Ihrer Nähe befindet. Oder halten Sie Ausschau nach einer Eidechse auf einer von der Sonne beschienenen Steintreppe oder Mauer und beobachten Sie diese Tiere, um Anregungen für Ihre nächste Übungsrunde zu bekommen.

Zusammenfassung

Grundsätzlich dienen Schamgefühle als Grenzwächter, die dafür sorgen, dass wir uns sozial verträglich verhalten. Treten sie in der kindlichen Entwicklung aber zu häufig auf, weil überkritische und/oder lieblose Erwachsene dem Kind das Gefühl geben, schlecht und/oder unerwünscht zu sein, weil sie es demütigen und in seinen ausgreifenden Bewegungen zu häufig unterbrechen, wird das Kind in seiner Entwicklung behindert. Es möchte am liebsten im Erdboden versinken und bildet ein entsprechend negatives Selbstbild aus.

Unangemessene Schamgefühle lassen sich überwinden, wenn sich Betroffene aus ihrem Versteck wagen, um über ihre schmerzhaften Gefühle zu reden und sich mit ihren Bewegungs- und Handlungsimpulsen wieder zu zeigen. Ein liebevolles Interesse von nahestehenden Personen kann Betroffenen helfen, den nötigen Mut aufzubringen, um auch ihre sorgsam versteckten Seiten zu zeigen.

5.6 Schuldgefühle

Während sich Schamgefühle auf das Selbst beziehen, bezieht sich Schuldempfinden auf unrechtes Tun. Schuldgefühle treten als Selbstvorwürfe nach einer selbst verantworteten, soziale Regeln oder Gesetze verletzenden Tat auf. Oft sind sie mit Angst vor Strafe verbunden. Manchmal beziehen sie sich auch auf eine empfundene persönliche Unwürdigkeit oder Unzulänglichkeit oder auf das Versagen bei dem Versuch, ein Ideal von sich selbst zu erreichen.

Schuldempfinden ist ein schmerzhaftes Gefühl des Selbstvorwurfs, das auf der Überzeugung beruht, etwas Unrechtes oder Unmoralisches getan zu haben, oder jemandem etwas schuldig geblieben zu sein.

Am positiven Ende des Spektrums bedeutet die Fähigkeit, Schuld zu empfinden, die Fähigkeit, sich als soziales Wesen in seine Umwelt einzuordnen. Ähnlich wie bei der Scham können auch Schuldgefühle auf einem Gefühl der Schlechtigkeit als zugrunde liegendem, Körper und Seele umfassendem, Selbstgefühl beruhen. Und auch hier entwickelt unser Geist Denkfiguren, die Gefühle erklären sollen, deren Ursachen aus dem Bewusstsein verschwunden sind.

Unangenehme Empfindungen werden als Schlechtigkeit interpretiert, die z. B. auf nicht kommuniziertem Ärger bis hin zu Hassempfindungen oder Ekel beruhen. Sie richten sich nicht auf einen als zu mächtig erlebten Anderen, sondern gegen das eigene Selbst. Gibt man sich selbst die Schuld, erhält man sich die Illusion der Selbstkontrolle.

Wer das Glück hat, in halbwegs intakten Familienverhältnissen aufzuwachsen, wird Regeln des aufeinander bezogenen Zusammenlebens und soziale Normen kennenlernen und verinnerlichen. In der Summe bilden sich psychische Strukturen, die wir Gewissen nennen. In der Folge messen wir alles, was wir tun, an diesen verinnerlichten Regeln und Normen.

Uns schwebt in groben Umrissen ein bestimmtes Lebensziel vor. Wenn wir mit 50 Jahren feststellen, dass wir dieses nicht einmal in Ansätzen erreicht, ja vielleicht noch nicht einmal erste Samen dafür gesät haben, wird sich eine Gewissensstimme melden und uns mahnen, nun endlich und dringend damit anzufangen, die betreffende Vision bzw. unseren Lebenstraum zu verwirklichen.

Als Beispiel sei hier an Marcel Proust erinnert, der 38 Jahre seines Lebens mit Reisen und als Teilnehmer des gesellschaftlichen Lebens verbrachte und sich 13 Jahre vor seinem Tod von der Welt zurückzog, um mit seinem literarischen Hauptwerk »Auf der Suche nach der verlorenen Zeit« zu beginnen. Diesen mehrbändigen Roman zu verfassen, mag kein expliziter Lebenstraum gewesen sein, dürfte aber einer zunehmend drängender werdenden Gewissensstimme geschuldet sein. Proust besaß die dafür nötigen Begabungen und verspürte offensichtlich den Auftrag, dieses Werk in Angriff zu nehmen.

Möglicherweise verzagen wir angesichts einer zu großen Aufgabe und entwickeln Schuldgefühle uns selbst und der empfundenen »Pflicht« gegenüber.

Wer hellhörig ist, kennt die manchmal freundlich, manchmal streng mahnende Stimme in sich selbst, die wohl bei jeder anstehenden Entscheidung zu vernehmen ist: Versacke ich vor dem Fernseher? Oder rufe ich endlich meine Schwägerin an, der ich es vor ein paar Tagen versprochen habe? Verleibe ich mir gedankenlos eine ganze Tafel Schokolade ein? Oder mache ich ernst mit meinem Plan, mein Gewicht auf ein gesundes Maß zu reduzieren?

Manchmal, vor allem wenn wir zu impulsivem Handeln neigen, stellen wir auch erst im Nachhinein fest, dass etwas, das wir getan haben, nicht zu unseren persönlichen Werthaltungen passt. Und wir bereuen es: z. B. dass mir bei der letzten Teamsitzung der Kragen geplatzt ist und ich Kollegin B. vor versammelter Runde bloßgestellt habe, dass ich mich bei der letzten Diskussion mit meinem Mann derartig ins Feuer geredet habe, dass dieser kaum zu Wort kam und sich am Ende verletzt abwandte, dass ich meiner Tochter die Party am Wochenende verbot, weil ich eigentlich gestresst war wegen der schlechten Stimmung im Büro usw.

Wer Gesetze übertritt, wird in Rechtsstaaten idealerweise zur Rechenschaft gezogen und bestraft. Dinge, die wir gegen unser Gewissen getan haben, die keine Gesetzesübertretung, sondern Regel- und Werthaltungsverletzungen beinhalten, können wir bereuen. Wir können die betroffenen Mitmenschen um Verzeihung bitten und uns um Wiedergutmachung bemühen. Werden die betreffenden Vorkommnisse einfach übergangen, etablieren sich Schuldgefühle.

Bei manchen Menschen ist die Gewissensstimme krankhaft streng: So dürfen z. B. an Magersucht Leidende unter keinen Umständen zunehmen, sie müssen sich kontrollieren, exzessiv Sport betreiben usw. Die Gewissensstimme flüstert der betreffenden Person ein, dass sie nichts wert sei und dass sie deshalb ohnehin nie eine Chance haben wird, ihren eigenen Ansprüchen zu genügen.

In der Regel wurzeln derart problematische Gewissensausprägungen in der persönlichen Lebensgeschichte, haben mit einem Vater, einer Mutter zu tun, die ihrerseits, wiederum aus lebensgeschichtlichen Gründen – Kriegserfahrungen, früher Elternverlust, andere Traumatisierungen – dem Leben mit Minderwertigkeitsgefühlen begegnen mussten.

Diese Wurzeln gilt es zu erkennen und einzuordnen. Mit der Stimme des eigenen Gewissens lässt sich in aller Regel »reden«. Es ist möglich, sie in bestimmten Situationen um Zurückhaltung zu bitten oder generell um etwas mehr Milde. Man kann explizit fragen, was sie denn von einem wolle und diese Ansprüche dann einer kritischen Reflexion unterziehen, ob sie realistisch, dem eigenen Leben angemessen ist oder nicht. Gegebenenfalls versucht man, sich in offen deklarierte Opposition dazu zu begeben.

Zur Gewissensstimme kann ich, wenn ich sie klar erkannt habe, z. B. sagen: »Du möchtest von mir, dass ich von morgens früh an jede freie Minute mit Arbeit und Leistung ausfülle, gönnst mir keine Pause, keine Freude, keine lustvolle Empfindung, keine Muße. Das ist lebensfeindlich, das macht mich kaputt und treibt mich über kurz oder lang in die Erschöpfung. Bitte erlaube mir fünf Pausen am Tag, während derer ich nichts leisten muss, während derer ich meine Seele baumeln lassen und auf mich zukommen lassen darf, was immer mir das Leben bietet. Nach jeder Pause werde ich wieder fleißig und gewissenhaft weiterarbeiten.

Wenn wir andere um Verzeihung bitten, sollten wir auf die Befriedigung von Rechtfertigungsbedürfnissen verzichten, und zwar anstatt: Es tut mir leid, dass ich dich heute beim Frühstück nicht ausreden ließ, aber du weißt, ich musste unbedingt … zu sagen, empfiehlt sich eher ein: Es tut mir leid, dass ich dich heute beim Frühstück nicht ausreden ließ. Mein Temperament ist mit mir durchgegangen.

Schuldgefühle lassen sich mildern, wenn wir anzunehmen lernen, dass Dinge im eigenen Leben nicht ideal verlaufen sind, dass wir Fehler gemacht haben, sei es, weil wir es nicht besser konnten oder nicht besser wussten. Manchmal haben wir wider besseres Wissen Unrecht begangen. Das gilt es einzusehen, wahrzuhaben, zu bereuen und die davon Betroffenen dafür um Entschuldigung zu bitten.

Gemäß psychoanalytischen Auffassungen sind Schuldgefühle durch Selbstanklagen, Selbstentwertung sowie eine Neigung zur Selbstbestrafung, die bis zum Suizid führen kann, gekennzeichnet. Freud führte aus, dass hier eine Spaltung zwischen Ankläger (Über-Ich) und Angeklagtem besteht, eine Spaltung, die aus einem Vorgang der Verinnerlichung einer intersubjektiven Beziehung resultiert: »… man (erkennt) die Selbstvorwürfe als Vorwürfe gegen ein Liebesobjekt, die von diesem weg auf das eigene Ich gewälzt sind« (Freud, 1917, S. 202).

Für die Erleichterung von Schuldgefühlen ist neben der Aufgabe von unrealistischen Selbstansprüchen die (Wieder-)Herstellung eines guten Körpergefühls anzustreben (z. B. mit den Übungen 1, 2 und 49). Um Schuldgefühle zu überwinden, ist es wichtig, eigene aggressive Impulse und die Fähigkeit, sich auf ein Ziel zuzubewegen, neu zu beleben (z. B. mit den Übungen 7 und 27c) und sich in einer wirksamen Abgrenzung gegenüber anderen und deren Ansprüchen zu üben (z. B. mit den Übungen 42 bzw. 67 und 68).

Zusammenfassung
Schuldgefühle wurden einerseits als Reaktion auf Regeln oder Gesetze verletzende Taten beschrieben und andererseits als ein Ignorieren oder Zuwiderhandeln gegen die eigene Gewissensstimme. Ein Leiden an Schuldgefühlen lässt sich – im ersten Fall – lindern, indem man sich einer angemessenen Strafe unterzieht, eine Wiedergutmachung leistet und/oder um Verzeihung bittet. Im zweiten Fall geht es um eine Überprüfung der Selbst-Ansprüche und der Strenge des eigenen Gewissens. Wie bei allen Gefühlen, deren Intensität oder Verlauf man als dysfunktional empfindet, ist es auch hier angezeigt, nach ungelösten Problemen in der eigenen Biografie bzw. Einflüssen aus der Herkunftsfamilie zu fragen. Als »Gegenmittel« gegen unangemessene Schuldgefühle wird das Erkennen und die offene Auseinandersetzung mit übermäßig strengen Gewissensstimmen empfohlen, die Aufgabe von unrealistischen Selbstansprüchen sowie die Arbeit an einem möglichst guten Körpergefühl – und dies geschieht durch eine Stärkung von Selbstbehauptungs- und Abgrenzungsfähigkeiten.

5.7 Ekel

Ekel ist eine Emotion, die die Differenzierung zwischen Selbst und Nicht-Selbst sowie die Grenze zwischen Innen- und Außenraum zu regulieren hilft. Sie erleichtert es uns, Dinge, die unserem Wohlbefinden abträglich sind, abzulehnen, Distanz zu schaffen bzw. zu halten, und zwar sowohl auf der physischen (z. B. verdorbene Lebensmittel) als auch auf der seelisch-emotionalen Ebene (intrusives, übergriffiges, abstoßendes Verhalten von anderen) bzw. solches, falls bereits geschehen oder einverleibt, wieder auszuscheiden, auszuspucken oder zu erbrechen.

Da Ekel und Erbrechen hoch ansteckend wirken, bestand die evolutionäre Funktion dieser Emotion und des entsprechenden Verhaltens vermutlich auch in der Weitergabe von überlebensnotwendigem Wissen an die nächste Generation bezüglich der

Verträglichkeit von Nahrungsmitteln oder auch von sozialen Beziehungsangeboten.

Ekel ist mit dem Geschmacks- und dem Geruchssinn verbunden. Beide Sinne verarbeiten chemische Signale. Sie dienen der Nahrungs- und Umweltkontrolle, der Kommunikation, der Fortpflanzung und der Hygiene. Sie wurden in der Phylogenese lange vor optischen Informationsverarbeitungssystemen entwickelt. Die Leitungsbahnen des Riechnerven gehen direkt zu alten Teilen des Gehirns, bevor sie zum Thalamus (wo andere Sinnesdaten ankommen) ziehen. Von dort aus führen sie zum Neokortex, insbesondere zu den emotionalen Verarbeitungszentren. Die Zuordnung von Geschmacks- und Geruchswahrnehmungen zu Ekel- oder Lustempfindungen involviert keinerlei bewusste, kognitive Verarbeitungsschritte; sie erfolgt unmittelbar und unbewusst. Auslöser sind Moleküle, zumeist organischer gasförmig-flüchtiger Verbindungen, die oft erst direkt an den Rezeptoren in Flüssigkeit gelöst werden.

Zusätzlich zu diesen chemischen Reizen lösen auch Veränderungen des Körperschemas Ekelgefühle aus. Und Abscheu kann überdies auch wegen moralischer Grenzüberschreitungen und Regelverletzungen empfunden werden.

Wenn sich ein toxisches Objekt bereits im Körper befindet, hilft nur noch Würgen, Erbrechen, Spucken, Ausscheiden. Die Grundstruktur des Ekels lässt sich darstellen als: Raus aus mir mit diesem giftigen, schädlichen Objekt!

Ekel ist ein unlustbetontes Gefühl des Widerwillens. Involvierte körperliche Reaktionen sind Übelkeit, Erbrechen, Schwitzen und typische mimische Ausdrucksformen. Und es gibt, wie gesagt, einen sinnlichen wie auch einen geistigen Widerwillen. Ersterer basiert auf sinnlichem Erleben, letzterer auf einer moralischen Bewertung.

Die Auslöser für Ekelempfindungen sind von Mensch zu Mensch verschieden.

Gieler et al. (2010) beschreiben Ekel als Begrenzungsfaktor für orale und sexuelle Lust, allgemein als Begrenzungsfaktor von

Wünschen und zum Schutz für Beziehungen, bspw. als Schutz vor verschlingender Liebe und anderen zerstörerischen Ansinnen.

Aktive Ablehnung unterstützt die Unterscheidung zwischen Ich und Nicht-Ich. Ekel hat wie andere Basisemotionen eine Regulationsfunktion in Beziehungen.

Ekel tritt auf, wenn Grenzen ignoriert oder überschritten werden. Beispielsweise hat ein Säugling keine Fluchtmöglichkeit; er kann lediglich durch Abwenden oder Erbrechen eine körperliche Distanzierung und Selbstverteidigung bewirken. Ekelgefühle sind eine frühe Möglichkeit psychischer Abgrenzung und der Nähe-Distanz-Regulierung.

Belastende Faktoren in der kindlichen Entwicklung, wie »emotionaler Missbrauch« (z. B. häufige Entwertungen) und Vernachlässigung, körperliche und sexuelle Grenzüberschreitungen, ebenso wie eine Über- oder Unterstimulation körperlicher Empfindungen und eine gestörte interpersonelle Resonanz zwischen Säugling und Mutter sind Mitverursacher von körperlich-seelischen Fehlentwicklungen und Erkrankungen.

Ekel kann, ähnlich wie Scham, den Selbstwert betreffen. Ekel-Affekte sind für die Etablierung persönlicher Grenzen zuständig. Diese erfolgt in der frühen Phase der Differenzierung zwischen dem Eigenen und dem Anderen. Ekel-Affekte sind wichtig für die Sicherheit des Selbst.

Die Funktion des Ekels liegt primär in der Abwehr schädlicher Nahrung. Der Mund als Tor zwischen Innerkörperlichem und Außenwelt. Außerdem fungieren Ekelgefühle zum Schutz sozialer Regeln und der Einhaltung moralischer Gebote sowie zur Einhaltung des eigenen Bereichs, d. h. der Abwehr von Kontaminierung.

Ekelhaft Erlebtes ist zum Teil kulturspezifisch erworben. Ekelreaktionen werden körperlich erlebt und sind kognitiv wenig zu beeinflussen.

Aversionen treten verstärkt nach der Sauberkeitserziehung, etwa im dritten Lebensjahr auf. Wenn die Bezugsperson nicht ausreichend auf die Distanzierungssignale des Säuglings eingeht, können Ekelgefühle auftreten. Ekel reguliert den Zutritt zum Selbst. Er ist ein Signal, den anderen zum Verlassen des eigenen Binnenraums zu veranlassen. Selbstekel entsteht, wenn eine Bezugsperson verinnerlicht wurde, die sich vor dem Betreffenden geekelt hat.

Scham und Ekel dienen als Grenzwächter der Körper- und Selbstgrenzen, die notwendig sind für das eigene Körpererleben, seine Kohärenz und Stabilität. Ekel kann eine generalisierte Ausstoßungsreaktion auf jede Berührung, sexuelle Annäherung oder Fantasie bewirken. In solchen Fällen werden das Selbstgefühl sowie das Körpergefühl negativ besetzt.

Nachfolgend werden einige Übungen zum Thema Ekel beschrieben. Sie sollen der Erkundung dieses Gefühlsbereichs dienen. Da es sich um ein sog. negatives Gefühl handelt, kann es sehr gut sein, dass sein Ausdruck und damit auch seine Entwicklung und Ausdifferenzierung im Laufe der eigenen Biografie unterdrückt wurden. Um zu untersuchen, ob die eigenen Ekelreaktionen »funktionieren«, ist zuerst einmal zu eruieren, ob sie sich bei bestimmten Vorstellungen einstellen, ob mimische und andere expressive Reaktionen zur Verfügung stehen und ob man schließlich in der Lage ist, entsprechende Abwehrbedürfnisse und Grenzziehungen im Alltag gegenüber seinen Mitmenschen durchzusetzen. Die folgenden Übungen sollen helfen, das entsprechende Ausdrucksverhalten in seinen archaischen, d. h. frühkindlichen Ausprägungen zu üben, und damit subtilere, d. h. erwachsenere Formen im Alltag zu unterstützen.

Übung 65

Evozieren von Ekelgefühlen durch innere Bilder – Erproben von Ausdrucksverhalten

Stellen Sie sich einen verwesenden Tierkadaver vor, auf dem eine Unzahl von glänzenden Schmeißfliegen sitzt und der von weißlichen Maden und Würmern zerfressen wird.

Denken Sie an den Geruch von verdorbenem Fleisch.

Stellen Sie sich vor, Sie beißen in einen faulen Pfirsich.

Malen Sie sich aus, in ein Stück Torte zu beißen, bei dem die Sahne schon sauer bzw. bitter schmeckt.

Beobachten und registrieren Sie Ihre Empfindungen sowie die Reaktionen in Ihrem Gesicht, vor allem am Mund und an Ihrer Nase. Reagiert Ihr Magen, Ihr Hals (Würgereflex)? Stellen Sie vermehrten Speichelfluss fest?

Strecken Sie die Zunge heraus.

Äußern Sie ein stimmliches »Wäh!« Probieren Sie verschiedene Lautstärken aus.

Simulieren Sie den Ansatz von Erbrechen.

Wenn Sie spüren, dass Ihre Reaktionen stärker werden könnten, stellen Sie einen Papierkorb bzw. einen Plastikeimer und eine Kleenexschachtel neben sich, damit Sie notfalls auch erbrechen oder ausspucken können. Denn vielleicht kommen bei dieser Gelegenheit auch noch andere Erinnerungen, Gefühle und Gedanken in Ihnen hoch, die Sie Ekel erregend und widerlich finden.

Erlauben Sie sich, klar hinzuschauen, was es ist, benennen Sie die Situation, womit sie zu tun haben könnte und die Person, die sie auslöst. Erlauben Sie sich, Ihren Ekel klar und deutlich zum Ausdruck zu bringen: z. B. »X, dein Verhalten widert mich an. Wäh! Y, es kotzt mich an, dass du nicht aufhörst, mich für Z zu missbrauchen!«

Übung 66

Ekel ausdrücken

Stellen Sie sich mit hüftbreit voneinander entfernten Füßen und leicht gebeugten Knien vor einen mit der Lehne zu Ihnen gedrehten Sessel. Neben Ihnen steht ein Gefäß (Eimer, Schüssel), in das Sie notfalls spucken oder erbrechen können. Nehmen Sie ein Handtuch, das Sie mit beiden Händen fest umgreifen. Beginnen Sie, es auszuwringen, bzw. zu würgen. Denken Sie dabei an Dinge, die Sie anekeln in Ihrem Leben. Erlauben Sie Ihrer Kehle und Ihrem Mund, Erbrechen anzudeuten, bzw. zu simulieren. Wenn Sie müde werden, stützen Sie sich auf die Sessellehne vor Ihnen. Erlauben Sie sich, schwach zu werden, Ihre Erschöpfung zu fühlen. Beginnen Sie dann wieder, das Handtuch zu würgen. Achten Sie darauf, dass Sie den Atem dabei nicht anhalten. Lassen Sie sich atmen. Bringen Sie Ihren Widerwillen und Ihren Ekel zum Ausdruck. Begleiten Sie Ihr Wringen und Würgen mit Tönen wie »Aaah«, »Chchch« und Worten, wie z. B. »so widerlich!«, »Wie du mich anekelst!«, »Kotzbrocken! Du widerlicher Kotzbrocken« usw.

Wenn Sie das Gefühl haben, sich »ausgekotzt« zu haben, lassen Sie sich mit Kopf und Armen vornüber hängen und tief atmen mit leicht gebeugten Knien – so lange, bis Sie nichts mehr denken müssen. Legen Sie sich anschließend auf eine ausgebreitete Decke, eine Matratze oder Ihr Bett und entspannen Sie sich für einige Minuten.

Machen Sie sich zuletzt ein paar Notizen zu den Inhalten Ihrer Ekelreaktionen.

Falls Sie bei diesen Übungen auf heftige Gefühlsregungen stoßen, kann es sinnvoll sein, fachliche Hilfe in Anspruch zu nehmen. Wahrscheinlich gilt es dann nämlich, problematische Erfahrungen in Ihrer Biografie aufzuarbeiten. Stoßen Sie aber »nur« auf einige Dinge in Ihrem aktuellen Leben, die Sie mehr anekeln als Sie sich bisher eingestehen wollten, dann können Ihnen die nun noch folgenden Übungen helfen, Sie in Ihrem Empfinden zu bestärken und allenfalls Dinge in Ihrem Leben so zu verändern, dass Sie weniger Ekelhaftes ertragen müssen.

Übung 67

Hua Berg (Wuji Chi Gong)

Diese Übung (Foto s. Übung 38) unterstützt Ihren Mut zur Zurückweisung von Dingen, die Sie nicht mögen; sie hilft Ihnen, klarer zu unterscheiden zwischen Dingen, die Sie mögen bzw. haben wollen und solchen, die Sie nicht mögen oder haben wollen.

Stellen Sie sich mit hüftbreit voneinander entfernten Füßen auf. Atmen Sie ein, während Sie die Hände auf Ohrenhöhe hinter Ihren Kopf führen, die Handflächen offen nach vorne gerichtet. Während Sie nun langsam die Arme mit weiterhin nach vorne geöffneten Handflächen von sich strecken, beugen Sie die Knie und atmen Sie aus. Stellen Sie sich dabei vor, Sie schieben einen Berg von sich weg. Schieben Sie alles, was Sie nicht haben möchten, was Ihnen zu viel ist, was Sie anwidert, von sich weg.

Halten Sie die Arme kurz vor sich ausgestreckt. Drehen Sie dann die Handflächen zueinander und führen Sie die Fingerspitzen zusammen, sodass sie sich leicht berühren. Atmen Sie ein und führen Sie die Hände zu Ihrer Brust. Nehmen Sie zu sich, was Sie haben möchten, was Ihnen willkommen und lieb ist. Strecken Sie Ihre Beine und richten Sie sich ganz auf.

Beginnen Sie dann die Übung wieder von vorne. Führen Sie sie siebenmal hintereinander aus, versuchen Sie, in einem kontinuierlichen Bewegungsfluss zu bleiben. Halten Sie jeweils kurz inne im Ausatmen bei ausgestreckten Armen.

Übung 68

Grenzen

Legen Sie ein großes, evtl. rechteckiges, mindestens 10 cm dickes Kissen bereit. Stellen Sie sich mit dem Rücken vor eine Wand (oder eine Tür) und lehnen Sie sich leicht an. Ihre Füße stehen etwa hüftbreit voneinander entfernt. Beugen Sie Ihre Knie ein wenig. Konzentrieren Sie sich auf Ihren Stand. Heben Sie die Fersen leicht an und senken Sie sie wieder, während Sie ausatmen. Wiederholen Sie dies drei- bis fünfmal. Falls Ihre Oberschenkel oder Waden leicht zu zittern beginnen, versuchen Sie es wahrzunehmen, ohne diese autonomen Mikro-Bewegungen zu stoppen. Nehmen Sie nun das Kissen vor Ihre Brust und umfassen Sie es mit Ihren Armen. Ihre Hände umgreifen den Ellbogen des jeweils anderen Arms. Halten Sie das Kissen fest, als wäre es

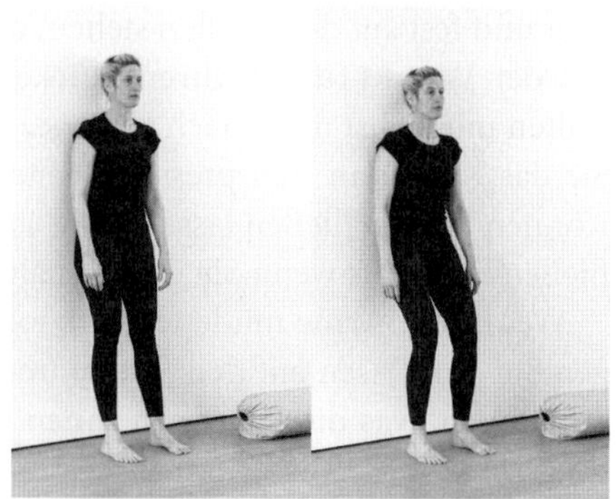

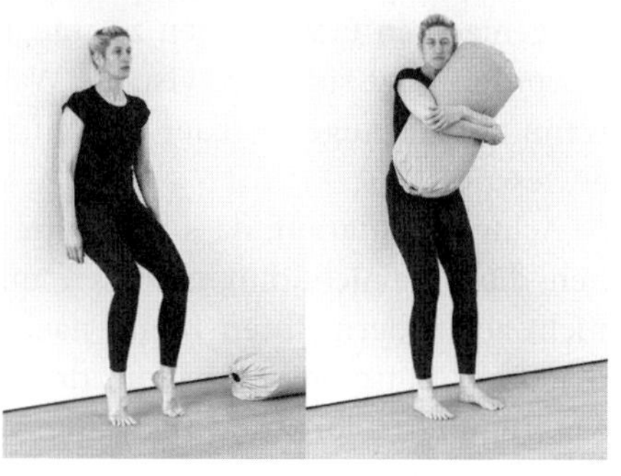

ein geliebtes Kind, das Sie gegen Angriffe und Misshandlungen von außen zu verteidigen entschlossen sind.

Sagen Sie zu dem Kissen: »Ich kann dich beschützen.«

Sagen Sie zu Ihrem vorgestellten Gegenüber: »Ich werde mein Kind beschützen. Ich lasse nicht zu, dass du es verletzt.«

Achten Sie auf Ihren Atem, während Sie den Griff um das Kissen enger machen und es fest an Ihre Brust drücken. Strecken Sie Ihren Unterkiefer nach vorne und schauen Sie mit entschlossenen Augen auf einen Ihnen gegenüberstehenden imaginierten Angreifer, vor dem Sie Ihr Kind beschützen wollen. Achten Sie während der Übung darauf, dass Sie sicher und fest auf dem Boden stehen, und dass Sie in Kontakt mit der Wand (Tür) in Ihrem Rücken sind. Ihre Schultern sollten möglichst nicht nach oben gezogen werden, während Sie das Kissen an sich pressen. Halten Sie Ihren Atem an? Können Sie ihn fließen lassen? Was ist anders, wenn Sie ihn fließen lassen als wenn Sie ihn festhalten?

Wenn Ihre Arme müde werden, lockern Sie den Griff, legen Sie das Kissen auf den Boden und lassen Sie sich nachempfinden, was die Übung in Ihnen ausgelöst hat. Wiederholen Sie die Übung zweimal. Lassen Sie sich anschließend mit den Armen und dem Oberkörper vornüber hängen, um die gemachten Erfahrungen zu integrieren. Ist Ihnen warm geworden? Hat sich Ihre visuelle Wahrnehmung verändert, wenn Sie die Augen wieder öffnen? Fühlen Sie sich stärker anwesend?

Achten Sie darauf, dass Sie während der Übung gut stehen, die Knie nicht durchstrecken, mit der Aufmerksamkeit nicht abwandern, Ihren Kiefer nach vorne geschoben und den Blick entschlossen halten; dass Sie mit Ihrer Kraft in Verbindung bleiben und nicht der Versuchung nachgeben, innerlich zu kollabieren, mit Gedanken wie: Ich kann das nicht. Ich bin zu erschöpft für diese Übung. Oder: Das bringt doch nichts. usw.

Die Übung dient der Verstärkung der persönlichen Grenzen nach außen hin; sie unterstützt Sie als erwachsene Person darin, Ihre kindlichen und verletzlichen Persönlichkeitsanteile besser zu schützen, und sie hilft Ihnen, sich draußen in der Welt wirksamer durchzusetzen und zu verlangen, was Ihnen zusteht. Sie bahnt den Zugang zu eigenen selbstbehauptenden, aggressiven Impulsen. Diese Übung sollte, falls die genannten Themen relevant für Sie sind, über mehrere Tage hinweg regelmäßig durchgeführt werden.

Zusammenfassung

In diesem Kapitel wurden Ekelgefühle in ihrer Funktion als Grenzwächter zwischen Selbst und Nicht-Selbst beschrieben. Sie dienen unter anderem der Nähe-Distanz-Regulierung. Aus neuroanatomischen Gründen sind emotionale Reaktionen aus diesem Spektrumsbereich kognitiv wenig beeinflussbar. Emotionale Ekelreaktionen sind genetisch angelegt und stehen Säuglingen schon sehr früh in ihrer Entwicklung zur Verfügung. Zum Teil werden auslösende Reize aber auch kulturell vermittelt und die diesbezüglichen Reaktionen können kulturell überformt sein.

Die beschriebenen Übungen helfen dabei, eine lebensgeschichtlich bedingte Unterdrückung von Ekelausdruck zu überwinden und die eigenen Selbstgrenzen zu stärken.

6 Zusammenfassung und Ausblick

Das vorliegende Buch ist eine Einladung zur vertieften Auseinandersetzung mit dem eigenen Gefühlsleben. Emotionen sind ein wesentlicher Aspekt menschlicher Vitalität und ein unverzichtbares Ingredienz für Entscheidungsfindungen wie auch in der Kommunikation. Anhand einer Vielzahl von Beispielen wurde zu zeigen versucht, dass Regulation eine zentrale Dimension im Umgang mit Gefühlen ist. Am einen Pol finden wir Menschen, die stark Verstandesgesteuert erscheinen und nüchtern, eher gehemmt und gefühlsarm wirken. Sie machen den Eindruck, sich weitestgehend im Griff zu haben. Oft handelt es sich dabei aber um automatisierte Schutzhaltungen, deren Gefangene die Betroffenen selbst geworden sind. Am anderen Pol finden wir Menschen, die angesichts einer Spinne laut kreischend aus dem Zimmer flüchten, die ausrasten, wenn ihnen etwas gegen den Strich geht, drohen, schreien, auch mal Geschirr zertrümmern, wüste Beschimpfungen ausstoßen oder buchstäblich jemandem an den Kragen gehen bzw. zuschlagen. Solche Menschen verlieben sich unsterblich und schweben dann ein paar Wochen oder Monate lang himmelhoch jauchzend auf Wolke sieben dahin; sie lassen alle Welt teilhaben an ihrem Glück. Und wenn die Hochphase vorbei ist, stürzen sie abgrundtief, sind zu Tode betrübt und jammern allen, die zu hören bereit sind, von ihrem Unglück vor; sie klagen, wie schlimm das Schicksal sie getroffen hat. Solche Menschen erleben wir als häufig von ihren Gefühlen überschwemmt und überwältigt, als unbeherrscht und unkontrolliert. Gleichzeitig empfinden wir sie als lebendig, farbig und expressiv. Sie lassen sich bisweilen zu Handlungen hinreißen, die sie nachträglich bereuen.

Das eine hat mit Introversion, das andere mit Extraversion zu tun. Hinsichtlich ihrer Emotionen kann man die einen als »überreguliert« und die anderen als »unterreguliert« bezeichnen.

Durch kontinuierliches Üben von Selbstwahrnehmung und Selbstbefragung lässt sich in aller Regel mit der Zeit ein Zwischenraum einfügen zwischen Gefühlsempfindung und emotionalem Ausdruck bzw. Handeln. Das ist für Menschen geeignet, die sich am »unterregulierten« Pol bewegen.

Atemübungen (Vertiefung und Beschleunigung), Dehnungs- und aktivierende Bewegungsübungen sind für Menschen geeignet, die dem »überregulierten« Pol zuneigen. Stresspositionen, die bestimmte Muskelgruppen (welche für chronisches Festhalten eingesetzt werden) zum Vibrieren bringen, Bewegen bis an die Ausdauergrenze, Atmen bis zu einer nennenswerten Absenkung des CO_2-Gehalts im Blut (wie z. B. beim Hyperventilieren) führen zu einer Lockerung von Schutzpanzerungen und einer Destabilisierung von zur Gewohnheit gewordenen Haltemustern oder Erstarrungen, die sich in schockierenden bzw. traumatisierenden Erlebnissen herausgebildet haben - reflexartiges Erstarren, der sog. Totstell-Reflex, um das eigene Überleben angesichts eines übermächtigen Gegners oder einer lebensbedrohlichen Situation zu sichern, chronisch gewordene muskuläre Panzerungen und Haltemuster, um Schmerz und Verletzungen abzuwehren.

Solche überregulierenden Verspannungen und chronischen Haltemuster verselbstständigen sich im Lauf der Zeit. Wir verlieren sie aus dem Bewusstsein. Sie automatisieren sich. Sie werden auch dann noch zum Einsatz gebracht, wenn sich die Lebensumstände längst geändert haben, die Schutzhaltungen überflüssig oder sogar dysfunktional geworden sind.

E-Motion heißt: Bewegung aus sich heraus. Eine grundlegende Möglichkeit der Selbststeuerung besteht in der Regulation eines mehr oder weniger Aus-sich-Herausgehens. Das heißt, Einfluss zu nehmen auf das relative Maß an Expansion und Kontraktion des Selbst. Erstrebenswert ist, dass wir in Grenzen wählen können, wie viel Raum wir für unsere Gefühlsbewegungen beanspruchen. Dass wir selbst entscheiden, wie viel wir mit Rücksicht auf andere bzw. die Folgen unseres Tuns zurückhalten bzw. wie weit wir uns gehen lassen.

Heftige Emotionen wirken sowohl auf Außenstehende als auch häufig auf uns selbst beunruhigend bis bedrohlich. Das vorliegende Buch möchte dazu einladen, Sinn und Funktion von Emotionen tiefer zu ergründen. Es empfiehlt einen »zivilisierten Umgang«, d. h. die Möglichkeit eines vollen emotionalen Ausdrucks unter Ausschluss von Selbst- und Fremdverletzungen. Wir wünschen uns, mit unseren Emotionen wahrgenommen, bestätigt und mit Respekt behandelt zu werden. Wir wünschen uns, Mitgefühl von anderen zu erfahren.

Wenn Emotionen bewusst wahrgenommen und auch in ihren physiologischen, muskulären und respiratorischen Aspekten angenommen werden, wenn wir uns nicht automatisch zu diesem oder jenem Verhalten oder mancher Ausdrucksweise hinreißen lassen, sondern entscheiden können, was wir kommunizieren bzw. tun und was wir lassen wollen, dann tragen sie zu kommunikativer Klarheit bei und geben uns durch das ihnen innewohnende Bewegungspotenzial Energie: Ich empfinde Zuneigung und gehe auf jemanden zu. Ich ärgere mich über etwas und initiiere Handlungen, die idealerweise Veränderungen in eine von mir gewünschte Richtung bewirken.

Das Buch plädiert dafür, Gefühle nicht – aus Prinzip – abzuwehren, (medikamentös) zu dämpfen oder zu vermeiden, sondern sich – im Gegenteil – von ihnen in einem sozial verträglichen Maß bewegen zu lassen.

Zumindest die erste Stufe der inneren Bewegung sollte bedingungslos angenommen, der Atem nicht angehalten, Muskulatur nicht dagegen angespannt werden: Ich freue mich, ich habe Angst, bin zornig, neugierig, ekle mich, bin verzweifelt, glücklich, ich schäme mich usw.

Die aus der Emotion hervorgehenden Handlungsimpulse sollten wahrgenommen und auf ihre Tauglichkeit hin geprüft werden: rennen, schreien, würgen, schlagen, schluchzen, stampfen, sich übergeben, spucken usw. Wenn unser Leben bedroht ist, handeln wir instinktiv und reflexhaft. In solchen Situationen haben wir keine Zeit zu überlegen oder zu prüfen. Auch fühlen wir unter solchen Umständen oft gar nichts.

Die genannten Verhaltensweisen sind dann archaisch; sie sind genetisch angelegt und in früher Kindheit entwickelt. Auf dieser zweiten Stufe des Emotionsausdrucks und Handelns gilt es, insofern es nicht um Leben und Tod geht, Regeln zu beachten. Du sollst nicht töten. Es muss gewährleistet sein, dass weder die Person selbst noch andere verletzt werden oder Gegenstände zu Schaden kommen.

Dies wurde am Beispiel von Karsten zu zeigen versucht, der die Mordswut auf seinen Chef – und dahinter auf Verletzungen, die ihm sein Vater zugefügt hatte – zum Ausdruck brachte. Er konnte in einem geschützten Raum Kissen, die mit einer Decke umwickelt waren, »übel zurichten« und damit seinen von Demütigungen herrührenden Zorn gegenüber seinem Vater zum Ausdruck bringen. Die Therapeutin, die ihn dazu eingeladen hatte, konnte seinen Schmerz und seine Wut bestätigen und ihr Mitgefühl zum Ausdruck bringen.

In verschiedenen Kapiteln wurden Übungen beschrieben und empfohlen, die dazu dienen, archaische Gefühle in sich zu mobilisieren und auszudrücken.

Emotionen steuern wichtige Beweggründe für unser Handeln bei. Sie sind wesentlicher Bestandteil menschlicher Kommunikation. Wünschenswert ist eine gute Kooperation zwischen Gefühl und Verstand. Idealerweise erleben wir unsere Gefühle in ihrer ganzen Lebendigkeit und meistern sie doch gleichzeitig so, dass sie uns nicht zu Handlungen hinreißen, die wir anschließend bereuen müssen, dass sie uns nicht überfluten, sodass kein vernünftiger Gedanke mehr möglich ist. Emotionen meistern heißt, sie regulieren zu lernen. Dies kann durch Atemübungen, den Einsatz unserer Skelettmuskulatur, gedankliche Übungen, Bewusstseinsschulung und Selbstwahrnehmung geschehen. Unsere Emotionen zu meistern, heißt:

- Gefühle, die uns bewegen, möglichst genau wahrzunehmen,

- die Wahl zu haben, ob wir ein aktuelles Gefühl »energetisieren«, d. h. uns damit identifizieren, oder ob wir uns auf einen anderen Aspekt der gegenwärtigen Situation konzentrieren wollen,
- eine bewusste Wahl zwischen der Aktivierung von kognitiven versus emotionalen Verarbeitungsprozessen zu treffen.
- Wir üben, »sichere« Ausdrucksformen für die uns belastenden Gefühle zu entwickeln.
- Wir üben, unseren Atem und unsere Muskelspannungen zu erkunden und willkürlich zu beeinflussen.
- Wir erkunden unser persönliches Toleranzfenster
- und schärfen unser Zeugenbewusstsein, d. h. wir lassen uns nicht von unseren Gefühlen mitreißen, sondern immer beobachtet auch eine Instanz in uns den Fortgang der Dinge.

Das Buch hat Ihnen, so bleibt zu hoffen, Lust auf einige der vorgeschlagenen Übungen sowie auf Erkundungsreisen in Ihre persönliche Gefühlswelt gemacht.

Anhang

Hinweise zum Online-Material

Zu diesem Titel finden Sie Zusatzmaterial (Arbeitsblätter sowie ausgefüllte Beispiele zur Orientierung) auf unserer Internetseite (http://www.beltz.de).

Sie kommen zu den Materialien, indem Sie auf die Seite des Titels gehen, den Link zum Online-Material anklicken und folgendes Passwort eingeben: wk5HwKG3 (Groß- und Kleinschreibung beachten). Dann können Sie die gewünschten Dateien öffnen bzw. herunterladen. Da das Zusatzmaterial nur so lange zur Verfügung steht, wie das Buch lieferbar ist, empfehlen wir Ihnen, es sich auf dem eigenen Rechner zu speichern.

Nachfolgend finden Sie eine Übersicht über alle Materialien.

Übersicht Online-Material

AB 1 Tagesprotokoll: Gefühle – Selbstwahrnehmung
AB 2 Tagesprotokoll: Gefühle – Fremdwahrnehmung
AB 3 Analyse der Belastungssituation
AB 4 Sich aktiv mit der gefürchteten Situation auseinandersetzen
AB 5 Angst bewusst erleben: Exposition
AB 6 Körperempfindungen erkunden – Beispiel: Schwindel
AB 7 Bedürfnisse formulieren

Ausgefüllte Beispiele zu den Arbeitsblättern
Übungsverzeichnis
Links

Grundstimmung:	
Zahlen in Klammern: Gefühlsausprägung (Intensität) auf einer Skala von 1–10 (1 = geringfügig, kaum wahrnehmbar; 10 = maximal stark) und Wertigkeit (– – = sehr unangenehm; - = unangenehm; 0 = neutral; + = angenehm; ++ = sehr angenehm)	
06:00	
07:00	
08:00	
09:00	
10:00	

Grundstimmung:	
Zahlen in Klammern: Gefühlsausprägung (Intensität) auf einer Skala von 1–10 (1 = geringfügig, kaum wahrnehmbar; 10 = maximal stark) und Wertigkeit (– – = sehr unangenehm; - = unangenehm; 0 = neutral; + = angenehm; ++ = sehr angenehm)	
06:00	
07:00	
08:00	
09:00	
10:00	

Analyse der Belastungssituation (zu Übung 8)

Die Herausforderung/ das Problem/die Angst	
Auf welche Personen/ Objekte/Situationen bezieht sich meine Angst?	
Wie kann ich die Situation bewältigen? (Ressourcen, Fähigkeiten, Stärken) Was schwächt mich?	
Meine Ziele	
Was fehlt zur Zielerreichung?	
Wer oder was kann dabei helfen?	
Muss ich Ziele ändern? Wenn ja, welche?	

Benennen Sie Ihr Problem, schildern Sie eine entsprechende Situation, schätzen Sie Ihre Angst bei der Vorstellung dieser Situation ein – auf einer Skala von 1 bis 10	
Sammeln Sie Informationen zum Thema und notieren Sie die wichtigsten.	
Versuchen Sie, sich in die Rolle eines zufällig dazugekommenen Passanten zu versetzen.	
Was sehen, was fühlen, was denken Sie?	
Was geschieht weiter?	

Verspüren Sie einen Impuls, etwas für ………………… (setzen Sie hier Ihren eigenen Namen ein) zu tun? Was wäre das?	
Stellen Sie sich vor, es zu tun.	
Wie groß ist Ihre Angst in diesem Augenblick – auf einer Skala von 1 bis 10?	
Wie, glauben Sie, geht es ………………… (Ihr Name) jetzt? Braucht er/sie noch etwas?	
Wie hilfreich, glauben Sie, waren Sie für ………………… (Ihr Name)?	

Kehren Sie nun langsam aus dieser Szene in Ihre eigene »Haut« und ins Hier und Jetzt zurück. Dehnen und strecken Sie sich. Atmen Sie einige Male tief aus und ein.	
Wie fühlen Sie sich? Schätzen Sie auf einer Skala von 1 bis 10 Ihr momentanes Angstempfinden ein	

In dieser Übung

- sind Sie in Ihrer Vorstellung direkt auf das, wovor Sie sich fürchten, zugegangen (anstatt wegzulaufen und »es« unter allen Umständen zu vermeiden).
- Dadurch konnten Sie Erfahrungen im Umgang mit dem befürchteten Ereignis sammeln. Sie haben vielleicht erlebt, dass es sinnvoll sein kann, in der Szene zu bleiben.
- Möglicherweise hat es Sie überrascht, dass Sie fürsorgliche Stimmen bzw. Ich-Anteile in sich mobilisieren konnten, die Sie in Ihrer Notlage begleitet und unterstützt haben.
- Das Wissen um eigene Fähigkeiten, Notlagen zu bewältigen, kann die Angst vor solchen Situationen mindern.

Hier wird eine abgestufte Exposition gegenüber dem Angst auslösenden Objekt vorgeschlagen. Gehen Sie immer nur so weit, wie es Ihnen gelingt, in der Angstsituation »bei sich zu bleiben«, d. h. alles, was dazu gehört, möglichst genau wahrzunehmen und anschließend zu notieren.

Stellen Sie sich in einem ersten Schritt eine Situation vor, in der Sie in die Nähe des Angst auslösenden Objekts kommen. Malen Sie sich aus, wie Sie diesem Objekt schrittweise näherkommen. Und lassen Sie es, falls dies möglich ist, zuletzt zu einer Begegnung, Berührung bzw. einem Kontakt kommen.

Beginnen Sie in Ihrer Vorstellung mit einer Distanz zum gefürchteten Objekt, die auf einer Skala von 1 (keine Angst) bis 10 (größtmögliche Angst) eine Angstempfindung von weniger als 7 bei Ihnen auslöst. Bleiben Sie so lange in dieser vorgestellten Distanz, bis Ihre Angst mit der Zeit abklingt. Falls sie zunimmt, gehen Sie einen Schritt zurück, d. h. zu einer weniger Angst auslösenden Vorstellung.
Notieren Sie zu jedem dieser Annäherungsschritte

- die Stärke Ihres Angstempfindens auf einer Skala von 1 (keine Angst) bis 10 (größtmögliche Angst)
- Ihre körperlichen Empfindungen
- Ihre Gedanken
- eventuell auftauchende Erinnerungen und / oder Bilder
- gegebenenfalls Handlungsimpulse

Führen Sie diese gedankliche Übung an mehreren Tagen hintereinander durch. Achten Sie darauf, ob sich etwas und ggfs. was sich mit der Zeit verändert.

Wenn Ihre Angst zunehmend geringer wird, gehen Sie in einem zweiten Schritt dazu über, sich dem Angst auslösenden Objekt real anzunähern. Dafür kann es hilfreich sein, eine unterstützende Person (z. B. Freundin, Freund, Geschwister) zu bitten, Sie zu begleiten – d. h. bei Ihnen zu sein, während Sie die Übung machen.

Erkunden des Angst auslösenden Objekts

Stellen Sie sich verschiedene Situationen der Annäherung an das Angst auslösende Objekt vor und notieren Sie diese unten.

Schätzen Sie zu jeder dieser einzelnen Situationen Ihr Angstempfinden ein – während Sie sich die Situation vorstellen und später während der realen Durchführung – auf einer Skala von 1 (keine Angst) bis 10 (größtmögliche Angst) und kreuzen Sie das entsprechende Kästchen an. Machen Sie sich anschließend Notizen zu den weiteren Rubriken.

▶ **Situation:** ....

Stärke des Angstgefühls	1	2	3	4	5	6	7	8	9	10
körperliche Empfindungen										
Gedanken										
Bilder										
Erinnerungen										

▶ **Situation:** ....

Stärke des Angstgefühls	1	2	3	4	5	6	7	8	9	10
körperliche Empfindungen										
Gedanken										
Bilder										
Erinnerungen										

Beispiel: Schwindel

Füllen Sie die Spalten eine Woche lang täglich aus. Notieren Sie bei jedem Durchgang einige Stichworte zu Gedanken und Bildern, die Ihnen dabei in den Sinn kamen (z. B. Narkose vor der Mandel-OP, seekrank). Beschreiben Sie, was Sie bei der Übung »gesehen«, gefühlt, gedacht haben.

	Tag 1	Tag 2	Tag 3	Tag 4	Tag 5	Tag 6	Tag 7
Anzahl Drehungen nach rechts							
Herzschläge pro Minute vor dem Drehen							
Herzschläge pro Minute nach dem Drehen							

	Tag 1	Tag 2	Tag 3	Tag 4	Tag 5	Tag 6	Tag 7
Anzahl Drehungen nach links							
Herzschläge pro Minute vor dem Drehen							
Herzschläge pro Minute nach dem Drehen							

	Tag 1	Tag 2	Tag 3	Tag 4	Tag 5	Tag 6	Tag 7
Gedanken (Stichworte)							
Bilder (Stichworte)							
Gefühle (Stichwort)							
Stichwort 1							
Stichwort 2							
Stichwort 3							
Stichwort 4							

Notieren Sie in der linken Spalte Ihre Bedürfnisse und nennen Sie in der mittleren Spalte Dinge, durch die das jeweilige Bedürfnis erfüllt werden kann. Bewerten Sie in der rechten Spalte, für wie gut erfüllt Sie Ihre Bedürfnisse halten. Nutzen Sie hierfür folgende Skala von –3 (gar nicht erfüllt) über 0 (weder/noch) bis +3 (bestens erfüllt).

Meine Bedürfnisse	**Wodurch können sie erfüllt werden?**	**Wie gut sind sie erfüllt?**

Betrachten Sie die oben aufgeführten Bedürfnisse anhand der folgenden Fragen nun etwas genauer:

Welche Bedürfnisse sind nicht/ ungenügend erfüllt?	
Was könnte der Grund dafür sein?	
Welche Probleme entstehen dadurch?	
Wie könnte ich Abhilfe schaffen? Wer könnte mir dabei helfen?	

Literatur

Barthes, R. (1977). Fragments d'un discours amoureux. Paris: Éditions du Seuil. Dt. (1984). Fragmente einer Sprache der Liebe. Frankfurt a. M.: Suhrkamp.

Berceli, D. (2005). Trauma Releasing Exercises (TRE). Dt. Norddeutsches Institut für Bioenergetische Analyse e.V. (Hrsg., 2007). Körperübungen für die Traumaheilung und zur Stressreduktion im Alltag.

Bibel oder Die ganze Heilige Schrift, 1. Korintherbrief, Kap. 13, 1-13. Stuttgart: Württembergische Bibelanstalt.

Breise, T. (2016). Selbstliebe: Lerne Dich selbst zu lieben, dann können es auch andere. Bornheim: Autoren.Services.

Buddeberg, C. (1983; 2005). Sexualberatung. Eine Einführung für Ärzte, Psychotherapeuten und Familienberater. Stuttgart: Thieme.

De Botton, A. (1993). Essays in Love. London: Macmillan. Dt. (1994) Versuch über die Liebe. Frankfurt a. M.: S. Fischer.

Freud, S. (1917). Trauer und Melancholie. In: Studienausgabe (1972) Bd. III. S. 193-212. Frankfurt a. Main: S. Fischer.

Fromm, E. (1956). The Art of Loving. New York: Harper and Row. Dt. Die Kunst des Liebens. Berlin: Ullstein TB.

Gieler, U., Grolle, M., Schut, C. & Kupfer, J. (2010). Ekel - Psychosomatische Aspekte. In R. Vogt (Hrsg.), Ekel als Folge traumatischer Erfahrung (S. 29-47). Gießen: Psychosozial.

Goethe, J.W. von (1819). West-östlicher Diwan. Trunz, E. (1981, Hrsg.) Hamburger Ausgabe, Bd. 2. München: C.H. Beck.

Gollwitzer, M. & Schmitt, M. (2019). Sozialpsychologie kompakt (2. Aufl.). Weinheim: Beltz.

Hofmann, E. (2012). Progressive Muskelentspannung: Ein Trainingsprogramm. Göttingen: Hogrefe.

Hüther, G. (2012). Biologie der Angst. Wie aus Stress Gefühle werden. 12. Aufl. Göttingen: Vandenhoeck & Ruprecht.

Iyengar, B.K.S. (2014). Yoga: Der Weg zu Gesundheit und Harmonie. London: Dorling Kindersley.

Johnson, S.M. (1994). Character Styles. New York: W. W. Norton & Co. Dt. Persönlichkeitsstile. München: Kösel.

Kabat-Zinn, J. & Kauschke, M. (Übers.) (2015). Das Abenteuer Achtsamkeit: Wie Sie Weisheit für Körper, Geist und Seele entwickeln. Freiburg: Arbor.

Kast, V. (2015). Trauern. Phasen und Chancen des psychischen Prozesses. (4. Aufl., 38. Gesamtaufl.) Freiburg i.Br.: Kreuz.

Koemeda-Lutz, M. (2009). Intelligente Emotionalität. Vom Umgang mit unseren Gefühlen. Stuttgart: Kohlhammer.

Koemeda-Lutz, M. (2012, 2018). Schreddern. Theatertexte. Eggingen: Edition Isele.

Kurtz, R. (1985). Körperzentrierte Psychotherapie. Die Hakomi-Methode. München: Kösel.

Levine, P. (2011). Sprache ohne Worte: wie unser Körper Trauma verarbeitet und uns in die innere Balance zurückführt. München: Kösel.

Levine, P. (2016). Trauma und Gedächtnis: Die Spuren unserer Erinnerung in Körper und Gehirn – Wie wir traumatische Erfahrungen verstehen und verarbeiten. München: Kösel.

Liebau, I. (2017) Neue Lebensenergie: Ein körperorientiertes Übungsprogramm für 28 Tage (verstehen lernen). Gießen: Psychosozial-Verlag.

Lowen, A. (1958). The Language of the Body. New York: Grune and Stratton. Dt. (1981). Köperausdruck und Persönlichkeit. München: Kösel.

Lowen, A. & Lowen, L. (1977). The Way to Vibrant Health. New York: Harper and Row Publishers. Dt. (1979). Bioenergetik für Jeden. Das vollständige Übungshandbuch. München: Peter Kirchheim.

Platon (1991). Die großen Dialoge. Zürich: Artemis.

Rauchfleisch, U. (1994; 2011). Schwule, Lesben, Bisexuelle. Lebensweisen, Vorurteile, Einsichten. Göttingen: Vandenhoeck & Ruprecht.

Reddemann, L. & Dehner-Rau, C. (2004). Trauma heilen. Ein Übungsbuch für Körper und Seele. Stuttgart: Trias.

Reddemann, L. (2017). Imagination als heilsame Kraft. Ressourcen und Mitgefühl in der Behandlung von Traumafolgen. Stuttgart: Klett-Cotta.

Reich, W. (1933). Charakteranalyse. Köln: Kiepenheuer und Witsch, 1989. München: Goldmann, 1999.

Rumi, Dschalal ad-Din Muhammad.

Schmidt-Traub, S. (2008). Angst bewältigen: Selbsthilfe bei Panik und Agoraphobie. Heidelberg: Springer.

Schmidt-Traub, S. (2014). Ängste loslassen. Selbsthilfe bei Ängsten und Sorgen. Ein Audio-Ratgeber mit Übungen. Weinheim: Beltz.

Schroeter, V. & Thomson, B. (2018) Bend into Shape: Techniques for Bioenergetic Therapists (Forum Körperpsychotherapie). Gießen: Psychosozial-Verlag.

Selye, H. (1974). Stress. Bewältigung und Lebensgewinn. München: Piper.

WHO, Dilling et al. (1991). ICD-10: Internationale Klassifikation psychischer Störungen. Bern: Huber.

Wieck, W. (2003). Männer lassen lieben: Die Sucht nach der Frau. Frankfurt a. M.: Fischer TB.

Wu, R., Zhu, L. & Jonasson, T. (2008). Die Vielfalt des Tai Chi Chuan und seine Verankerung in der Traditionellen Chinesischen Medizin. Schiedlberg: Bacopa.

Young Andrade, P. (2011). Emotional Medicine Rx. Cry when you're sad, stop when you're done, feel good fast. Lexington KY: Tenacity Press.

Zurhorst, E.M. & W. (2016). Liebe dich selbst und es ist egal, wen du heiratest. München: Arkana.

Sachwortverzeichnis

Sich mit Freude spüren

Ecker
Zuhause im eigenen Körper
Strategien für eine lebendige Körperwahrnehmung
Mit Online-Material
2015. 197 Seiten. Gebunden
ISBN 978-3-621-28220-8

Diese Buch ist auch als E-Book erhältlich.
ISBN 978-3-621-28236-9 (PDF)
ISBN 978-3-621-28237-6 (ePub)

Geistiges und körperliches Wohlbefinden bedingen sich gegenseitig. Dementsprechend wendet sich die Verhaltenstherapeutin Sabine Ecker an Betroffene, die beispielsweise im Rahmen psychischer Störungen oder chronischer Schmerzen Probleme mit der Körperwahrnehmung haben. Aber auch diejenigen, die sich einfach in ihrer Haut wieder wohlfühlen wollen, holt die Autorin mit ihren Übungen zur Verbesserung der Körperwahrnehmung gekonnt ab.

Bei den Übungen handelt es sich um Achtsamkeitsübungen, Meditationen und Atemtechniken. Sie leiten Schritt für Schritt dazu an, den eigenen Körper zu akzeptieren, seine Körperhaltung zu registrieren und zu verbessern und Entspannung zu lernen. Nützliche Hintergrundinformationen helfen außerdem, den Körper und seine Signale besser zu verstehen. Zusätzlich stehen die Übungen online zum Download bereit.